三空의 出卒

尹丑英 隨想

서경문화사

筆者 高麗大 停年退任時(2000. 3)

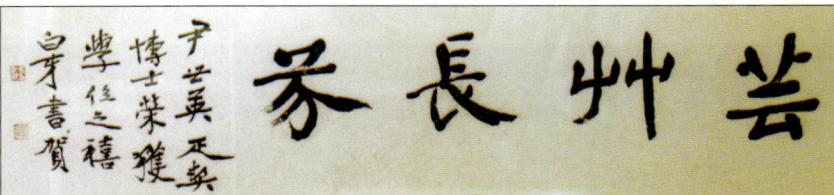

白牙 金彰顯 書

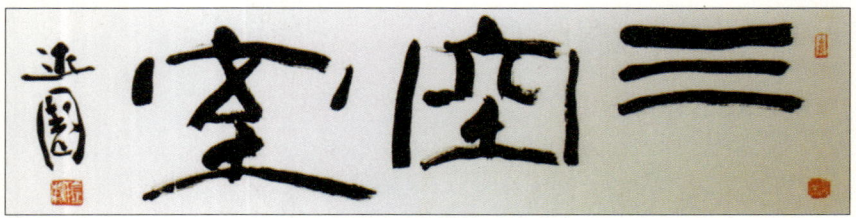

近園 金洋東 書

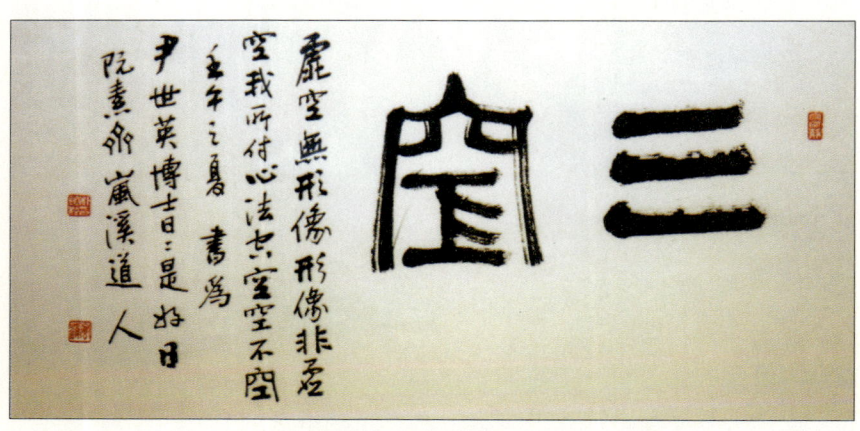

嵐溪 朴鎭柱 書

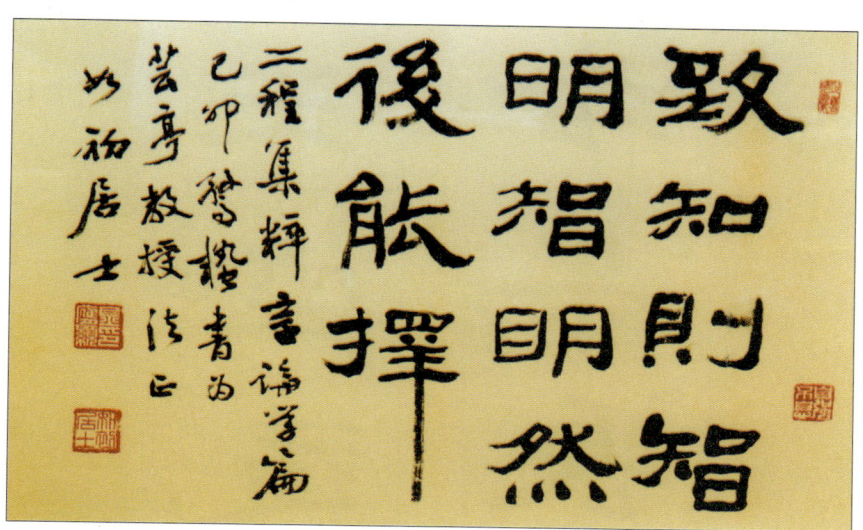

如初 金應顯 書

如初題 南澗 金基赫 畵

安岩 元容德 句, 近園 金洋東 書

惠村 金學洙 畵

宇城 邊時志 畵

序

    신변身邊의 大小事와 주변의 雜多한 것들을 조금씩 정리하는데 버리기는 좀 서운한 종이봉투 묶음이 오랫동안 서가書架 한 구석을 차지하고 있어서 기회를 보아 폐기廢棄하기로 마음을 정하고 있던 차에, 지난 시절을 책으로 출간하자는 제의를 여러차례 받았지만 사양을 거듭하였다.

    그것은 새로운 자료들이 나날이 증가하여 報告되고, 論考로서 出刊되어 在職시 발표한 논문들은 벌써 구설舊說이 되었고, 또 성격상 말은 하는 것보다 듣는 편이고, 글은 쓰는 것보다 읽는 쪽이라 몇 편 되지 않는 글들도 독자들에게 큰 감명을 준 것도 아니고, 여기 저기 실린 잡문雜文들은 급변急變한 사회 경제에 따른 思考와 世態가 革新되어 이해하기 어렵게 되었기 때문이다.

    그러나 지난날을 되새기고 다시 한번 생각해 볼 만한 글도 있고, 또 재직시의 학교 신문이나 지극히 局限된 기관지에 게재揭載한 것이라 보지 못한 이들도 많았을 것이고, 사정상 발표하지 못한 것도 있지만 자신의 지난날을 돌이켜 볼 자료라 생각되어 나름대로 取捨選擇하여 부끄럽지만 작은 책으로 엮어 보기로 하였다.

    문자로 이루어진 글은 永久的이어서 지역 · 거리에 관계치 않고 자유롭게 이동 · 전세傳世하므로 글을 함부로 쓴다는 것은 식자識者의 만용蠻勇이라 할 수 있을 것이다. 또 글은 당시 사회 문화를 반영하므로 현재의 시각이나 생활에서 보면 난해難解한 점도 많이 있을 것이다. 뿐만 아니라 글은 그 사람의 교양과 지식, 사고와 인격을 표출한 것이어서 신중

愼重하여야 한다. 따라서 글은 시 소설 산문 평론 등 여러분야이지만 어떠한 글도 기본은 眞實이다. 그러므로 글을 잘쓰고 못쓰는 것은 나에게 달렸고, 칭찬이나 폄론貶論은 다른 사람들에 의해서 이루어지는 것이다.

원래 비재천식菲才淺識하여 문장형식에도 맞지 않고 미사여구美辭麗句도 없는 졸문拙文들이고, 또 이 글들은 한가하게 自意的으로 쓴 것이 아니고 신문이나 잡지사에서 급하게 制限된 매수의 원고를 청탁한 것이어서 항상 시간이 촉박하여 충분한 사고와 의사를 표현하지 못한 未完의 散文들이라 할 수 있는데 실린 후에도 오탈자誤脫字는 물론 문장이 수정 삭제削除되는 경우도 많았다. 그러나 원고를 전하면서 책임만을 면하려던 우매愚昧한 생각을 항상 미안하게 생각하였다.

여기에 실린 글들은 2~30년 전의 글이지만 加減 修正은 하지 않은 당시 원문 그대로를 전재轉載하였으므로 당시의 사회·경제를 모르면 허언虛言이나 망언妄言으로 들릴 것이므로 햇수를 한 世代쯤 돌려놓고 읽어 줄 것을 당부한다.

치졸稚拙한 문장을 장정裝幀하여 세상의 빛을 보게 하여준 書景文化社 김선경 사장께 감사의 인사를 드린다.

2007. 7.

放鶴洞 三空書室에서

目次

01

탁류 濁流

尹卓英 隨想 | 三空의 出 卒

極의 대조(對照)

극의 대조라면 陰陽으로는 乾坤, 방위로서 남북, 色으로 흑백, 힘으로 강약, 節氣로는 暑寒, 외에도 廣狹, 高低, 長短, 遠近, 輕重 등을 들 수 있는데 요즈음 나의 생활 주변에도 극의 대조가 시공적^{時空的}으로 이루어지고 있는 것을 몇 가지 적어보려고 한다.

대학을 졸업할 무렵 몇 분의 교수님과 존경하는 선배님의 반강압으로 모교 박물관에 남아 일을 하게 되었다. 미술사와 민속학에 관심이 있어 크게 싫지는 않았으나 당시 주변의 여건이 相反되어 이로부터 내 주변에서의 兩極은 시작된다.

중학시절부터 음악을 좋아하여 많은 시간을 그쪽에 빼았겼으므로 어둡고 딱딱한 분위기의 좁은 연구실에서 근엄^{謹嚴}하신 교수님의 잡다한 助力을 하려니 심한 환경의 차이로 인한 곤경^{困境}을 참는다는 것은 실로 苦痛이 아닐 수 없었다. 그러면서도 매일의 일과는 선사시대 고고학적 유물 云云하여 강의로만 듣던 실물을 정리하는데 궂은 일을 별로 접할 기회가 적었던 나의 손은 수일 사이에 막일을 하는 잡부^{雜夫} 같이 거칠어 졌다.

일과가 끝나면 자연히 작당하여 단골집으로 달려가게 마련이니 주간에는 선사시대, 야간에는 현대생활, 하루에도 2~3천년을 오르내리면서 양극의 생활이 계속되었다.

　이후 양극은 본격적으로 이루어지는데 유적발굴이라는 작업이었다. 그중에서도 무덤, 즉 고분^{陵 塚 墳 墓} 등이 이에 속해 우리의 발굴 대상이 되었고, 이들 유적에서 발굴·출토된 유물은 고대사 고고학 연구에 귀중한 자료가 되는 것은 주지하는 바, 쉽게 이야기하면 무덤과 더불어 생활하는 사람이 되고 말았다. 책상 주변에는 온통 고분 발굴 조사 보고서들이고 정리할 것들은 고분출토 자료들이다. 물론 근래에 장의사^{葬儀社}에 종사하고 관계하는 사람들과 같이 무덤을 생계의 수단으로 삼는 이들도 있지만 이들은 요즈음 장제^{葬制}에 필요한 사람들이고, 우리는 옛날의 무덤을 조사·발굴·연구하는 것이니 축조^{築造조성}와 발굴^{파괴}은 분명히 말해서 양극이라 할 수 있다. 한쪽에서는 주검을 깊숙히 묻고 다른 쪽에서는 옛 무덤을 파헤치고… 나의 아버지는 환자를 고치는 의사인데 그의 아들은 무덤이나 뒤지고 다니니 주위에서는 한심하다고 되도록 빠른 시일 내에 하던 일에서 손을 떼라고 야단이다.

　또한 예전에는 남의 무덤을 도굴하는 자는 중형에 처하였으나 근래 침묵^{沈默}의 역사라고 하는 고고학은 유적의 발굴조사 없이는 이루어 질 수 없으므로 해당 기관의 허가를 받아 발굴을 하니 이는 시간적인 극이라고나 할까. 전에는 큰 벌을 받았으나 근래에는 파도록 허가를 하니.

　크고 작은 자체 발굴도 많아졌고, 원근의 남의 발굴 현장에도 여러 차례 참석하여 보면 극의 대조가 한 두 가지가 아니다.

　측량기, 사진기 등 최신 기재를 동원하고 현지인 산간^{山間} 또는 벽지^{僻地}에 다달으면 아직도 재래식 농경 방법에서 벗어나지 못한 생활양식과 습속에 젖은 주민들은 입을 모아 서울에서 掘塚꾼이 왔다 하여 그들의 注視 대상이 되었다. 동리의 대표와 현장의 인부, 발굴단을 대표한 단장과 단원은 자리를 같이하여 미리 준비한 막걸리, 북어, 나물 등 통속적인 제수祭需를 준비하여 鎭魂祭파분제를 지내는데 천주교를 신봉하는 집안에서 자란 나로서도 어쩔 수 없이 엄숙하게 그 전통적 습속에 동참하지 않으면 안되는 경우는 아무리 생각해 보아도 대조가 된다.

또 허름한 삼베 잠방이의 거무튀튀한 얼굴의 연세 많은 인부들, 울긋불긋한 화학섬유의 옷을 입은 윤기潤氣있는 얼굴을 한 발굴단원의 모습, 새참 시간에는 커다란 동이에 시원한 乳白색의 막걸리를 쏟아놓고 큼직한 사기대접으로 벌컥벌컥 마신뒤 맵사한 풋고추를 으적으적 씹는 모습과 가스버너로 작은 주전자에 끓인 진황색 커피를 有色 비닐컵에 딸아 홀짝홀짝 마신뒤 드롭스 몇 개를 입에 넣고 우물거리는 조사원들의 모습은 극의 대조이다.

한 달간의 긴 현장작업이 끝났다. 천 여년전 유적에 신경쓰다가 현대식 가옥으로 돌아오니 이 또한 극이다. TV로 눈을 돌리면 머리는 또 한 극에서 극으로 왕래한다. 수일 전만 해도 발굴작업을 하던 농촌에서는 한 톨의 곡식이라도 더 증산하자고 도로나 동리에 갖가지 문구의 표어가 나붙어 있었는데 이곳 도시에서는 너무 많이 먹고 마시어 병에 걸린 사람들을 위한 약 광고로 인해서… 어디서는 먹을 것이 없어서 쩔쩔매는데 어떤 사람들은 배터져라 먹고 마시어 소화나 위장병에 좋다는 약을 선전하니 양극이 아닐 수 없다.

다음날도 같은 일을 되풀이 하려고 출근을 재촉한다. 작은 집들이

다닥다닥 붙은 주택가 앞 큰 길을 건너서 널찍한 운동장을 끼고 돌면 웅장한 석조건물이 시원스럽게 버티고 서있다. 손바닥만한 마당도 없는 게딱지 같은 집들과 대운동장을 끼고 古城같이 우뚝 솟은 偉容, 분명 극의 대조이다.

박물관 앞에 이르면 정문을 중심으로 양쪽에 조선시대 분묘 앞에 서있던 石彫文官像이 말없이 서있고, 그 옆으로 花中之花라는 붉은 장미가 소담하게 피어 있는데, 죽은자의 문지기와 정열적인 장미는 서로 어울릴까? 문안으로 들어서면 널찍한 로비에는 彩輿채여, 조선시대 王室의 의식이 있거나 귀중한 물건을 옮길 때 메는 가마와 腰輿요여, 葬禮 뒤에 혼백과 신주를 모시고 돌아오는 작은 가마가 마주하여 전시되고 있으니 관람자는 무슨 생각을 할까?

덜거덕 덜거덕 유물을 정리하는데 옆방의 야간고교에 다니는 사환 아이는 책상 위에 책을 펴놓고 라디오로 빠른템포의 음악을 크게 틀어놓고 듣고 있다. 요란스러운 음악을 들으면서 공부가 될까? 시끄럽기는 하나 싫지는 않다.

창문을 내다 보니 탈색된 교련복을 입은 텁수룩한 남학생이 묵직한 책가방을 들고 가는데 그옆에는 앞·뒤의 요철凹凸부분을 한껏 과시하고 짧은치마를 입은 여학생이 지갑만한 핸드백을 달랑달랑 흔들며 쫓아가고 있다.

따르릉 전화소리가 요란하다. 본관의 사무처에서 내려오라고 한다. 곧바로 찾아가니 전라남도 K郡의 모 유명인사가 100 여명이 참여할 수 있는 대형 상여喪輿를 기증할 예정이니 몇 일내로 실어오라는 분부다.

　사무실에 돌아와 눈을 감고 생각한다. 이 풍성한 결실의 계절, 맑고 푸른 하늘아래 물동량의 증가 등 다목적으로 만든 개통한지 수일밖에 되지 않는 시원스럽게 뚫린 고속도로 위를 시골의 고물같은 트럭으로 이승에서의 마지막 운송수단인 상여를 싣고 덜덜거리며 올라올 생각을 하니…

　중앙에서 동서, 상하, 좌우, 종횡으로 각각 뻗으면 양극이 된다. 흑백이 중앙 지점으로 가까워져 회색이 되는 것은 싫으나, 無識과 博識, 農村과 都市, 貧과 富는 차차 格差를 줄여 極의 差度가 줄어 들기를 바라면서…

1972. 3.

박물관신문 _ 국립중앙박물관

망신 모면(亡身 謀免) ━

　　직업상 仁寺동을 자주 찾게 된다. 좁은길 兩便에 유명 골동상骨董商, 표구점表具店들이 連接하고, 골동상 주인은 日帝시대로부터 經營해온 老齡의 專門家들도 있다. 표구점 주인 역시 서화 감정에 일가견이 있다. 그러므로 그들로부터 民俗品, 陶瓷器, 書畵에 대한 眼目을 늘리고 진가眞假를 감정하는 방법도 배웠다. 물론 학교 예산으로는 손도 못 댈 高價品들도 많아 구입購入은 어려우나 많은 것을 보고, 듣고, 배웠고 가끔 진귀珍貴한 자료도 추천받아 구입하였다. 당시 고려대 박물관은 一級美術品이 많을 뿐만 아니라, 어떤 去來處 보다 가장 회계會計가 정확하고, 빠르다는 定評으로 신뢰信賴가 깊어 相互 양심적으로 去來가 이루어졌다.

　　퇴근후 한 상점에 들렀더니 각종 호패號牌 30여 점을 보이면서 한참을 설명한다. 象牙호패는 벼슬이 높은 사람, 黑角호패는 그 다음 계급, 木角호패는 그 아래 신분의 것이라 하며 나의 상식으로는 상아호패는 3품 이상, 흑각은 6품 이상, 목각은 6품 아래, 그들의 눈은 확실하나 학문적으로는 나보다 한수 아래 전부를 사면 싸게 팔겠다고 하는데 그 가격이 그리 비싼 편은 아니다. 그중 몇 개의 姓名과 出生月을 적어 사무실에서 관계문헌을 찾아보니 전부의 값이 1개 값으로 보인다. 그중에는 홍봉한洪鳳漢, 思悼世子 - 莊獻世子 - 英祖의 제2子의 丈人인 領議政의 상아호패와 金命喜正祖代 書藝家, 秋史 金正喜의

弟의 흑각호패 외 有名人의 것이 여러 점 있었는데 가게주인은 미처 몰랐던 것이다. 다음날 다시 찾아가 모두 살터이니 좀더 가격을 낮추어 곧 학교로 가져오라고 하였다. 한동안을 지낸 후 그집에 가서 전번 호패 이야기를 하니 매우 억울한 눈치를 보이더니 그러나 좋은 곳으로 시집 보냈으니 주인도 기분이 좋다고 한다.

며칠 뒤 오후에 인사동의 한 골동상으로부터 전화가 왔다. 퇴근 후에 좀 들려달라기에 무슨 좋은 일이라도 있느냐고 물었더니 나오면 알 것이라고 한다. 일과 후에 그집에 당도하니 주인은 정중하게 맞으면서도 희색喜色이 만면滿面이다. 한쪽에 펼쳐진 호렵도虎獵圖를 가리키며 잠시 전에 學校 總長님이 보시고 박물관 尹 課長과 의론하여 학교로 가져오라는 말씀이 있었다고 한다. 호랑이 학교에 호랑이 그림을 팔으니 기분도 좋다고 수선이다. 컴컴한 곳에서 보고 또 보아도 高價에 비해 眞假의 자신이 없다. 궁리끝에 내일 의논하자 하고 그집을 나섰다. 총장이 선택한 것이지만 만약 眞品이 아니라면 보통 망신이 아니다. 밤새도록 잠을 이루지 못하였다. 다음날 총장실로 갔다. 늘 하던대로 선생님하고 부르니 그림이 어떠냐고 下問하시기에 "예, 상태는 매우 좋은데 저~저~"하고 주저하였다. 값의 고하는 상관하지 말고 구입하도록 하라는 분부시다. 자신이 없어 시간을 끌으니 좋지 않느냐고 反問하신다. 용기를 내어 "眞假 문제보다 그림의 내용이 좋지 않습니다."하니 무슨 뜻이냐고 하시기에 "저의 학교 심벌이 호랑이입니다. 그런데 호렵도는 그 勇猛스러운 호랑이가 軍卒들에게 쫓기고 화살에 맞아 피를 흘리고 처참하게 죽어가는 그림입니다. 따라서 저런 호렵도는 Y대학에서 필요한 것"이라 설명하고, 호렵도는 삼국시대 이래로 國王을 爲主로 사냥도

할 겸 군사훈련을 假裝함이라 설명드리니 호렵도의 참뜻을 모르고 다만 그림만 보고 판단한 것이니 취소하라는 분부다. 위기를 모면하여 얼마나 다행인지 춤이 절로 추어진다. 만약 高價購入品이 眞品이 아니라면 學藝課長 체면이 말이 아니었을 것이다. 물론 상인은 큰것 한 건을 해결하려던 꿈이 깨어져 욕을 바가지로 하였겠지만…

1979. 11.

대화(對話)

초등학교로부터 대학까지 서울에서 살았으나 종로구와 성북구를 벗어나지 못하였으므로 생활터전도 역시 원남동, 돈암동, 정릉동, 수유리에서 맴돌았다. 그후 결혼 뒤에도 돈암동, 미아동彌阿洞을 거쳐 다시 수유동水踰洞으로 이사온지도 벌써 십 여년이 지났다. 이리로 옮길때만 하더라도 교통 사정이나 도로 형편이 그리 좋은 편은 아니었으나 학교에 다니기 편하고, 또 어려서부터 터가 넓은 집에서 살았기 때문에 다닥다닥 붙은 주택에서는 살기가 싫었으나 分家 직후는 큰 집을 장만할 여유가 되지 못하였다. 그래서 자그마한 뜰이 있는 물좋고 공기좋은 곳을 택하려고 이쪽 수유동 일대를 늘 염두에 두고 있었다. 먼저 살던 미아동 집은 앞면에 화강암을 붙인 붉은 벽돌의 단독주택이기는 하나 좁은 골목, 밀집되어 연립한 소형주택, 시멘트로 발라놓은 그늘진 작은 마당, 풀 한 포기 볼 수 없는, 다시 말해서 자연이 주는 혜택이라고는 탁한 공기뿐이고, 주위는 온통 인위적인 구조물로서 정서적으로 삭막한 분위기였으므로 좀 무리하게 용기를 내어 이곳으로 이주하였다.

널찍한 앞마당에는 잔디가 푸르게 깔려있고 화성암의 정원석으로 서너 단을 쌓고, 그 사이사이에 진달래, 철쭉, 고사리과의 식물들이 철따라 꽃을 피워준다. 그 위로 적당한 간격으로 단풍나무, 산수유, 개나리, 넝쿨장미 등 여러 수종樹種의 나무들이 서있어서 푸르름을 자랑하며 마당 좌우로 심어진 후박나무, 향나무들은 앞집·옆집과의 벽을 가리고, 새봄과 더불어 피기 시작한 꽃나무들은 아름다운 자태를 뽐내며 가을까지 이어진다.

몇 년을 지내다 보니 잡초를 뽑고, 잔디를 깎고, 나뭇가지를 쳐주고, 개나리와 넝쿨장미를 잘라주는 일이 보통이 아니었다. 손질하는데 시간이 꽤 걸릴 뿐만 아니라 매우 힘들었다. 이리저리 생각 끝에 마당의 반쪽을 잔디를 뽑고, 풋고추와 상추 모종을 심었다. 싱싱하게 자라고 자유롭게 따먹을 수가 있었다. 농약 걱정도 없고, 마음도 풍성하다.

정원 동쪽에 두어 평의 새장을 짓고 금계金鷄, 은계銀鷄 새끼를 사다 길렀는데 자라면서 몸과 깃털은 하루가 다르게 천연색天然色으로 바뀌어 가니 신기하기만 하다. 아침에는 산새, 참새, 까치들도 날아와 눈과 귀를 즐겁게 해준다. 수시로 찾아와 포식하고 날아가니 힘들이지 않고 조류보호도 겸하는 셈이 된다.

뒷마당에 서서 보면 한폭의 산수화같이 웅장한 인수봉仁壽峰과 저 멀리 도봉산道峰山의 준령峻嶺이 한눈에 들어와 사계절의 변화에 따라 달리하는 모습의 명산名山을 바라보면 자연의 신비함을 말없이 가르쳐 주기도 한다.

그런가 하면 2~3일에 한 번씩 새벽에 화계사華溪寺 뒷산으로 올라가 약수를 떠다 마신다. 물을 끓여먹을 번거로움도 없고 자신의 운동을 위해서도 계속하고 있으니 一石二鳥이며 이보다 더 좋은 주택 여건이 또 있을까?

그런데 어느 무더운 여름날이었다. 작업모에 검은 안경을 쓰고 허름한 옷차림으로 농약통을 등에 지고 왼손으로 펌프질을 하며 나무와 화초에 농약을 살포하고 있는데 담 너머로 이웃집 아주머니와 이야기가 시작되었다.

　　"아저씨 그 농약 뿌리는데 얼마예요?" 들은 풍월이 있어서 "한 평에 천원입니다." 했다. "그러면 다 뿌린 뒤에 우리집도 쳐주세요." 하기에 옆집이지만 한참을 돌아서 그집을 찾아가 골고루 정성껏 살포하였다. 일을 마치니 아주머니가 쳐다보며 "몇 평이나 됩니까?" 하기에 "다섯 평입니다." 하니 "그러면 5천원이예요?" 하면서 좀 깎아달라고 한다. "무심코 한 말이니 깎기보다는 아주 안받겠습니다." 하니 그 아주머니는 얼굴색을 붉히며 "세상에 깎지 않는 장사가 어디있어요." 하며 불쾌한 표정으로 5천원을 내민다. 웃음이 절로 나오는데 참았다.

　　"아주머니" 나는 농약을 치러 다니는 사람이 아니고 저집에 사는 사람이라고 내집을 가리키니 아래 위를 훑어보며 "그집 주인이세요?" 하고 의아하게 물은 뒤 "미안합니다. 이웃간에 서로 알지 못하여 실수를 하였습니다." 라고 말하는 아주머니를 쳐다보며 "이쪽의 장난끼 섞인 실례도 있어 죄송합니다. 일찍 인사드리지 못해서" 라는 짧은 인사로 막을 내렸다.

　　계절이 바뀌어 겨울이야기가 된다.

　　문화공보부의 문화유적 조사를 위촉받고 있는 지도 오래되므로 이러한 때의 복장이 묘하다. 겨울철에는 방한모防寒帽를 깊게 눌러쓰고 두툼한 작업복에 방한화까지 신었으니 영낙없는 시장터의 생선장수 아저씨 모습이다. 서울 근교에 있는 백제百濟시대의 고분방이동 고분을 정리하라는 위촉을 받고 위와같은 모습으로 새벽에 나갔다가 밤늦게 돌아온다. 출입시에 가끔 동내 사람들과 마주치게 되면 서로 인사를 주고 받는데 상대편은 이상하다는 듯이 쳐다본다. 대학에 나간다는데 저런 복장으로 보면 직업을 속이는 것이 아닐까?

며칠 후에 문제가 일어났다. 반상회를 끝내고 동내 부인들이 우리집 가정부에게 그집 주인이 정말 대학선생이냐고 묻기에 틀림없다고 대답했단다. 지게꾼같은 차림으로 대학에 나가느냐고 묻기에 요새는 방학이라 학교에 나가는 것이 아니고 옛날 무덤같은 것을 조사하러 다니나 보다고 무심코 대답했더니 무덤 파러 다니는 사람 집에 같이 사는 것이 무섭지 않느냐고 묻더란다.

이런 말을 옮겨듣고 쓴웃음이 절로난다. 이웃간에 대화와 소통이 전혀 없었기 때문이다. 우리는 수유5동에 살림터를 정한 같은 동민이

30년간 살은 수유5동 집

三宝의 出 후

다. 이웃 주민들과 즐겁거나 궂은 일이거나 함께하여 상부상조하는 마음가짐이 필요하다. 가정에서의 부모와 자녀의 대화가 청소년의 비행을 막아주고, 학교에서 선생님과 학생의 대화가 여러가지 현실이 안고 있는 어려운 문제를 해결할 수 있고, 동회洞會와 주민의 대화로 지역의 발전을 가져오며, 정부와 국민의 솔직하고 건실한 대화로서 번영의 길로 발전하게 될것이다.

우리 모두 폐쇄된 이웃과 마음을 터놓고 대화와 소통으로 이웃을 이해하고 직업職業이나 학식學識, 계위階位의 높고 낮음이 없이 서로 도우며 보다 좋은 주거환경으로 가꾸어 나가기를 바라는 마음 간절하다.

1985. 12.

보통골 소식 (창간호) _ 수유 5동

미망인(未亡人) ―

보통은 조반朝飯 전에 신문부터 훑어보고 출근하게 된다. 또 오후에는 夕刊도 보게 된다. 각 신문사 지국에서 경쟁적으로 보급하기도 하고, 아침·저녁으로 세상이 급변하는 것 같아서… 그런데 어느 신문이건 펼치면 下段에 크고 작은 부고訃告가 눈길을 끈다. 사회적인 著名人士나 財界의 巨物일수록 그 부고의 크기가 커진다. 또 활자의 크기도 매우 커서 눈에 확 뜨인다.

대학에 다닐때부터 역사상 인물을 수없이 접하기 때문에 그들의 관향貫鄕에 대하여 신경을 쓰게 되었다. 그래서 부고訃告, 부고는 他界와 葬儀를 여러사람들에게 알리는 광고 기사에 관심을 갖게 되었다. 그것은 사회의 名士의 他界를 애도하는 뜻도 있겠지만, 故人들의 姓氏의 본관本貫·貫鄕, 시조의 고향을 힘들이지 않고 익힐 수 있기 때문이었다. 예를들면 全州 李씨, 金海 金씨, 淸州 韓씨 아무개로 시작하여 姓의 本貫을 누구의 가르침 없이도 쉽게 배울 수 있기 때문이다. 뿐만 아니라 李씨에도 全州 李씨, 慶州 李씨, 固城 李씨, 咸平 李씨, 德壽 李씨, 延安 李씨, 淸州 李씨, 忠州 李씨, 韓山 李씨, 海州 李씨 등으로 「韓國人의 族譜」에 의하면 李씨의 本이 101개 지역이나 된다. 그리고 父子의 성명이 소개되므로 그 집안의 行列字를 알 수도 있어서 누구 누구와는 같은 行列이니 형제, 四

寸, 六寸이 되는 것을 스스로 이해 할 수 있기 때문이었다.

그런데 눈에 거슬리는 단어가 빠짐없이 있다. 고인이 남자인 경우
가족 관계에서 제일 먼저 서열序列이 未亡人이다. 미망인 아무개, 사자
嗣子, 대를 있는 아들, 맏아들 아무개, 차남 아무개로 이어진다.

장의葬儀는 특별한 사람이나 경우가 아니면 통상적으로 3日葬, 5일
장으로 거행한다. 고인의 황천黃泉, 九泉길이 2, 3일밖에 되지 않았는데도
아직 죽지 않은 여자라고 하면 語不成說이다.

미망인은 左傳左氏傳, 左氏春秋, 春秋左氏傳이라고도 하는데 춘추를 해설한 春秋三
傳 중의 하나에 의하면 莊公 28년 조에 초楚나라 재상宰相 子元이 초나라 文
王의 부인을 유혹하려고 저택邸宅을 부인의 궁궐宮闕 옆에 짓고 그곳에서
만의 춤殷나라 탕왕이 시작했다는 춤을 추게 하였다. 문부인은 그 음악소리를
듣고 울면서 말하기를 "돌아가신 왕은 이 무악舞樂을 군사를 훈련 시키
는데 사용 하였으나 지금 재상은 원수를 치는데 쓰지 않고 이 未亡人의
곁에서 하고 있으니 이상하지 않은가"라고 하였다는 기록이 전한다.

미망인이란 남편과 함께 죽어야 할 것을 아직 죽지 못하고 있는 사
람이라는 뜻으로, 과부가 스스로를 일컫는 말인데 그것이 언제부터인
지 타칭他稱으로 바뀌어 남편이 죽고 홀로사는 여자를 일컫게 되었다.
따라서 미망인은 아직 죽지 못한 사람이라는 뜻인데 홀어미남편을 여이고
혼자 사는 여자, 과녀寡女, 과부寡婦, 과부의 높임말로 寡婦宅, 과수寡守, 과수
의 높임말로 寡守宅, 소사召史, 과부의 姓氏 아래에 붙이는 말, 金소사, 상아孀娥,
이부嫠婦라고도 한다.

정비석의 「갈대와 같이」에서 "남편따라 죽는 것이 어려운 일이기

는 하겠지만 홀로 살아있는 것이 차라리 죽음만 같지 못해하는 미망인의 애절한 태도에 조상객들은 누구나 한결같이 눈물을 흘렸다. 남편과의 맹세를 혼자서라도 끝끝내 지켜나갈 각오라면 초로草露같이 덧없는 일생도 그에게는 오히려 영원한 고통일 것이다."라고 과부의 애절한 心情을 묘사描寫하였다.

그리고 조선시대 후기의 內房歌辭로서 작자·연대 미상의 과부가寡婦歌가 있다. 15세 되는 처녀가 화촉華燭을 밝힌지 보름만에 남편을 잃고 과부가 되어 한평생을 외로운 번민煩悶으로 지내는 불행한 여인상을 읊은 작품이다. 儒敎사상이 철저하던 시대에 다른 많은 가사歌詞들이 지향하고 있던 교술적敎述的인 성격과는 달리 매우 挑戰的이고 急進的인 主情主義的 작품으로서, 유교사상 아래에서 억압된 정서情緖를 자유로이 표출해서 청상과부가 개가改嫁해서는 안된다는 봉건적 사상에 강한 회의를 던지는 적극적 의미를 내포하고 있다. 이와 유사한 것으로 相思別曲, 思美人曲, 閨秀相思曲, 斷腸詞 등이 있다.

한편 고려 24대 元宗 15년1274에 과부처녀추고별감寡婦處女推考別監이라는 기구가 있었다. 元나라에 귀부歸附한 宋나라의 병사인 만자군蠻子軍에게 고려인 처妻를 마련해 주기 위해 설치된 결혼도감結婚都監이 25대 忠烈왕 2년1276 귀부군행빙별감歸附軍行聘別監으로 되었는데 당시 고려 조정에서는 원나라의 요구를 들어주기 위해 민간의 독신녀, 파계승破戒僧의 딸, 역적의 아내들을 수색하여 元나라로 보냈는데 이로 인해 백성들로부터 많은 원성을 들었다.

또 고려시대에 寡婦再嫁禁止法이 있었다. 階層의 高下를 막론하고 과부의 재가가 자유로웠으나 고려왕조의 末王 36대 恭讓王代부터는 散騎 이상자의 처로서 봉작封爵받은 과부의 재혼을 금지하고, 6품 이상의 처는 남편이 죽은 뒤 3년 안에 재혼을 금지하고, 이들이 수절守節하면 정려旌閭, 충신 효자 열녀들이 살던 고을에 旌門을 세우는 것와 포상褒賞을 하여 과부의 수절을 장려하였다. 그후 조선시대에는 性理學을 崇尙하고 실천實踐함으로써 여자의 3從의 도三從之義를 강요하여 재가再嫁를 윤리적으로 비난하고 죄악시 하였다. 조선조 성종 8년1477에 官制를 개혁하고 부녀의 재가에 대한 금지의 가부를 논할때 대체로 재가를 허락해야 된다는 의견을 무시하고 9대 성종은 소장학자들의 不可論을 채택하였는데 유교적인 大義名分을 세우고 풍속을 바로잡기 위해서라고 하였다. 따라서 여자는 한 번 시집가면 종신토록 不改해야하고, 再嫁女의 자손은 벼슬도 못하는 과부재가금지법을 만들고 經國大典에 편입되었으나 사회 실정에 맞지 않아 많은 물의가 일어났지만 점차 관습화 되었고, 26대 高宗 311894년 甲午更張때 과부의 재가가 법적으로 허가 되었으나 실제로는 그렇지 못하였다.

孔子家語에 의하면 노魯나라에 혼자 사는 남자가 있었는데 이웃에는 과부가 살고 있었다. 어느날 밤에 비바람으로 과부의 집이 무너졌다. 과부는 홀로 사는 남자의 집을 두드렸지만 굳게 닫고 열어주지 않았다. 과부가 말하기를 "그대는 왜 인자하지 못하오. 柳下惠를 모르는가요?"하니 그는 "내가 유하혜라면 문을 열 수 있지만 나는 유하혜가 되지 못한 사람이라 문을 열 수 없소."라고 하였다 하니 공자는 이말을 듣고 잘 처리했다고 칭찬하였다고 한다.

또 과부를 멀리한 이야기는 안숙자顏叔子가 독신생활을 하고 있었는데 어느날 밤에 비바람이 매우 심하여 이웃집에 혼자사는 과부의 집이 무너졌다. 과부는 할 수 없이 이웃의 안숙자의 집으로 달려와 피신을 요청하니 그는 아무말 없이 방으로 맞이하여 촛불을 밤새도록 켜놓고 또 부엌에 나가 군불을 때주었다 하였다.

예기禮記 유교의 경전으로 詩經, 書經, 周易, 春秋와 함께 5經이라고 함에 의하면 "과부의 아들은 성격이 묘해서 특별한 학문, 지식, 지위가 없으면 친구를 삼기 어렵다." 라는 말도 있다.

속담에 벌지는 못하고 전에 벌어두었던 것을 가지고 먹고 산다는 뜻으로

"과부 은 팔아먹기" 가 있고,

과부는 알뜰하게 살고 돈을 모으는데 홀아비는 생활이 곤궁困窮하다는 것을

"과부는 銀이 서말이고 홀아비는 이蝨가 서말" 이라했다.

같은 뜻으로

일본 속담에는 "홀아비 살림에는 구더기가 끓고 홀어미 생활에 꽃이 핀다." 라고 하였다.

중국에서는

"과부는 키柁가 없는 보트배이다." 라고 하였고,

프랑스 속담에는 "장례가 끝나면 미망인은 사치奢侈를 시작한다." 라는 말이 있다.

人權이 어떻고, 女性의 지위 향상이 어떻고, 여기저기에서 여성들이 큰목소리를 내면서도, 아직 남편을 따라 죽지 못한 사람 아무개라고 공공연하게 세상에 알리고 있으니 이러한 문제는 未亡人에 대한 뜻意味을 알지 못해서인지, 아니면 긴 세월 동안 社會에서 高下간에 일반적으로 사용되어온 관습慣習이기 때문에 답습踏襲하고 있는지 한 번 생각해 보아야 할 것이다.

1986. 12.

해어화(解語花) —

解語花… 생소한 단어 같지만 말하는 꽃, 말을 이해하는 꽃이라는 뜻으로 한글사전에도 소개되고 있는데 쉽게 말해서 기생^{妓生}을 뜻한다.

70년대부터 일기 시작한 경제개발과 더불어 관광산업도 나날이 발전하는 모습을 볼 수 있다. 전국의 도로가 확·포장^{擴·鋪裝}되고 동서남북의 도로는 주차장을 방불케 하듯 각양^{各樣}의 차량들로 길을 메우고 있다.

도로에 가득한 자동차의 행렬은, 각종 산업의 발달로 생산량의 增大·流通도 원인이 되겠지만, 또다른 원인은 벌집같은 아파트 생활은 흙을 밟을 수 있는 기회가 없고 풀 한 포기, 나무 한 구루 가꿀 수 없는 처지가 되었다. 그러나 경제발전과 함께 생활수준도 전보다 나아지고 편리하게 된 것도 사실이다. 따라서 도시·농어촌 할 것 없이 자동차 한 두 대는 보유하게 되었고, 크고 작은 모임에서는 도시에서 농어촌으로, 농어촌에서는 도시로, 우리나라에서는 외국으로, 다른 나라에서는 우리나라로의 관광여행이 끊이지 않아 여행사는 우후죽순^{雨後竹筍}처럼 문을 열고 성시^{盛市}를 이루게 되었다.

관광은 名勝, 史蹟, 避寒, 避暑, 溫泉, 藝能, 民俗, 運動, 風光을 遊覽하면서 五感을 감동시켜 주기도 하고, 특수 상품의 판매와 구입, 그리고 그 어떠한 産業보다 原資材 비용을 가장 적게 들이면서도 많은 수입을 올릴 수 있고, 그 지역국가에 대한 힘들이지 않는 선전 효과를 기대할 수 있고, 無限한 잠재력潛在力을 내포하고 있는 無形의 고급산업이라고 할 수 있다.

그런데 최근에는 위와 같은 목적외에 또다른 관광산업이 활개를 치고 있다는 소식이 심심치 않게 유포되고 있다. 관광여행을 다니는 목적도 사람이나 단체에 따라 다르겠지만 국내·외를 가리지 않고 일부 인사들은 풍물風物이 다른 곳에서의 해어화기생 파티를 즐긴다는 소위 요즈음 사회에서 문제가 되고 있는 기생관광의 유행이다.

韓末 학자 李能和의 조선해어화사朝鮮解語花史에 의하면, 天下에서 제일 곱고, 사랑스럽고, 요염妖艶하고, 가상嘉祥스러운 것은 꽃만한 것이 없다. 그러나 그 꽃도 미인과는 견줄 수가 없다 하였다.

옛 중국 五代隋·唐 다음나라의 왕인유王人裕가 엮은 개원천보유사開元天寶遺事에는 명황明皇 당나라 玄宗 8월에 대액지大液池에 1,000 송이의 흰연白蓮이 있었다. 그중 몇 가지에는 꽃이 피었으므로 황제는 양귀비楊貴妃와 더불어 잔치를 하고 감상하는데 좌우가 모두 감탄感歎하고 부러워하였다. 皇帝는 양귀비를 가리키며 "내 말을 이해하는 꽃과 견줄만 하다" 하였다.

우리나라 기생의 내력來歷에 대해서는 정설定說이 없으나 고대부족 사회의 무녀巫女에서 유래되었다고 하는 설이 있는데, 제정일치祭政一致 사회에서 제사장祭司長이었던 무녀가 정치와 제사가 분리되면서 지방세력가와 결합하여 기생 신분층을 형성하였다는 설이 있고,

隋書 고구려隋書 高句麗전에 "婦人淫奔 俗多遊女,

周書 高句麗전에 風俗好淫 不似爲愧 有遊女者 夫無常人"이라하여 "풍속은 음난하여 부끄럽게 여기지 않고 남편이 일정하지 않은 유녀가 많다."하였다.

정치체제가 다른 국가를 침공하여 피정복被征服된 부녀자들을 관기官妓와 같이 만들어 노비와 같은 신분이 되었다. 고려시대에는 기생을 교육하는 교방敎坊이 있었는데 조선시대까지 이어졌고, 중기 이후에는 유교문화에 융합融合되어 독특한 기생문화를 이루게 되었으며, 일제시대에는 기생학교, 기생조합이 전국적으로 확대되고 말기에는 권번券番으로 바뀌고, 광복 후에는 사회 · 경제의 변화에 따라 사라지기 시작하였다.

그리고 李能和는 신라시대의 원화源花를 기생의 시초로 보았고, 고려시데 기생의 기원을 수척水尺, 무자리으로 보았다. 수척은 삼국시대의 유민遺民으로 노비奴婢가 되어 관아官衙에 속해있었는데 몸을 다듬고 歌舞를 익혀 고려 女樂의 시초라 하고, 조선시대에는 기생의 설치 목적을 1 여자 악사女樂, 2 여의醫女 침을 놓는 비針婢, 3 변방에 두는 邊郡置妓, 4 장졸을 위한 以慰將士, 5 郡에 두어 손님 접대列郡置妓 宴待使客라 하여 여자 악사와 여의로, 그리고 변방에 두어 將士군졸들의 위안용으로, 또 郡에 두어 사객使客 접대용으로 두었다고 하였다.

기생이란 노래를 하거나 춤을 추며 술자리에서 흥을 돕는 행위로 生業을 삼는 여자를 가리키는데 첫째는 지조志操요, 둘째는 가무歌舞요, 셋째는 물색物色 얼굴과 몸매이라고 하였다. 이러한 기생에게도 등급이 있었는데 1등급이 되면 처신處身하는데 예절禮節이 있고, 가무歌舞에는 틀이 잡혀야 하고 현금弦琴을 뜯으며 시가詩歌를 알아야 하고, 붓을 들고 梅蘭菊竹 정도는 멋지게 그릴줄 알아야 한다. 그러나 대부분의 기생들은 천인賤人으로 취급하여 官이나 사설기관에 속해 있으면서 생활하였다.

기생 중에는 재주가 있고 용모容貌가 뛰어난 妓女, 시가서화詩歌書畫에 뛰어난 기녀, 절기節妓, 의기義妓, 효기孝妓, 지기智妓 등 각 부분별로 전국의 유명한 기생들을 소개하였는데

詩를 잘 짓는 妓女로는 松都기생 黃眞伊, 扶安기생 桂生, 平壤기생 溫享, 成川기생 芙蓉, 成川기생 一枝紅, 羅州기생 玉蟾, 南原기생 桂月, 巨濟기생 小玉, 義城기생 楚玉 등이 있고,

歌舞를 잘하는 기녀로는 永興기생 芙春風, 平壤기생 梅花, 扶安기생 桂生 등이 있고,

書畫에 뛰어난 기녀로는 京城의 吳紅月 등이 있고,

節妓, 義妓, 孝妓, 智妓로는 眞州기생 논개, 咸興의 金蟾과 晚香, 平壤기생 桂月香, 洪原기생 洪娘 등이 유명하다 하였다.

위에서 살펴 본 바와 같이 고려 · 조선시대까지의 기생들은 지조志操를 지키고 가무歌舞와 서예書藝를 익혔으나 요즈음 입에 오르내리는 解語花들은 단지 얼굴과 몸매만을 밑천으로 生業을 유지하고 있으니 공창公娼이지 解語花라 할 수는 없을 것이다.

1986. 11.

폭군(暴君)과 도공(陶工)

　동서양을 막론하고 폭군의 행적行跡 중에서 가장 혹독酷毒한 역사役事는 두 가지라 하겠는데 그 하나는 생전에 호화롭고, 사치스러운 생활을 누릴 수 있는 처소處所로서 막대한 경비와 기술을 동원한 宮闕이겠고, 다른 하나는 사후에 영원히 안주하기를 기원하는 뜻에서 무상의 노동력을 동원하여 축조한 유택幽宅인 대형 무덤으로 능·총·분·묘陵·塚·墳·墓라 할 수 있다.

　이중에서 능·총·분·묘는 古今의 인간들이 죽음이란 육체의 동작이 정지될 뿐 영혼靈魂은 불멸不滅한다고 믿기 때문에 될 수 있는 한 廣大하고 웅장雄壯·호화豪華롭게 축조築造하였다.

　이집트 나일강 우안右岸 사막지대에 영조된 피라미드는 正四角錐形으로 당대의 왕 및 그 가족의 묘로서 큰것은 높이가 146m, 밑변의 길이는 240m나 되며, 평균 2.5톤의 돌을 230만개를 쌓아올렸다 하는데 헤로도토스의 기록에 의하면 10만 명이 3개월 교대로 20년이 걸려서 축조한 것이라고 한다.

　유적遺蹟 발굴을 업業의 일부로 삼는 필자는 중국 여행을 수차 하였으나 진시황릉秦始皇陵을 실견實見할 기회가 없었다. 그런데 이 염원念願이 지난 여름에 시황제 陵驪山에 있다하여 여산능 이라고도 함을 돌아볼 수 있는 기회를 얻었다.

진시황은 400여 년간 어지러웠던 중국을 통일하여 봉건 왕조를 건립하고 中央集權制를 실시하여 文字·貨幣·度量衡 등을 정비·통일하였으나 옛 학문을 논하는 것을 금지하기 위하여 많은 고대 典籍을 불살라 없애고 현실을 비판하는 儒生 460명을 생매장生埋葬한 이른바 분서갱유焚書坑儒를 한 폭군이기도 하며, 70여 만명을 동원하여 아방궁阿房宮을 짓고 만리장성을 쌓았으며 자신의 사후를 위해 大陵을 영조營造하였는데 사서史書에 의하면 능의 높이는 115.5m이고 밑변의 동서가 485m, 남북이 515m라고 하니 실존 세계 최대의 무덤이라고 할 수 있다. 이 엄청난 공사를 命한 희대稀代의 폭군은 동부 순행중 백약百藥의 효험도 보지 못하고 병사病死하기까지 여산능을 축조하는데 36년이라는 長久한 시일이 걸렸지만 마무리를 못하고 원통하게 눈을 감았다.

폭군이 사라지면 환란이나 대란이 일어나는 것은 동서고금이 같은 이치로서 始皇이 죽은 다음 해에 중국 전토는 농민봉기蜂起에 의해 아방궁阿房宮은 소실燒失되고 여산능은 차차 침식되어 그 높이가 낮아지고 있다고 한다.

여하간 시황의 군단軍團으로서 밀집전투법의 형상화를 위해 막대한 시간, 경비, 노동으로 이루어진 800여 명의 무사武士, 600여 두의 군마軍馬, 100여 량의 전차戰車가 각기 다른 표정과 자세로 等身大보다 약간 큰 공동체空胴體, 속이 빈를 여러 조각편으로 나누어 번조燔造, 구워하여 미세微細한 부분까지 한치의 오차도 없이 서로 접착시킨 기술이나, 토용土俑의 형상이 각 부위의 比를 통찰洞察·파악하여 전체를 조화시켜 上

大下小의 조형예술의 시각적 법칙을 생각한 기원전의 이름없는 도공들이야 말로 시황제보다 높이 평가받아야 할 것이다.

폭군 시황제는 50도 넘기지 못하고 악명만을 남긴 채 한 세상을 마쳤으나 無名 陶工들의 작품은 영원히 미술품으로 빛을 발할 것이다. 중국 현대사에서 高名한 로신魯迅의 수상록隨想錄에 "폭군 치하의 백성은 폭군보다 훨씬 거칠다"라는 말이 있다. 그런데 아직도 이 지구상의 여러 곳에서 과거의 폭군을 추종하려는 어리석은 인간들이 있으니 누르면 누를수록 멀리 튀어나가는 스프링의 원리를 깨닫기 바라며, 약삭빠른 중생들도 한 세상을 어떻게 살 것이냐에 급급하기보다는 무엇을 남길 것인가를 생각하며 살기 바란다.

공약公約이 아니라 공약空約을 일삼는 정치 지도자들, 水災로 실의에 찬 백성 앞에 시찰視察이라는 명목으로 고급 승용차를 타고 나와 목에 힘주는 인사들, UR^Uruguay Round로 농민들이 생존권을 위협받으려는 때에 高價의 제품을 선호하는 졸부猝富들, 스승을 폭행하는 무식한 대학생들, 人倫을 저버린 잔인무도殘忍無道한 흉악범凶惡犯들.

이들은 무엇을 남길 수 있을까? 이들과 한 시대를 살아가는 모든 사람들도 다음 세대에게 부끄러운 줄을 알어야 할 것이다.

1990. 10. 8.

濁流世評 _ 高大新聞

─ 소리 공해(公害)

소리에는 자연의 소리와 인간의 소리가 있다. 자연의 소리에는 봄을 노래하는 꾀꼬리 소리, 여름을 시원하게 하는 매미소리, 가을을 재촉하는 귀뚜라미 소리, 겨울밤의 적막을 깨는 개짓는 소리가 있는가 하면, 가랑잎이 구르는 소리와 도랑의 개울물 흐르는 소리, 대지를 적시는 빗방울 소리로부터 성난 파도 소리, 조약돌이 부딪치는 낭낭한 소리에서 천지를 진동케 하는 천둥 소리까지 별별 소리가 이루 헤아릴 수 없이 많다.

그리고 인간의 소리에는 마음의 소리와 육체의 소리가 있다 하였는데, 양심이 마음의 소리라고 하면 탐욕은 육체의 소리라 할 수 있다. 마음의 소리는 도덕을 찾고, 육체의 소리는 쾌락을 찾고, 마음의 소리는 맑고 깨끗하나 육체의 소리는 어두운 곳으로 유도誘導된다.

이러한 소리는 반드시 귀로 듣는 것만이 아니고 피부로 느끼고, 마음으로 깨달을 수도 있다. 피부에 싸늘하게 느껴지는 겨울이 다가오는 소리, 좋아하는 사람끼리의 감정이 정답게 느껴지는 사랑의 소리 같은 것이 있다. 우리 옛 속담에 세 가지 들기 좋은 소리가 있다 하였는데,

첫째는 갓난 아기 울음 소리

둘째는 학동學童들의 글 읽는 소리

셋째는 아낙네들의 다듬이 소리라 하였다.

그러나 어떤 소리든지 듣는 사람의 기분에 따라 달리 들릴 수도 있다. 대나무 잎이 흔들리는 작은 소리도 청아淸雅한 사람이 들으면 맑은 노래 소리로 들릴 것이요, 성난 사람이 들으면 우뢰 소리로 들릴 것이고, 교만驕慢한 자가 들으면 개구리떼의 울음 소리 같이 들릴 것이고, 수심에 찬 사람이 들으면 가슴이 찢어지는 소리로 들릴 것이다. 뿐만 아니라 땅덩어리를 밀어대는 불도저의 굉음轟音 소리도 작업 인부나 주변 사람이 들으면 시끄러운 소리로 들리겠으나 공사를 맡은 회사의 간부와 관계자들 귀에는 신나고 즐거운 소리로 들릴 것이다.

여하간 인간이 만들어 낸 소리 중에서 가장 아름다운 소리가 음악 소리이다. 음악은 세계 공통의 언어言語로서 천사天使의 소리라고도 한다. 음악은 인간의 사상이나 감정을 음계·음율音階·音律을 조화있게 결합結合시켜 나타내는 예술로서 장단長短·고저高低·강약强弱의 질서秩序를 작은 오차誤差도 없이 지키지 않으면 큰 낭패狼狽를 보게 마련이다.

논어論語에도 光於詩, 立於禮, 成於樂이라 하여 인격은 시로서 빛이 나고, 예로서 서고, 음악으로 완성된다 하였다.

공자孔子는 君子好樂 爲無驕也 小人好樂 無爲攝也라 하여 군자가 음악을 좋아하는 까닭은 교만驕慢한 마음을 없애기 위함이요, 소인이 음악을 좋아하는 것은 두려운 마음을 없애기 위함이라 하였다.

그리고 다산 정약용茶山 丁若鏞도 예의禮義는 밖의 모양을 절도있게 하여 행실을 규제規制하고 덕德을 쌓게한다 하였으며, 음악이 없으면 거짓이 성하고 소란이 일어나고 형벌刑罰이 무거워진다 하였다. 또 음악은 내용은 있어도 형체는 없어서 보아도 눈에 띄는 것이 없고, 더듬어도 얻을 것이 없으나 사람으로 하여금 뼈를 녹이도록 슬프게 하고, 하늘을 날을 듯 기쁨을 준다 하였다.

그런데 이렇게 아름다운 소리와 음악을 시끄럽고 듣기 싫게 만들 뿐만 아니라, 소리공해 · 소리공포恐怖로 둔갑遁甲시키고 있다. 거리의 전파상電波商에서 확성기擴聲器를 타고 흘려내는 발악發惡같은 음악소리, 관광지에서의 광기狂氣섞인 고성방가高聲放歌, 무도장舞道場의 굉음轟音같은 소리가 고막을 흔들어 댄다. 질서를 생명으로 여기는 음악을 추악醜惡하게 변질시키고 있으니 세상이 어지럽게 되는 것은 당연하리라.

이밖에도 물가안정, 질서유지, 폭력근절, 민생치안 같은 헛소리가 있는가 하면, 생존권을 위한 절규의 목소리, 특정 단체나 조직에 대한 군중의 외침 소리도 신경을 무디게 하고 과잉소비, 불로소득, 토지투기, 일확천금, 상습도박 같은 허망한 소리와 인신매매, 백색공포, 유괴살인이라는 공포의 소리는 언제쯤 없어질 것인지 듣고 싶지 않아도 연일 이러한 소리공해 공포에 시달리고 있어서 山寺의 새벽 종소리나 예배당의 저녁 종소리도 성스럽게 들리지 않으니 문제의 소리병은 언제나 치유治癒될 것인지… 글을 마치고 보니 이 또한 잡소리가 된 듯하다.

1990. 11. 19.

濁流世評 _ 高大新聞

대학(大學)의 나이

새해를 맞은지도 벌써 보름이 지났으니 한 살을 더 먹은 것인지, 또는 몇 주일 후에 맞이할 구정舊正인 설을 쇠어야 한 해를 더 보낼 것인지, 아니면 가을에 생일을 맞아야 만으로 나이를 더할 것인지, 양력陽曆·음력陰曆이 달라 헷갈릴 때가 자주 있다.

동식물動植物은 물론이려니와 광물鑛物까지 자연의 만물萬物은 모두 나이를 산출算出하게 마련이다. 식물인 경우 일년생으로부터 수령樹齡이 몇 백 년이 되는 고목古木이 있고, 동물들도 몇 살, 몇 년으로 셈하고, 근간近間에는 과학의 발달로 지층地層 속에 천연天然으로 보존된 生物·鑛物의 화석化石까지도 그 연대를 추출抽出한다.

우리는 생활 주변의 일상용품에 이르기까지 몇 년형이라고 햇수를 따진다. 뿐만 아니라, 우리 사회에는 크고 작은 조직과 기구가 있는데 모두 연륜을 헤아려 몇 주년이 되었다고 하니 이러한 나이는 많아서 좋을 때가 있고, 이롭지 못할 때도 있다. 또 나이가 많으면 자동 폐기廢棄되어야 할 것도 있다. 예를들면 음식물이나 의약품 같이 유통流通기간이 지나면……

공자의 논어論語에는

'10대는 학문學問에 힘쓴다' 하여 지학志學이라 하였고, 20은 입신立身이요, 30은 이립而立이고, 40은 불혹不惑이며, 50은 지천명知天命이고, 60은 이순耳順이고, 70은 고희古稀라 하였다.

루소는 10대는 과자에 신경神經쓰고, 20대는 연인戀人에 유혹誘惑되고, 30대는 쾌락快樂에 어두어지고, 40대는 야심野心에 불타고, 50대는 탐욕貪慾에 이끌린다 하였다.

모두 나이와 함께 지혜가 자라고 연륜年輪과 함께 깨달음이 깊어지므로 나이는 세월과 같이 흘러 세대가 바뀌어 퇴물退物이 되고 늙은이로 변하므로 해당 시절을 뜻있게 보내라는 명구名句인데 이러한 내용은 각종 교육에 의해 이루어지게 마련이다.

교육이란 학문을 가르치는 교教와 인간의 성정性情을 기르는 육育으로 이루어져서 지식知識을 가르치고 인격人格을 도야陶冶시킴으로 교육의 최종最終 목적은 지식이 아니라 행동行動에 있다. 이러한 교육은 가정교육, 학교교육, 사회교육이 있으나 어느 것이든 되도록 일찍부터 올바른 가르침을 받아야 하므로 국가의 기초基礎는 소년을 가르치는데 있고, 국가의 운명運命은 청년의 교육에 달려있다고 한다.

이러한 교육을 맡은 기관機關, 그 중에서도 최고 학부學部이자 학문의 전당殿堂이라고 하는 대학의 홍보弘報 활동이 입시入試 철을 맞아 열熱을 올리고 있는데 그들이 속해있는 대학의 나이가 들쭉날쭉해서 역사를 공부한 필자筆者도 도저히 이해하기 어렵다.

우리나라 최초의 대학은 고구려 제17대 소수림왕小獸林王 2년372에 설립된 태학太學이 효시嚆矢이고 , 통일신라시대의 제31대 신문왕神文王 2년⁶⁸²에 국학國學을, 고려시대에 국자감國子監, 932이 세워지고, 조선시대 성균관成均館을 거치면서 소수 특권 자제들에게 경전經典과 유학儒學을 가르치는 고급 교육기관이 있었으나 근대적 학교 교육제도는 開化期인 19세기 말 쇄국정책鎖國政策을 벗어나면서 門戶개방으로 시작되었다.

그런데 조선시대에 人才養成을 위해 세운 成均館은 당시 국립대학 격인 최고 교육기관인데 현재의 사립私立 성균관대학이 조선시대 국립 교육기관의 연장인양 개교 600 몇 주년으로 홍보하는 것은 알다가도 모를 일이다.

고종 22년¹⁸⁸⁵ 제중원濟衆院이라는 서양 의료기관醫療機關이 미국인 Allen에 의하여 최초로 세워진 후, 뒤에 광혜원廣惠院이라 불리어지다가 운영상 문제가 많아 미국인 실업가 Severance의 재정 지원으로 1904년 남대문 밖 복숭아골桃洞에 현대식 건물을 지어 세브란스병원이라 하였다.

1915년에 미국인 선교사 H.G 언더우드에 의해 연희전문이 개교하였는데 해방과 더불어 연희대학延禧大學으로 되었다가 세브란스병원과 합병合倂하여 연세대학延世大學으로 이름을 고치고, 세브란스병원의 나이로 거슬러올리고 그것도 모자라 廣惠院, 濟衆院의 역사까지 소급遡及하여 개교 120 몇 년이라고 하니 연상年上의 여인女人과 결혼하였다고 해서 자기 나이를 부인의 나이만큼 올릴 수 있을 것인지….

그리고 이화梨花여대는 1886년 미국 여자선교사宣敎師 Scranton이 정동貞洞에서 단 한 명의 여학생으로 수업한 이화학당때부터 대학사大學

史로 계산하고 있다.

그런가하면 서울대는 1924년 일제시대에 설립된 관립官立 綜合大學인데도 前身인 경성제국京城帝國대학의 역사는 쏙 빼놓고 광복光復 후인 서울대학의 발족으로부터 계산하여 개교 50 몇 주년 이라고 한다. 대학마다 개교 기념 산정算定이 달라서 그 나이를 늘였다 줄였다 하고 있다.

참고로 고려대는 1905년 함경도 출신의 정치인 이용익李容翊이 법률학을 전공으로 하는 보성전문普成專門을 설립하였는데 경영經營이 어려워 1932년 인촌 김성수仁村 金性洙가 인수하여 중앙학원中央學園으로 재단財團을 확장하였다. 광복 후인 1946년 고려대학高麗大學으로 개명改名하여 2005년에 100주년을 맞이할 것이다. 전신인 보성전문과 개명 후의 고려대를 합쳐서 나이로 계산한 것이다.

이 나라의 소위 일급 대학들의 역사를 이해하는데 어려움이 많다. 세계화世界化, 국제화國際化시대, 그리고 초 마이크로를 따지는 시기에 몇 십년을 올렸다 내렸다 해도 되는 것인지….

1991. 1.

고려대학교 사회교육원

5月과 축제(祝祭)

　해마다 5월이 되면 전국의 각 대학에서는 거르는 법 없이 각양각색 各樣各色의 크고 작은 축제가 몇 일씩 이어져서 요란스러운 행사가 계속 되고 있다.

　예전이나 지금이나 계절의 법칙法則으로 어김없이 찾아오는 5월이 지만 歲月은 크게 변하여 먹고, 자고, 입는 것이 豊足하다 못해 남아돌 아감에 따라 생각도 매우 여유餘裕가 있는 것도 사실이지만 낭비浪費도 많아졌다.

　5월은 4월에 지켜지지 않았던 많은 약속들을 이어받아 하늘에는 환희歡喜가 넘치고 땅에는 푸른 정기가 새로워지는 달이고 따사로운 햇 볕, 부드러운 녹음, 그리고 밤의 불빛은 사람들을 환상幻像의 세계로 이 끌어 주기도 한다.

　5월은 신록의 계절로서 계절의 여왕이라고도 부른다. 5월의 햇빛 아래 크고 작은 풀과 나무들은 싱싱한 綠色을 더하여 들과 산을 푸른빛 속에 젖어 들게하고, 앵두와 딸기같은 과실을 빨갛게 익히는 달이고, 수 목樹木으로는 진달래와 모란牧丹이 피는 달이기도 하다.

　또 동물로서는 말馬로 정하여 졌는데 말은 음양원리陰陽原理에서 하 루 중 양성陽性이 가장 강한 正午이고, 12支의 오午는 연중 5월 이어서 自古로 영험성靈驗性을 발휘하는 신성神聖한 동물로 여겨지기도 하며, 우리나라 최고의 사서史書인 三國史記에서도 赤馬, 龍馬, 神馬, 駿馬들의 기이奇異한 행적行跡이 기록되어 있다.

이렇게 젊은이들은 기쁨과 소망所望으로 가득차서 혈관속의 맥박脈搏이 힘차게 움직이고 푸른 하늘만 쳐다보아도 가슴이 울렁거리는 활기活氣와 희망希望찬 시기이므로 새싹이 돋고 꽃망우리가 터지려는 것만 보아도 이성異性이 그리워지는 사랑과 낭만浪漫의 계절이기도 하다. 따라서 5월에 부르는 노래는 아무리 슬퍼도 사랑과 환희歡喜의 노래로 들리고, 또 5월이 되면 아무곳이나 마음대로 가고 싶어지고, 돛을 높이 달고 멀리 떠나보고 싶은 해방감과, 높이 솟은 산봉우리 위에 이리저리 떠다니는 구름 위에라도 오르고 싶고, 초탈감超脫感에 빠지기도 한다. 이러한 때에 젊은이들에게 祝祭가 열리는 것은 당연한 일이라고 생각된다.

돌이켜보면 우리 연배나 그 이전의 年歲 많은 사람들에게는 5월은 보릿고개라 하여 몹시 괴롭고, 지루한 달이기도 하였다. 식량부족에 따르는 절식으로 근근이 살아갔으므로 매우 음울陰鬱한 달로 여기었다. 그리고 해가 길고 더디감을 탓하여 깐깐 5월, 모둔 5월이라고 부르기도 하였다.

한편 祝祭의 祝자는 남이 잘된 일을 축하할 때 쓰인다. 따라서 남의 성사成事를 빌고 하례賀禮하는 것을 祝賀라 하고, 축하의 뜻을 표하기 위한 모임을 祝賀會, 여기서 베풀어진 먹고 마시는 자리를 祝賀宴, 축하하는 의례를 祝儀, 축하하는 날은 祝日, 축하하는 전보를 祝電, 축하할 때 쏘는 포를 祝砲, 축하하는 술잔을 祝杯, 앞길의 행복을 비는 것을 祝福, 오래 살기를 비는 것을 祝壽라고 한다.

기독교에서 예배를 마칠 때 목사가 하느님께 전체 신자의 축복^{祝福}을 빌며 드리는 기도^{祈禱}를 축복기도라 한다.

그리고 祝祭의 祭字는 제사^{祭祀} 제, 기고^{忌告} 제, 字로서 祭祀는 정중^{鄭重}하게 예의^{禮儀}를 갖추어 거행하여야 되는 것이다. 특정한 곳에 祭壇을 마련하여 祭器에 정성드린 제수^{祭需}를 준비하고, 祭具를 갖추어 향^香을 피우고 祭主는 祭服에 祭冠을 쓰고 祭文을 엄숙히 읽어야 한다.

따라서 祝祭란 축하하고 祭祀지냄을 나타낸다. 집집마다 대문이나 베란다에 5색기를 나부끼며 격에 맞는 풍악^{風樂}이 울려지며, 뜻을 같이하는, 또는 지역을 같이하는 많은 구성원^{構成員}들이 男女老少, 貧富貴賤의 구별없이 모든 차별을 다 털어버리고 순수한 인간으로 돌아가 한^恨을 풀고, 즐기고, 흥분^{興奮}하여 묵은 빚, 묵은 시름 등의 묵은 찌꺼기를 모두 털어버리는 단합^{團合}의 기회로 만들고 보다 좋은 발전된 미래를 약속하고 비는 행사이기도 하다.

그런데 우리가 대학에 다닐 때에는 유명인사^{有名人士}의 특별초청 강연회^{講演會}, 음악회, 연극, 전시회 등의 문화예술 행사와 교수·직원과 학생들이 한데 어우러지는 체육행사, 각국의 풍물^{風物}을 풍자^{諷刺}하는 가장행열^{假裝行列} 등이 인근^{隣近} 주민들에게도 共感帶를 형성하여 그들에게 대학의 참모습을 보여주고 지적^{知的}인 수준^{水準}도 높여주었고, 밤에는 民俗酒인 막걸리를 나누며 우등불을 군데군데 피워 그 주위를 흥겹게 맴돌아 과와 대학을 초월하고 교직원·학생·주민이 혼연일체^{渾然一體}가 되는 참다운 축제를 열었다.

그러나 근래에 식주의食住衣가 넉넉하여서인지 정신적인 나약儒弱함과 나만을 내세우는 利己心은 조직을 파괴破壞하고 協同에 무관심을 기르게 되고, 물질만능의 야박한 사회로 변하여 대학의 축제도 그 진면목眞面目을 잃은지가 오래된 듯하다.

대학의 축제는 知性과 낭만浪漫을 겸한 健實한 祝祭이어야 함에도 축제의 핵심核心인 學術講演會는 찾아볼 수 없고, 도처到處에서 표절剽竊된 민중해방가民衆解放歌에만 귀를 울리고, 어디를 가나 학생들이 직접 만든 같은 맛의 어묵과 떡볶이가 판을 치고 있다. 참으로 대학인으로서 부끄러운 일이 아닐 수 없다. 우리 모두 자성自省의 기회를 갖고 참다운 靑年文化의 축제, 知性人으로서의 大學祝祭가 되도록 다시 한 번 생각해 볼 일이다.

1993. 5.
인문대학 고고미술사학과 학회지

상행 하행(上行 下行) ━

　　우리나라에서 최초로 철도가 부설된 것은 1899년으로 오늘의 京仁線이다. 그후 1901년 日本자본회사인 京釜鐵道株式會社가 경부선京釜線을 기공하여 1905년 1월에 두 번째의 철도가 개통되어 동서남북의 큰 도시와 많은 철도가 연결·운행되고 있다.

　　하여간 요즈음은 아무리 시골에 사는 사람이라도 한 두번의 기차 여행은 해보았을 것이다. 혹 그렇지 않더라도 찾아오는 이를 마중 나가거나, 떠나는 손님을 배웅하기 위해 기차 정거장에는 들러보았을 것이다. 크고 작은 역의 대합실에는 매표소가 있고, 창문위 벽에는 예외 없이 상행·하행의 출발·도착시간이 가지런히 적혀있다.

　　그런데 이 상행·하행은 현대사회에 매우 거슬리는 말임에도 공공기관인 전국의 역사驛舍에서 일률적으로 사용되고 있으니 한심할 따름이다.

　　서울·부산을 오고 가는 경부선의 철도인 경우, 부산의 위도가 35°쯤 되고 서울이 북위 38°의 약간 밑이니, 온도계처럼 낮은데서 높은 숫자로 올라가므로 지구 위도상으로 보면 「서울에 올라간다」, 「부산으로 내려간다」라고 할 수 있다. 그러나 경인선은 서울을 기준으로 인천은 거의 같은 위도상 서쪽에 위치하고, 경춘선은 춘천이 서울의 동쪽에 있으니 '올라간다', '내려간다' 라는 것은 말도 안되고, 더구나 경원선의 경우 원산이 서울의 동북쪽에 있고 경의선京義線의 신의주북위 40°는 서울의 서북쪽에 있으니 서울로 올라가고 원산元山이나 신의주로 내려간다는 것도 어불성설語不成說이다. 그런데도 한글대사전에는 상행차는 지방에서 서울로 가는 차량이고 하행차는 서울에서 지방으로 내려가는 차량이라고 적혀있다. 남북통일이 이루어진 뒤에도 신의주에서 서울로 올라오고, 서울에서 함흥으로, 라진으로 내려간다고 해야할까?

원래 서울은 나라의 중앙官署가 있는 곳으로 수부首府, 수도首都, 수선지지首善之地, 도읍都邑, 도성都城, 도부都府, 국도國都, 경낙京洛, 경연京輦, 경부京府, 경사京師, 경도京都, 왕경王京, 제경帝京, 황도皇都 皇城 등등으로 불려졌다. 조선시대에는 한성부漢城府라하여 경복궁景福宮, 경희궁慶熙宮, 창덕궁昌德宮, 덕수궁德壽宮 등의 궁궐이 창건되었다.

경도京都 등의 京은 왕이 사는王居 높은 언덕高丘과 큰大 것을 가리키고, 도都는 도읍都邑 天子所居, 모두合, 거느림總, 살다居의 뜻으로 높고 넓은 들에 귀족계층이 살고 있는 곳이라는 뜻이다.

그런대 서울은 빈부귀천貧富貴賤을 가릴 것 없이 각기 자기 능력에 맞추어 주거住居를 정하고, 多樣한 생업에 종사하면서 자유롭게 살고 있는 곳이다. 물론 서울은 최고 통치자가 政務를 맡고 있는 청와대靑瓦臺와 中央政府가 있는 곳이다. 그러나 대통령은 국민의 자의적 투표에 의하여 선출되는 것이고, 나라의 行政을 맡은 공무원 역시 국민의 공복公僕으로 자처한다. 치안治安유지를 담당한 경찰관 또한 민중의 지팡이라고 부르는 이때, 서울에서 공부하던 학생이 방학이 되어 고향집에 찾아가면 동서남북을 가리지 않고 여전히 언제 내려왔느냐, 언제쯤 올라가느냐, 자주 내려오너라 등의 인사말을 건넨다. 舊正이나 秋夕같은 민족의 대이동 기간 중 交通情報를 전해주는 방송, 신문 등에 종사하는 요원 要員들의 안내도 상행선은 평일과 다름없고, 하행선은 거대한 주차장을 방불케 한다고 열을 올려 소식을 전해주고 있으니 참으로 딱한 일이 아닐 수 없다.

일제 강점기에 개칭開稱된 경성부京城府에서 부산까지를 경부선이라고 하는지 아니면 경도, 경사京都, 京師의 한자어漢字語를 인용하여 京자와 부산의 첫 자 '釜'를 따서 경부선이라고 하는지….

왕도王都 · 황도皇都 · 경도京都라는 한 世紀 전의 非民主的이고 종속적從屬的인 思考의 用語를 世界化 民主化를 부르짖는 사람들이, 情報科學 사회의 新世代들까지 뜻도 모른 채 사용하고 있으니 언제쯤에나 고쳐 부를 수 있을 것인지….

1998. 9. 14.

濁流世評 _ 高大新聞

개발 단상(開發 斷想)

　개발은 현재의 생활 상태와 환경 여건을 보다 나은 상태로 개변改變시키기 위한 일체의 행동을 총칭하는 말로서 자연을 開拓하여 발전 시키고 인간의 두뇌頭腦와 지식을 깨우쳐서 문명을 발생시킨다.

　개발에는 국토개발, 경제개발, 과학개발 등 여러종류의 개발이 있을 것이다. 太初로부터 인류는 보다 편리한 도구를 이용하여 좀더 많은 수확을 얻어 안정된 생활을 享有하기 위해 끊임없이 개발에 노력을 경주傾注하여 왔다.

　이러한 개발 행위는 必然的이고 적극적으로 추진되어 도전을 받게 됨으로 경우에 따라서는 어떤 지역 또는 특정인들에게 막대한 피해와 고통을 주기 때문에 개발에 앞서 충분한 검토가 이루어진 후에 진행되지 않으면 상대적으로 돌이킬 수 없는 파괴와 위험과 재난災難을 면免할 길이 없다.

　사회 · 경제적 발전과 과학기술의 향상에 따라 날로 利用價値가 증대되고 있는 땅은 언제나 인류와 불가분의 밀접한 관계로서 생산지인 동시에 폐기장이고 삶의 터전이자 죽음의 공간으로 이용되어 왔다.

　이러한 토지와 인간의 관계에서 국토개발은 한정限定된 국토와 자연을 균형均衡있게 效率的이면서도 종합적인 발전을 도모하여 쾌적快適

한 환경에서 풍요로운 사회와 복지생활을 영위할 수 있도록 진행되어야 함에도 불구하고 곳곳에서 자연의 형질변경과 많은 문화유적·유물이 손상·파괴되고 있다.

그중에서도 문화유적은 인류의 과거와 현재를 연결하고 역사적 상징성으로서 소중한 민족문화의 자산이라는 본질적 가치 이외에도 현실적으로 관광자원 등 상업적 잠재력의 효용가치가 매우 높은데 거국적인 국토개발 사업으로 인해 전국적으로 무수히 파괴되는 수난을 겪고 있는 실정인데도 "문화재가 밥먹여 주느냐"고 하는 어떤 지역 단체장團體長의 무식한 발언을 들을 때 환경개발보다 인지認知 개발이 더 시급한 문제라고 생각된다.

경제개발의 경우 국민의 복지福祉를 증진시키고 지역경제를 활성화 하기 위해서 총체적으로 추진된 것이 5.16 군사정부 시기로서 60년대 초반부터 경제개발 5개년 계획을 수립·실시하여 국민총생산량을 크게 증대시켰으나 선성장先成長 후분배後分配의 개발정책으로 국민의 보다 나은 삶에 대한 욕망은 소외되어 재원의 분배에서부터 기회 균등이 무시되고 소득분배도 형평衡平을 잃어 계층간의 빈부貧富 격차가 심화 되었다.

또 70년대 후반부터 중화학重化學공업에 대한 지나친 금융세제의 지원 보호가 오히려 기술개발의 노력을 소홀하도록 만들었고, 80년도에는 수출 증대에 따른 노동자들의 고통 가중, 도시인구의 팽창으로 농어촌의 인구 격감, 각종 폐기 오염물질에 의한 환경오염은 심각한 고민이 되었다.

한편 최근의 보도자료에 의하면 우리나라 로켓기술 개발은 북한에 비해 10년이 뒤졌다고 전한다. 우리 航空宇宙硏究所가 개발한 과학로켓 2호는 발사중량이 2톤 미만에 최고 고도도 138km에 불과하나 북한의 것은 20톤 이상의 발사체를 200km 이상까지 개발하여 발사시켰다고 한다.

북에서는 社會主義 대국 건설의 새로운 이정표를 마련한다고 인공위성인지 미사일인지를 개발하여 최첨단最尖端 정보과학을 자랑하는 강대국들을 경악驚愕하게 만들었는데, 남쪽에서는 수 많은 퇴출자退出者들이 일자리를 찾기 위해 거리를 헤매고, 家庭을 멀리한 노숙자露宿者들이 공공대합실待合室을 채우고 있음에도 안일安逸하게 북측에 더 많은 경제적 이익을 안겨주는 금강산 개발에 열을 올리고 있으니 참으로 한심寒心하다고 아니 할 수 없다.

1998. 11. 2.

濁流世評 _ 高大新聞

# 한문(漢文)과 영어(英語)

　인류는 태초로부터 청각적聽覺的인 말의 제약制約을 극복하기 위해
여러가지 시각적視覺的 보조수단을 이용하면서 서로의 의견을 교환하여
왔다.
　말은 사람의 목소리로 귀를 통해 서로의 의사意思를 전달하여 사상
思想과 감정을 나타내고, 또 말은 입에서 나오면 곧 사라지며 먼곳까지
는 못미치는데 비해, 문자는 눈에 보이는 기호로 이루어져 눈을 통해 의
사소통疏通이 가능한데다 永久的이며 지역이나 거리와 관계없이 자유
롭게 이동이 가능하다.

　영어는 주로 영·미英·美국인들과 그들과 정치·경제적으로 접촉
이 많았던 국민들이 사용하는 언어로서, 우리나라에 들어온 것은 개화
기를 맞으면서 서양의 新·舊教의 宣·布教 활동에 의해서였고, 高宗
때 미국과의 첫 협정인 韓美修好通商條約을 계기로, 일제시대 일본유
학생들 사이에서, 그리고 가장 빨리 확산된 것은 광복과 한국전쟁 후 각
지역에 주둔한 美·英을 비롯한 서양 각국의 주둔군들에 의해서 였다.

　한편, 한문은 한자로 된 문어체의 문장을 총칭하지만 중국에서 한
문이라고 하면 唐詩 宋詩, 明·清소설 등과 대비되어 漢나라의 글이라
는 뜻으로 쓰여지나 우리나라와 일본에서는 이러한 구별없이 한자로

된 글씨·문장을 모두 한문이라고 한다. 그러니까 영어는 말이고 한문은 글이다.

우리나라에 한문이 수입된 것은 漢四郡이 설치되면서, 특히 420년 간이나 존속했던 樂浪지역에서 생활하던 중국인 관료나 병사, 중국 상인들과 접촉했던 주변의 民間人들이 어깨너머로 배우고 익힌 것에서 유래되었을 것이고, 그뒤 漢字의 음과 뜻을 借用하여 이두吏讀가 만들어져 三國이 강성하면서 역사 서술의 필요에 따라 고구려의 留記, 백제의 百濟記, 신라의 국사편찬國史編纂 등이 활발해지고 고구려의 광개토왕비, 백제의 사택지적비, 신라의 진흥왕巡狩碑 등 비문 제술은 한자의 서체로 보나 문장의 구성으로 보나 한문의 구사가 매우 숙달熟達되었던 사실을 확인할 수 있고, 佛教의 발전과 道教의 전파는 삼국의 한문 발달을 더욱 촉진시켰다고 할 수 있다.

이토록 오랜 뿌리를 가지고 사용되다가 일제로부터 광복을 맞으면서 일부 인사들의 한글전용 운동이 일어나 한글의 우수성, 과학성이 세계적으로 평가되고, 이 나라의 모든 기록이 한글화되어 현대는 한글세대로 변하였다. 요즈음 「지구는 한지붕 세계는 한가족」이라 하여 나날이 정보교환이 빠르게 진행되는 때인데 한글전용만을 고집하면 국제화 시대의 여러나라들과 동참할 수 있을까?

주민등록증을 보고 성명을 확인 못하는 젊은 공무원이 많고, 일간지의 제호는 東亞日報, 朝鮮日報, 國民日報로 표기되어 있다. 또 高大新聞, 高大校友會報 등도 모두 한자이다. 그리고 근간에 稅風, 銃風이

각 신문마다 연일 소개되고 있는데 한글로 썼다면 그 뜻을 알 수 있을런지, 건강한 체력을 유지하려면 편식을 피해야 한다는 논리는 익히 알고 있겠지만 한반도라는 地政學적인 특수한 상황에서 대륙문화와 해양문화를 조화롭게 포용해 중국의 漢字와 서양의 言語를 함께 익히지 않으면 貿易戰爭과 文化交流, 관광산업에 큰 손실損失을 볼 수 있다는 것을 명심銘心해야 할 것이다.

최근 정부에서는 日本문화의 일부 수입·개방을 발표했다. 일본의 말과 글은 모두 한자에서 유래되어 음과 뜻을 일본식으로 만들어 사용하고 있다. 따라서 그들의 문화를 수용하려면 한자를 모르고서는 도저히 이해할 수 없다는 사실도 상식적으로 알아야 할 것이다.

1998. 12. 7.

濁流世評 _ 高大新聞

02

문화재 文化財

尹㞷英 隨想 ㅣ 三空의 出卒

登山과 文化財

　몇 해전부터 國土開發과 祖國 近代化의 국가적인 至上目標 아래 大小 도시는 물론 지방의 邑里까지도 大單位 공업단지化 작업으로 각종 공장의 건설과 그에 따르는 基幹道路 공사 등으로 말미아마 近來 도시인구는 격증 일로에 처해 있다. 이에 비례하여 이들 도시인들은 그들의 생활주변의 소음騷音과 홍진紅塵을 피하고 심신의 단련 및 健康을 위하여, 또는 휴일 여가선용을 이유로, 또 高山의 정상 정복감과 峻嶺의 縱走를 목적으로 하는 등산 인구가 증가하고 있는 상황이다. 한걸음 더 나아가서 등산을 시대적 流行病으로 착각하는 일부 沒知覺한 무리들의 急增으로 인하여 遠近 대소 명산은 초만원을 이루고 있기도 하다. 이는 전체 등산장비 개선, 새로운 등산로 개척 등 여러가지 利點도 있으나 絶景의 秀麗한 景勝地에서의 각종 추태醜態, 天惠的인 천연기념물의 남획濫獲, 固有文化財의 손상損傷 등 여러면으로 오점汚點을 남기고 있음을 痛感하여 산을 사랑하는 한사람으로 원근 高低山 登行時 접하는 각종 다양의 有形文化財와 天然記念物에 대한 보존과 感想을 간략하게 기술하고자 한다.

　첫째, 有形·無形의 문화재에 대하여 알아보면 기본적인 문제로서 문화재의 文化라는 의미는 자연에 대하여 인간의 技術的인 창조의 所

産을 뜻하나 문화는 인간이 太初로부터 卽, 역사적으로 사회적으로 인간들이 그들의 생활을 展開시키는 사이에 이루어졌고, 이것은 각 민족의 전통과 계승으로 새로운 창조의 길을 발견해 가고 있다. 또한 창조 활동의 소산은 인류 사회의 향상과 발전의 귀중한 밑거름이 되는 것이다. 따라서 문화재는 우리나라 문화재 보호법의 총칙에서 밝힌 바와 같이 '문화재를 보존하여 이를 활용함으로써 국민의 문화적 향상을 도모하는 동시에 인류 문화 발전에 기여함을 목적으로 한다.' 라고 되어 있으며 또 同法 제2조의 문화재의 정의를 살펴보면…

1. 建造物, 典籍, 古文書, 繪畵, 彫刻, 工藝品 기타 有形의 문화적 소산으로서 우리나라의 역사상 또는 예술상 가치가 큰 것과 이에 준하는 考古資料(有形文化財)
2. 演劇, 音樂, 舞踊, 工藝技術 기타 無形의 문화적 소산으로서 우리나라의 역사상 또는 예술상 가치가 큰 것(無形文化財)
3. 貝塚, 古墳, 城址, 宮址, 窯址, 遺物包含層 기타 史蹟址와 景勝地, 動物, 植物, 鑛物로서 우리나라 역사상, 예술상, 학술상, 觀賞상 가치가 큰 것(記念物)
4. 衣食住, 生業, 信仰, 年中行事에 관한 風俗, 習慣과 이에 사용되는 衣服, 器具, 家屋 기타의 物件으로서 國民生活의 趨移를 理解함에 不可缺한 것(民俗資料)

이상과 같이 우리나라 문화재를 대별하여 有形文化財, 無形文化財, 天然記念物, 民俗資料의 4종으로 나누고 있으며, 그중 국가에서는 중요한 문화재 중에서 人類文化의 견지에서 그 價値가 크고 由來가 드문 것을 특별히 國寶로 지정하고 그 다음급을 寶物로 지정하고 있다.

이러한 국민의 財産인 文化的遺産, 다시말해서 한 민족의 個性과 風土와 歷史를 총칭하고 崇高한 가치를 지녀 그 민족과 더불어 不滅의 生命體인 우리 문화재는 과거 日帝가 우리의 고유 역사와 문화 전통을 말살하고 忘却시키기 위한 정책으로 인한 때문인지, 우리 대부분은 자기 나라의 문화재에 대한 관심이나 認識을 가지려고 하지 않았고, 또 광복과 6.25전쟁으로 인한 무관심과 無知로 混濁한 사회를 틈타 문화재의 汚損·破壞는 날로 그 도가 심해지고 있다.

둘째로 自然과 天然記念物도 예외일 수는 없다. 古來로 우리나라를 '錦繡江山'이라 하여 산천의 풍경은 秀麗한 絶景을 이루었음은 內·外國人이 公認하여 왔다. 우리는 이와같은 天惠적인 산천을 조상들로부터 물려받았으므로 근래 工業化로의 近代化의 영향, 급격한 도시 인구의 증가와 최근 국민들의 소득의 증대인지, 餘暇善用의 변화인지는 몰라도 전국적으로 觀光地 개발로 인한 관광객의 集散과 자연 애호에 대한 인식부족의 일부 沒知覺한 자들의 소행으로 산림이 남벌濫伐되어 산천은 황폐荒廢一路에 있으며 한발旱魃과 水害는 해를 거듭할수록 심하여 지고, 稀貴한 動植物들은 그들의 棲息처를 잃게 되어 滅種 危機에 놓여 있으며, 樹林과 조화를 이룬 장엄한 岩壁과 河川石들은 商魂에 어두운 骨材商들의 마구잡이 採取로 황량荒凉하기만 하다. 또한 정부의 施策도 도시개발과 대소 공장의 건설 등으로 地下水의 汚染, 池川의 오탁汚濁, 경제적, 관광용, 軍事상의 목적으로 深山幽谷의 車道 공사는 名勝인 風致林의 허리를 자르고, 왕래하는 차에서 뿜어대는 매연煤煙은 대기 오염으로 동식물이 질식窒息 一步전이라고 한다. 이런 상태로 나간다면 자연은 황폐되고 따라서 그에 따른 代價는 다음 世代인 後孫들이 받게 됨을 銘心해야 할것이다.

최근 工業化로의 近代化와 관광 개발 등 전국적으로 大規模의 공사가 급속히 진행되고 있어 문화재 보존과는 距離感이 있으나 근대화 및 관광 개발의 進展이나, 문화재 보호나 모두 인간의 문화적 생활의 向上을 목적으로 하는 이상 兩者가 同調하여 개발·보존되어야 할 것이다. 무릇 후진국이 그러하듯이 종래 經濟 優先主義 입장으로 개발과 근대화가 우선되고 고유의 전통적 문화재 보호같은 경제적 효과가 적은, 다시 말해서 非生産的인 곳에는 신경을 쓰지 않고 있다. 이것은 인간 생활을 물질적 기준에 重量을 두고 판단한 결과라고 하겠다. 최근 이런 점이 革新되어 문화재 보존에 대한 인식을 달리하여 정부에서는 中央 官署에서부터 지방 部署에 이르기까지 각종의 보호책을 논의하고 있고 일반 국민들도 많은 啓蒙과 善導로서 문화재 보호에 힘쓰고 있음은 늦은 감이 있으나 매우 다행한 일로 생각된다.

이상에서 본 바 有形·無形문화재와 天然記念物의 손상이 국가 施策인 국토 개발과 공업화에 따르는 어쩔 수 없는 일이라고만 볼 수 없고, 우리 등산인들에게도 그 책임의 일부가 있으니 몇 가지 예를 들어보면

- 寺刹 境內와 樹林간에서 炊事로 인한 煤煙
- 巖壁이나 사찰의 閣, 殿, 庵 등에 무질서한 刻銘과 落書
- 靜寂한 山間에서의 大聲 放歌
- 稀貴한 식물의 無斷 採取와 野生花의 折枝
- 休息후의 휴지 및 餘食의 散棄
- 不注意로 인한 山火 등등

위에서 先祖들이 남겨준 고유 문화재와 秀麗한 자연 및 천연기념물의 汚損과 파괴되는 遠近因을 알아보고 또 그 보호 문제를 살펴보았는데 우리 등산인들은 여기에서 그칠 것이 아니라 적극적으로 山行에서만이라도 문화재를 좀더 주의깊게 관찰하고 아끼는 態度를 가지기 바란다. 한 예를 든다면 자연환경의 훼손을 절대로 금지하여야 함은 물론이려니와 전국 각지의 대소 산에는 많은 寺刹이 건립되어 있는데 이 사찰을 단순한 물마시고 쉬어가는 휴식처로만 생각하지 말고 그 사찰이 建立 동기, 伽藍의 배치, 당대인들의 思想과 宗教, 건축樣式, 토목기술, 미술공예의 발달, 노동력 동원으로 본 사회상태 등 여러가지로 思考하는 등산인이 되기를 바라면서 끝을 맺는다.

1971,

安岩 (創刊號) _ 高麗大學校 安岩山友會

文化財의 發掘과 問題 ━

東西洋을 막론하고 古代의 遺蹟 · 遺物에 관한 관심과 흥미는 매우 높았으며 또 오래된 사실이다. 古代의 여러나라가 정치적인 통일체를 이루면서 宗敎的이나 理念的인 紛爭 또는 영토확장의 목적으로, 혹은 경제적인 목표를 수행하기 위하여 침략 또는 전쟁이라는 참혹한 상태를 유발하게 되는데 이 과정에서 승리자는 敗戰國의 크고 작은 보물이나 문화재를 自國으로 반입하게 되고 또는 선진국이 미개국의 문화재를 다량으로 강제적인 약탈을 공공연히 자행하기도 한다.

이러한 행위는 최근까지도 여러나라에 의하여 행해지고 있는데 그 동기와 목적은 文物이 다르므로 단순한 好奇心의 작용이거나, 보물을 强奪함으로서 財産을 增殖시키기 위한 수단으로서 또는 그나라의 경제문화 수준으로서는 도저히 管理 · 保存할 能力이 없다하여 정부가 앞장서서 탈취奪取하기도 한다.

文化財는 자연이나 인간의 손에 의하여 만들어진 것들이다. 문화재라는 뜻은 保存할 價値가 있는 민족문화의 遺産이고, 국민의 정신적 · 물질적 재산이 되는 것을 의미한다. 그런데 흔히 한 나라의 자원을 평가할 때 천연자원과 산업자원만을 생각하고 有形 · 無形의 문화적 자원을 빼어놓는 경우가 많은데 그것은 事物의 현실적 이용가치가 이미 없어졌어도 역사적·문화적 가치는 존속하고 증대되어 그 나라의 교육 관광자원으로서 크게 이용되고 있다는 것을 모르기 때문일 것이다.

그러나 문화재라 하여도 建造物, 美術工藝品 등 형태가 있는 것과 藝能, 工藝技術 등 形體가 없는 것, 그리고 遺蹟, 名勝地 등 토지와 관계되는 것 등 그 범위가 매우 넓으므로 이러한 각종의 다양한 문화적 유산의 의미를 한마디로 이야기 하기란 어려우나 그 공통적 요소를 살펴보면 다음과 같다.

첫째로 문화재적 價値가 있는 것, 즉 문화재는 문화재적 재산이지만 같은 재산이라 하여도 정신적 가치가 평가되어야 하며 그 가치는 역사, 예술, 학술상의 가치도 고려하여야 되겠으나 一律的으로 평가하기는 매우 어렵다. 그것은 畵家나 彫刻家에 의하여 만들어진 작품에 비하여 지역사회에서의 信仰 생활용구 등은 그 자체로서 훌륭한 것은 되지 못하나 그 나라 國民生活을 이해하는 데 중요한 資料가 되어 문화재적 가치가 큰 것이고,

둘째로 오랜 역사 과정에서 인간이 만들어 내고 祖上들로부터 물려받은 민족적 유산이므로 우리들은 이러한 것들을 통하여 과거의 사회생활, 역사적 사실 또는 그들의 개인적 美에 대한 감각 의식을 찾을 수 있고,

셋째는 국민적 재산이기 때문에 公共的 意義가 있어야 되므로 한 개인의 私有財産이라 하여도 국민의 공공재산이라는 특성이 있어 여러 사람이 活用하게 할 責務가 생기는 것이다.

그러므로 선조의 정신적 노력의 성과로서의 문화재는 현재의 존재이지만 역사의 증거물로서 새로운 창조나 발전이 약속되어 미래로 연

결지어져야 하므로 문화재는 현재를 기점으로 과거와 미래를 연결하는 자료가 되어야 한다.

우리나라 문화재보호법에는 문화재를 有形文化財, 無形文化財, 記念物, 民俗資料의 네 분야로 나누고 이것을 다시 구체적으로 설명하여 指定대상을 삼는데,

유형문화재는 建造物, 典籍, 古文書, 繪畵, 彫刻, 工藝 기타의 所産으로 우리나라 역사상 또는 학술상 가치가 큰 것과 이에 준하는 考古資料를 유형문화재라 하고,

이중에서 중요한 것을 寶物로 정하며, 또 보물 중에서 특히 인류문화의 견지에서 그 가치가 크고 유례가 드믄 것을 國寶로 지정하고,

무형문화재는 演劇, 音樂, 舞踊, 工藝技術 기타의 무형문화재적 소산으로 우리나라 역사상 또는 예술상 가치가 큰 것을 말하고, 이중에서도 중요한 것은 重要無形文化財로 지정하며 貝塚조개무지, 城址, 宮址, 窯址가마터, 遺物包含層 기타 史蹟址, 景勝地, 動物, 植物, 鑛物로서 우리나라 歷史上, 藝術上, 學術上, 觀光上 가치가 큰 것을 記念物이라 하고,

이것을 역사적 기념물과 천연기념물로 구별하여 각각 史蹟, 名勝, 天然記念物로 지정하게 된다.

또 민속자료는 衣食住, 生業, 信仰, 年中行事 등에 관한 風俗, 習慣과 이에 사용되는 家屋 등 국민생활의 추이推移를 이해하는 데 不可缺한 것을 民俗資料로 지정하고, 이것을 다시 유형・무형민속자료로 나누고 이들 중에서 중요한 것을 重要民俗資料로 지정하게 된다.

위에서 살펴본 바와 같이 문화재에는 유형문화재, 무형문화재, 기

념물, 민속자료가 있는데 이중에서 연극, 음악, 무용, 공예기술을 가진 사람, 즉 위의 여러분야에서 그 技能을 傳受받은 사람 중에서 최고의 경지에 이른 사람을 人間文化財로 지정하여 이들로 하여금 해당 분야를 보존하고 후대들에게 계승시켜 그 전통을 이어가게 하고 있다.

그런데 이들 인간문화재 발굴에도 여러가지 문제가 따른다. 그것은 이들이 年齡이 매우 높아 記憶力의 衰退와 心身의 老化로 충분히 그 技藝나 기량을 발휘할 수 없고, 또 과거 전통적인 유교사회에서의 技藝人의 賤視 思潮로 인하여 대대로 궁핍窮乏한 생활을 많이 하였으며 따라서 교육정도가 매우 낮은 사람들이 많은 수를 차지하고 있다. 그러나 이렇게 문제가 많은 여건 속에서도 좀더 많은 인간문화재를 발굴하여 우리의 고유 전통문화를 지키고 이어나감은 우리 모두의 책임과 임무라고 할 수 있다. 하지만 세태의 빠른 변화로 인한 서양식의 사고와 현대적인 생활구조에 의해 이들의 자리가 점차 밀려나는 듯한 느낌이고 보면 이들에게만 그것을 强要强請하는 것이 무리라는 것은 세상이 다 아는 바일 것이다. 뿐만 아니라, 그들에게도 그 어려운 기능을 보존하게 하려면 보다 나은 與件과 施設, 그들을 교육시킬 생활터전을 최소한은 해당기관에서 보조하여야 하지만 그들의 기능이 현대에 사는 사람들에게 거리감이 있으므로 자연히 消滅되어 곧 斷切되는 것은 自明한 일이니 그에 대한 대책이란 매우 어려울 수밖에 없다.

韓末까지만 하여도 勢道를 누리던 양반집 閨房에서 애용되던 華角으로 된 함函, 베갯모, 분합粉盒, 실패 따위는 우리생활에서 밀려나고 조선식 건축의 지붕에 요철凹凸의 曲線美를 자랑하던 기와는 대형 아파트에 밀려났으며, 머리털보다 더 가늘게 다듬은 죽사竹絲로 만든 양태갓는 찾아보기가 매우 어려울 뿐만 아니라, 갓 만드는 장인匠人 쟁이은 그 맥이 끊어지고 말았으며 앞으로는 과거의 사진에서나 볼 수 있게 되었다.

이제 갓쟁이, 기와匠, 華角장, 陶瓷장, 도편수, 종이장, 金箔장, 끈목장, 매듭장, 烙竹장, 참빗匠들은 우리 주변에서 완전히 사라졌고 그들이 온갖 정성을 다하여 만든 것들도 하나하나 소멸되거나 박물관에서나 찾아볼 수 있게 되었으며 이들 인간문화재는 대가 끊어졌으므로 이 방면에서의 인간문화재의 발굴은 끝이 났다고 보아야 할 것이 분명하다.

인류생활이 발전하여 온 과거의 발자취나 변화된 모습을 조사·연구하는 데는 遺物이나 文字記錄로서 해명하게 되므로 기록이 없는 사회의 조사·연구는 매우 어려운 작업이다. 따라서 그림이나 기호 또는 그들의 손에 의하여 제작된 작품을 통하여 당대의 사회를 照明하게 되는데 이러한 연구의 학문을 '考古學'이라고 한다.

좀더 자세히 설명하면 인류가 그들 나름대로 생활을 하다가 남겨놓은 遺蹟·遺物을 採集·發掘·考察하여 인류의 생활·문화·역사를 해석하고 復原·照明하는 학문이므로 이를 대상으로 하는 時期는 자연히 문자가 없는 先史時代가 되며 또 역사시대까지도 다루어서 文獻史學者들이 해결할 수 없는 물질 문화적인 유물 또는 유적·유구로서 당대 생활을 고찰규명考察糾明하게 되는 것이다. 따라서 고고학자는 유적 즉, 인간들이 活用하고 남겨놓은 자리인 집자리, 무덤, 제사터, 패총 등과 사람들이 자연적인 물건을 사용하거나 또는 加工하여 만든 나무, 뼈, 뿔, 흙 또는 쇠붙이로 된 연장과 그들이 채집한 동식물의 잔재 등 인류의 생활과 관계되는 모든 자연물을 연구 대상으로 삼기 때문에 이러한 자료를 수집 · 조사 · 연구하기 위해 발굴 · 조사는 필수조건이라 할 수 있다.

　이러한 유적 · 유물들은 사람들의 눈에 띄지 않는 地下에 있으므로 이를 埋藏文化財라고 한다. 매장문화재는 發掘調查라는 행위에 의하여 밝혀지게 되는데, 발굴조사의 대상이 되는 것은 유적, 유구, 유물 등과 과거의 인간활동을 반영한 공간적 위치를 점유한 것들이므로 발굴작업은 어느 수준까지 熟練된 조사자에 의하여 신중하고 정밀하게 실시되어야함은 당연한 일이다. 그러나 이렇게 실시하더라도 遺構 · 遺物이 존재한 본래의 공간적 위치나 상태를 파괴하게 되는 것이므로 그 파괴된 유적 · 유물의 100% 재현은 절대로 불가능하다. 다시말해서 발굴조사는 파괴이므로 발굴자가 그 대상으로 하는 유적 · 유구에 대하여 1회에 한하여 실시할 수밖에 없는 사정이므로 다른 사람^{機關}이 발굴 · 조사한 곳^{地域}을 재차 발굴 · 조사 한다는 것은 있을 수 없는 일이다. 따라서 발굴작업은 어떠한 경우라도 正當한 動機와 目的아래 실시되어야 하므로 「유적이 그곳에 있으니 판다」 또는 「유구를 파면 유물이 나온다」라는 興味本位나 참가에 의의가 있다거나 또는 유물에 욕심이 있어서 땅을 판다면 이는 문화재에 대한 파괴행위로서 先祖들에게는 헤아릴 수 없는 죄를 짓게 되는 것이고, 後孫들에게는 씻지 못할 과오를 범하게 된다는 것을 인식할 필요가 있고 또 그렇게 하여서는 안된다는 것을 명심해야 할 것이다.

　그러므로 발굴작업이란 학술적인 목적으로 과학적인 방법에 의하여 조사되어야 함은 再言의 여지가 없다. 따라서 발굴기술과 발굴된 유구 · 유물의 해석 여하가 發掘者^{機關}를 평가하게 되므로 발굴자가 정확한 계획으로 작업을 진행시키고 그곳에 유존된 크고 작은 유구와 출토되는 모든 유물에 대한 빠짐없는 정밀한 조사와 기록을 남겨야 함은 당연한 일이다. 따라서 발굴조사는 어떠한 경우라도 학술적 성과를 거둘 것을 목적으로 행하여야 한다.

발굴행위를 하는 동기는 학술적 목적으로 하는 발굴과 각종 土木工事에 의한 구제긴급救濟緊急 발굴의 두 경우가 있는데, 먼저 학술적인 목적에 의한 발굴은 학술상의 문제를 解明하기 위한 학술자료를 얻기 위하여 연구자 또는 기관이 研究目的에 따라서 對象을 선정하여 실시하는 데 이러한 경우 연구자는 마땅히 사전에 그 地域, 時期, 調査範圍, 規模 등에 대한 철저한 조사를 수행하여야 한다.

다음으로 각종 土木工事에 의한 피치못할 긴급 발굴은 각종 공사 전에 그지역 내의 매장문화재의 유무 확인작업을 반드시 마치고 만약 유물포함층이 확인되면 토목공사 전에 정밀 또는 약식 발굴조사가 선행되어야 한다.

우리나라에서도 최근 급격한 경제성장으로 인하여 大單位 住宅建設, 農工團地 조성, 고속도로 신설 및 道路 확·포장擴鋪裝공사, 철도부설鐵道敷設, 대형 慰樂시설의 건설에 따른 토지개발이 전국적으로 확대되어 각처에서 매장문화재 및 유물 포함층의 조사와 관련된 긴급발굴의 사례가 매우 많아졌으나 行政당국이나 施行부서의 豫算과 期日문제, 또는 認識부족으로 올바른 발굴이 이루어지지 못하고 있는 것은 매우 안타까운 일이라 아니할 수 없다. 그리고 최고 교육기관인 대학에서조차도 고고학과는 거리가 먼 非專攻者로서 發掘經驗이 전혀 없음에도 발굴단의 責任을 맡고 발굴을 主管하는 예가 가끔 있어 여러 대학이나 기관에서 혹평酷評을 받고 있으나 이러한 사실은 본인이나 그가 속해있는 조직大學에 많은 폐를 끼친다는 것을 명심해야 하며 앞으로는 더 이상 이러한 작태作態가 일어나는 불미스러운 사례를 남기지 말아야 할 것이다. 또한 본인들도 자기 능력의 한계를 벗어난 過慾을 삼가야 함은 물론 主務 기관에서도 발굴허가를 하지 말아야 할 것이다.

앞에서 문화재의 의의와 인간문화재 그리고 그들의 발굴과 유적의 발굴에 대하여 간략하게 살펴보았는데 문화재는 국민적 재산이므로 우리에게는 문화재를 적극적으로 보호 · 보존하여 후세에 기리 전해주어야 할 責務가 있다고 하겠다. 그러나 나날이 변화 · 발전 되어가는 현대 생활에서의 공업화 · 근대화로 인하여 각분야의 문화재는 많이 散失되고 있다. 몇 가지 예를 들어보면 조상 대대로 사용하던 農器具를 비롯한 産業用具와 그들의 생활 · 住居 공간이었던 초가집은 생활의 현대화와 농사의 기계화로 인해 찾아볼 수 없게 되었고, 소위 무형문화재로 전승되어온 예능 · 공예기술도 사회적 변화와 경제생활의 변동에 따라 완전히 滅失된 것들이 많다.

또 토지와 관계되는 유적 즉 조개무지, 성터, 고분, 사찰, 궁궐, 사적 등 地上 · 地下의 문화재도 戰禍나 災害는 물론 人爲的인 피해를 많이 받고 있음은 매우 심각한 문제가 되고 있다. 국력의 신장으로 생활의 개선과 풍요로운 경제생활에 따르는 물질문명을 만끽하는 것도 대단히 중요한 일이겠으나 傳統的인 精神文化의 斷切은 막아야 하는 것이 이 세대를 살아가는 모든 이의 責務라 할 수 있다.

최근 홍수같이 밀려오는 西洋文物의 流入으로 말미암아 그들의 높은 문화수준을 따르려는 의도는 좋다고 하겠으나 卑俗한 문화를 거름없이 받아들여 맹목적으로 추종하려는 무리들의 無節制한 생활이 눈에 띄일 때마다 저들이 천대^{賤待}하고 버리려는 민족문화는 누가 가꾸어야 할 것인가를 생각하게 한다.

　　自古로 우리는 山高水麗한 4계절이 뚜렷한 자연에서 살아왔으므로 우리의 性品, 思考, 생활은 모두 자연에 順應하려는 生活文化를 營爲하여 왔다. 그러나 근세에 발달한 기계문명에 따르는 산업의 가속화는 물질문명의 우세를 낳고 인간과 사회, 사회와 자연의 균형을 잃게 한 것이 사실이다. 더우기 西勢東漸으로 인한 道德性 缺如와 물질만능의 행패로 기술문명에 대한 집착과 快樂的 감각, 利己的 욕망, 安逸無事의 나태^{懶怠}한 생활만을 추구한다면 이로인해 우리문화가 위기를 맞을 것은 자명^{自明}한 일이다. 따라서 우리는 우리들의 전통적 문화와 倫理를 재삼 인식하여 각종 文化遺産을 지키고 가꾸어 후세에 넘겨 줄 때 민족문화의 단절을 막을 수 있을 것이다.

1991. 11. 1.

經營新聞 _ 高麗大學校

文化財의 保存과 發掘

　　오랜 학교생활을 定年으로 마치고 韓國文化財保護財團에 新任되었다. 文化財調査研究團 소속 部署로부터 表題와 같은 원고를 청탁받고 조금은 망설이지 않을 수 없었다. 그것은 文化財保存과 發掘이라는 相反된 개념 즉, 문화재를 훼손毁損·멸실滅失되지 않도록 보호·보존하고 傳承·발전시키려는 문화재보호재단과 문화유적을 파괴·소멸시키는 발굴조사단의 常任指導委員이라는 二重的인 연관을 가지고 있기 때문이다.

　　문화재는 인간이 사회·경제적으로 보다 풍요로운 생활을 營爲하는 과정에서 지속적인 노력과 정성이 함축含蓄되어 민족의 전통으로 계승·발전되어온 技術的 創造의 所産이므로 경제적 資産 개념과 정신적인 가치성을 함께 지니고 있다. 이러한 문화재는 여러 유형으로 나뉘어지는 데 본고에서는 埋藏文化財에 대해서만 서술하려고 한다.

　　매장문화재는 이름 그대로 地下에 묻혀있어 그 時期, 性格, 分布 상태 등을 정확하게 파악把握하기가 매우 곤란하다.

　　문하재를 포장包藏하고 있는 土地는 태초로부터 인류의 생활과 직결되어 각종 農畜産物을 생산·生育하여 糧食과 營養을 供給하고 生活空間을 만들어 주며 죽은 자의 幽宅유댁인 무덤까지 받아주어 출생에서 죽음까지의 생활 모습을 과장誇張이나 은폐隱蔽없이 그대로 우리에게 전해

주고 있으므로 각종의 다양한 매장문화재들은 문자 기록이 없는 시대, 그리고 문자가 있었다 하더라도 散失되어 유전遺傳하지 못하는 경우 그 역사와 문화를 해석 · 복원하는데 기본적이고 직접적인 자료가 되고 있으므로 이러한 자료를 얻기 위해서 발굴조사가 이루어지고 있는 것이다.

발굴조사는 地下에 있는 유적 · 유물을 학술적인 목적으로 과학적인 방법에 의해 당시의 각종 문화정보를 수집하고자 실시하는 고고학적 자료조사 수집연구의 必須 不可缺의 方法이자 수단이다.

그런데 발굴조사는 연구자의 特定한 목적에 의하여 이루어지는 학술발굴과 각종의 공사로 인하여 파괴되기 전에 급히 행하는 緊急救濟발굴이 있는데 최근 우리나라의 경우 한정된 土地資源의 效率的인 移用 즉 국민들의 보다 향상된 생활욕구의 충족행위가 계속되는 한 전통적인 농경지는 大形工團化 되고 낮은 丘稜地帶는 大單位 住居團地化 되며 생산량의 증가와 物動量의 大移動은 高速道路化 되는 사회구조의 변화과정에서 地下의 매장된 문화재는 人爲的인 破壞를 면할 길이 없게 되었다.

우리나라에서의 근대적인 문화재 조사와 유적발굴은 일제시대 일본인들에 의해 獨占되었으나 광복 이듬해인 1946년 국립박물관이 경주의 壺杅塚과 銀鈴塚을 발굴조사 한 것이 처음인데 乙卯年國岡上廣開土地好太王壺杅十을묘년국강상광개토지호태왕호우十이라는 銘文이 있는 유명한 靑銅盒이 발견되어 호우총이라고 명명하고 그와 인접된 고분에서 은방울이 출토되었다고 하여 은령총이라는 이름이 붙여졌는데 지금은 그 흔적도 찾을 길이 없고, 두 古墳이 서로 붙은 표주박형 고분인지 따로 축조된 것인지가 확실치 않고 또 두 고분의 彼葬者의 관계도 소상히 밝히지 못하였으나 사회·경제가 매우 혼란스러웠던 시기에 조사·간행된 報告書이므로 당시로서는 최선이었을 것이다.

그후 6.25전쟁으로 궁핍한 경제생활과 혼탁한 사회 여건에서 문화재 발굴조사는 엄두도 내지 못하다가 70년대에 들어서면서부터 경제발전에 힘입어 문화재발굴조사의 횟수가 증가되고 당시의 박정희 대통령이 경주지역의 관광지 개발을 추진함에 따라 天馬塚, 皇南大塚, 皇龍寺址 발굴조사 등 대단위 발굴조사가 계속 되었다.

그러나 70년대 초 팔당과 소양강 두 댐의 건설로 이 일대의 水沒지구에 대한 유적조사는 그 광활한 면적에 비해 몇 기의 고인돌과 수개처의 집자리밖에 조사하지 못한 결과를 나타내었으며, 문화재에 대한 인식부족, 시행청과 시공사측의 예산부족, 제한된 조사인원, 시일기간의 촉박 등으로 10여 개 발굴조사단이 참가하였음에도 겨우 200쪽 내외의 발굴조사 보고서 한 권이 발간된 것은 크게 부끄럽게 생각할 일이다. 그리고 71년에 우연히 발견된 公州 武寧王陵의 조사는 우리나라에서 유례가 없었던 피장자 내외백제 제25대 왕 隆과 왕비를 알 수 있는 石製買地券 및 왕과 왕비의 金銅製冠飾외 이제까지 알려지지 않은 백제의 다양한 장식품裝飾品과 위세품威勢品이 출토되어 백제 연구의 貴重한 자료를 제공하였으나 발굴 進行過程, 遺物收拾까지도 이나라 發掘史上 最惡의 발굴이라는 큰 오점汚點을 남긴 것은 後學들로부터 크게 질책叱責을 받아 마땅할 것이다.

최근 지방자치제가 시행되면서 지역개발이라는 미명아래 지역적 경제성만을 고려하여 여러 공사장에서 수많은 문화유적들을 파괴시키고 있다. 뿐만 아니라 우리민족이 모두 認知·共有해야 할 百濟建國 초

기의 유적을 수도 서울의 몇 사람이 感情的으로 훼손시키는 비문화국
민적인 행동을 자행한 것은 참으로 부끄러운 일이 아닐 수 없다. 문화
재의 보호·보존이 개발사업에 큰 어려움을 주고, 문화재 발굴조사로
인해 개발사업이 수정·중단되는 일이 없도록 시공자와 발굴조사 관련
기관의 유기적이고 긴밀한 계획 수립과 시행이 이루어져야 할 것이다.

福祉增進을 위해 限定된 土地의 開發·利用은 필연적인데 반해 문
화유적은 파괴·훼손된다. 이를 막기 위해서는 문화재에 대한 국민적
인식의 고조와 문화재 관련 법안의 효율적인 운용으로 적극적인 보존
방안이 수립되어야 하고 문화재 조사 용역을 담당할 수 있는 고급인력
과 우수한 조사기관이 증가되어야 할 것이다.

근래 개발공사가 자연환경을 파괴하는 公害 요소로 부상하므로서
개발이 경제적 향상만을 가져온다는 생각이 점차 바뀌어 汎國民的 自
然保護운동이 각지에서 일어나고 있다. 문화유산을 지키고 가꾸는 것
은 자연환경을 지키는 것과 같아서 민족의 미래를 약속하는 중요한 사
업이라 할 수 있다. 문화유적에 대한 인식이 아직은 저조하나 문화유산
보호운동도 자연환경 보존운동과 궤軌를 같이하여 모든 국민들이 동참
해야 되리라고 생각된다.

2000. 7.

월간문화재 _ 한국문화재보호재단

제천 소고(祭天 小考)

　인간은 原始 古代사회로부터 모든 자연현상에 대하여 驚異感을 가지고 제사祭祀를 지내왔다. 제사는 제례祭禮라고도 하며 神明을 받들어 복을 비는 제의행위儀禮行爲이다. 제의는 원래 天地, 日月星辰을 비롯하여 모든 自然神인 山川과 조상에게 올리는 제사를 말한다. 예서禮書에서는 사당제祠堂祭, 사시제四時祭, 이제禰祭, 기일제忌日祭, 묘제墓祭 등이 있는데, 조선시대 이후로는 조상 숭배를 중시하는 유교儒敎의 번창으로 차례茶禮, 기제忌祭, 묘제墓祭등 일부만이 보편화 되었다.

　제천祭天은 하늘에 지내는 제사인데, 고대 사회에서는 어느 나라를 막론하고 신앙과 종교가 그 사회에 미치는 영향이 매우 크다함은 周知의 사실이다. 우리나라 고대사회에서도 제사장祭司長의 임무를 공적으로 수행하는 자를 천군天君이라 하고 소도蘇塗 솟대라고 불리우는 별읍別邑은 농경의례農耕儀禮와 祭儀를 행하는 성역聖域으로 해석하고 있다.

　夫餘의 영고迎鼓, 고구려의 동맹東盟, 동예東濊의 舞天, 마한馬韓의 소도蘇塗, 고려의 원구圓丘, 天神을 제사하는 원형 단 방택方澤 지기를 제사하는 4각단, 조선시대에는 사직社稷 종묘宗廟에 제사를 모셨다.

　중국에서의 유학儒學은 孔子학을 중심으로 훈고학訓詁學, 성리학性理學 등으로 이루어져 유교로 이어져서 조선에 들어왔는데 이상하게도 그 발생지인 중국보다도 조선시대에 더 연구·발전되어 大家族 제도하의 전통적인 道德과 規範, 倫理와 祭儀를 강조하여 인생의 통과의례^{通過儀}禮로서의 관혼상제^{冠婚喪祭}라는 4대 의무를 만들어 놓았다.

따라서 祭天, 祖上崇拜, 孝道를 생활의 根本으로 삼았던 조선시대의 官僚社會에서는 支配階級으로부터 서민에 이르기까지 제의는 매우 엄격하고 정중하게 지내지 않으면 안되게 되었다.

이러한 제사는 신^神과 인간과의 交涉을 具現하는 의식 · 의례로서 가정에서는 조상에게 드리는 제사와, 부락의 동리제, 나라에서의 始祖神, 天神, 地神에 대한 제사가 행하여지게 되었다.

天, 즉 乾을 뜻하는 하늘天 字는 萬物之根本天, 造物主天, 眞理天, 帝王之敬稱天, 運命天, 出生天, 아버지天, 지아비天, 重要할天 등으로 해석하고 있다.

한편 우리 주변에서 흔히 접할 수 있는 天 字가 들어있는 名賢들의 語句 몇 句節을 살펴보면서 天자의 의미를 생각해 보면

子曰 爲善者 天報之以福 爲不善者 天報之以禍
공자는 말씀 하시기를 착한 일을 하는 자는 하늘이 복으로 갚고, 악한 일을 하는 자는 하늘이 재앙으로 갚는다.

孔子曰 死生有命 富貴在天
공자왈 사람이 죽고 사는 것은 명에 있고 부귀는 하늘에 달렸다.

孟子曰 順天者存 逆天者亡
맹자왈 하늘의 순리에 따르는 사람은 살고 거역하는 사람은 망한다.

莊子曰 若人作不善 得顯名者 人雖不害 天必戮之
장자왈 만약 사람이 악한 일을 하여 이름을 날리는 자는 비록 사람이

해치지 않더라도 하늘은 반드시 죽인다.

詩曰 父兮生我 母兮鞠我 哀哀父母 生我劬勞 欲報之德 昊天罔極
시경에 이르기를 아버지는 나를 낳으시고 어머니는 기르셨으니 슬프도
다. 부모님이 나를 낳고 기르시느라고 고생하셨는데 그 은혜를 갚고자
하면 넓은 하늘과 같이 끝이 없느니라.

　　이 이외에도 우리가 흔히 쓰는 단어 중에서 최고에 이르는 말 가운
데 天國, 天堂, 天子, 天帝, 天王, 天使, 天性, 天職, 天才, 天運, 天福, 天
罰, 天刑 등이 있으며, 天王門, 天王峰이 있고, 天下壯士, 天下名唱, 天
人共怒, 天災地變, 天佑神助, 天定配匹, 天生緣分 등이 있는가 하면 天
上天下唯我獨尊도 있다.
　　위에서 살펴본 바와 같이 天字는 최고 최대한의 표현으로 인간으
로서는 극에 이르는, 자연으로서는 한계선에 이르는 경지를 말한다 할
수 있다. 그리고 인간으로서 최고 統治者^{支配者}가 자연의 最上인 하늘에
제사 지내는것을 祭天이라고 한다.

　　後漢書 夫餘國 조에 의하면
　　'以臘月祭天 大會連日 飮食歌舞 名曰迎鼓 是時斷刑獄 解囚徒 有軍
事亦祭天 殺牛以蹄占其吉凶' 이라 하여 납월^{臘月, 섣달}에 祭天을 하는데
연일 크게 모여서 마시고, 먹고, 노래하고, 춤추는 데 그 이름을 영고^{迎鼓}
라 하며 이때에는 형옥^{刑獄}을 중단하고 죄수를 풀어 준다. 전쟁을 할 때
에도 하늘에 제사 지내고 소를 잡아서 발굽으로 吉凶을 占친다 하였다.

　　같은 책 高句麗 조에도
　　'好祠鬼神 社稷 零星 以十月祭天大會 名曰東盟 其國東有大穴 號

禖神 亦以十月 迎而祭之'라 하여 귀신, 사직, 零星靈星農業神에 제사 지내기를 좋아하며, 10월에 하늘에 제사 지내는 큰 모임이 있는 데 이를 일컬어 동맹이라 한다. 그 나라 동쪽에 큰 굴이 있는데 수신이라 부르고 역시 10월에 그 신을 맞아 제를 지낸다 하였다.

같은 책 濊 조에도

'常用十月祭天 晝夜飮酒歌舞 名之爲舞天 又祠虎以爲神'이라 하여 해마다 10월이면 하늘에 제사를 지내는 데 밤낮으로 술 마시고, 노래 부르고, 춤을 추니 이를 무천이라 하고 또 호랑이를 神으로 여겨 제사 지낸다 하였다.

같은 책 韓 조에도

'常以五月田竟 祭鬼神 晝夜酒會 群聚歌舞 舞輒數十人相隨 踏地爲節 十月農功畢亦復如之 諸國邑各以一人主祭天神 號爲天君 又立蘇塗 建大木以懸鈴鼓 事鬼神'라 하여 해마다 5월이면 농사일을 마치고 귀신에게 제사를 지내는 데 밤낮으로 술자리를 베풀고 무리를 지어 노래 부르며 춤춘다. 춤을 출 때에는 수 십명씩 서로 줄을 서서 땅을 밟으며 장단을 맞추며, 10월에 농사 일을 끝내고 또다시 이와같이 한다. 여러 국읍에는 각 한 사람씩 천신의 제사를 주재하는 데 그를 천군이라 부르고 소도를 만들어 큰 나무를 세우고 방울과 북을 매달아 귀신을 섬긴다 하였다.

三國志 魏書 東夷전에는

'以殷正月祭天 國中大會 連日飮食歌舞 名曰迎鼓 於是時斷刑獄 解囚徒'라 하여 은력 정월에 지내는 제천 행사는 나라 안의 가장 큰 행사로 연일 먹고, 마시고, 노래하고, 춤추는 데 이를 영고라고 한다. 이때에는 형옥을 중단하고 죄수를 풀어 주었다 한다.

같은 조에

'有軍事亦祭天 殺牛觀蹄以占吉凶 蹄解者爲凶 合者爲吉' 이라 하여 전쟁을 할 때에도 하늘에 제사를 지내는데 소를 잡아 그 발굽을 보아 길흉을 점치는데 발굽이 흩어지면 흉하고 합치면 길하다 하였다.

같은 책 高句麗전에도

'於所居之左右 立大屋祭鬼神 又祀靈星社稷' 이라 하여 거처하는 좌우에 큰 집을 짓고 그 속에서 귀신에게 제사를 지내고 영성 사직에도 제사지낸다 하였다.

같은 조에

'以十月祭天 國中大會 名曰東盟…其國東有大穴 名燧穴 十月國中大會 迎隨 神還於國東 上祭之 置木隨於神坐' 라 하여 10월에 제천 행사는 국중 대회로 하는데 이름하여 동맹이라 하고… 그 나라 동쪽에 큰 굴이 있는데 수혈이라 부르고 10월에 국중 대회로 수신을 맞이하여 나라의 동쪽에 모시고 제사를 지내는데 나무로 만든 수신을 신좌에 모신다 하였다.

이러한 기사는 같은 책 濊전, 韓전, 『晋書』 馬韓전, 夫餘전, 『梁書』高句麗전, 『魏書』高句麗전, 『周書』百濟전, 『隋書』百濟전, 『南史』高句麗전, 『北史』高句麗전, 百濟전, 『唐書』高句麗전, 『通典』辰韓전, 百濟전, 夫餘전, 高句麗전 등에서도 찾아볼 수 있으며 우리나라의 史書에도 三國史記 新羅本紀 阿達羅 尼師今 조에 '二年春正月 親祀始祖廟 大

赦…' 라 하여 정월에 왕이 친히 시조묘에 제사 지내고 죄수들을 크게 풀어주었다 하고 2대 南解 次次雄 전에 南解 차차웅 三年 始祖 赫居世 廟를 세워 사시로 제사 지내고 22대 智證왕은 시조 誕降지인 奈乙^{慶州} 神宮에 제사 지내고 36대 惠恭왕은 친히 신궁에 제사하고 37대 宣德왕 은 社稷壇을 세우고 제사는 경내의 名山大川에서 지내게 하였으며 또 이르기를 天子는 天地와 天下의 명산대천에 제사 지내고, 諸侯는 社稷 과 명산대천이 있는 곳에서 제사 지내게 하였다.

　　三國史記 雜志 祭祀 조를 보면, 1년에 6번 五廟에 제사하는데 正月 二日, 五日, 五月 五日, 七月 上旬, 八月 一日, 十五日, 十二月 寅日에 新 城北門의 八着에서 제사 지내고 풍년이면 大牢^{큰소}를 쓰고, 흉년이면 小 牢를 쓰고, 立春후 亥日에는 明活山의^{경주} 남쪽 熊殺谷에서 先農祭를 지 내고, 立夏후 亥日에는 新城 北門에서 中農祭를 지내고, 立秋후 亥日에 는 蒜園에서 後農祭를 지내고, 立春후 丑日에는 犬首谷門에서 風伯祭 를 지내고, 立夏후 申日에는 卓渚에서 雨師祭를 지내고, 立秋후 辰日에 는 本彼遊村에서 靈星祭를 제냈고, 三山과 五岳已下의 명산대천에 대·중·소의 제사를 지냈으며 四鎭祭, 四海祭, 四瀆祭^{도랑}, 四城門祭 를 지낸다 하였다.

　　이와같이 우리나라 고대^{古代}의 제천^{祭天} 의례^{儀禮}는 부여^{夫餘}의 영고 ^{迎鼓}, 고구려^{高句麗}의 동맹^{東盟}, 예^濊의 무천^{舞天}, 삼한^{三韓}의 소도^{蘇塗}, 이 밖 에 계절제^{季節祭} 등이 있다. 제천의식^{祭天儀式}은 중국 고대^{古代} 사료^{史料}에 기록된 바와 같이 제일^{祭日}은 은정월^{殷正月} 또는 납월^{臘月}로 기술^{記述}되었 으니 이는 음력 十二月을 말하고, 10월 제천^{祭天}은 모든 농산물^{農産物}의

수확收穫이 끝난 풍요豊饒로운 시기로서 하늘에 감사하며, 제를 지내는 규모規模는 국중대회國中大會라고 하였으니, 나라 행사 중에서도 가장 큰 모임으로 보아야 하며, 제사를 지내는 대상對象은 하늘天로 보고, 제사를 지내는 풍습風習, 과정은 연일連日 음식가무飮食歌舞라고 하였으니 제일을 전후하여 매일 먹고, 마시며 노래 부르며 춤 춘 것은 당시의 사회경제社會經濟의 안정安定을 뜻하고, 형옥刑獄을 금하고 죄수罪囚들을 풀어 준다는 것은 특사特赦하여 지배자支配者의 권위權威와 자애慈愛를 나타내고, 전쟁戰爭을 할 때도 소를 잡아 미리 길흉吉凶을 점占 친다 하였으니 전쟁은 국가의 존망存亡이 달려 있으므로 그 승패勝敗의 가능성可能性을 계산計算하여 보았으며, 제사를 지내는 장소場所는 소도蘇塗나 居之左右立大木이라는 기록을 보아 특정特定된 신성神聖한 자리에서 지낸 것으로 보인다.

우리나라의 고대국가의 제사에는 시조묘始祖神, 천신天神, 지신地神을 모셨는 데 시조신에게 드리는 제사는 최고 통치자統治者로서 그 지배자支配者의 정당성正當性과 권위權威를 과시誇示하기 위하여 스스로 천손天孫임을 강조한 것이고, 천신에게 드리는 제사는 천지이변天地異變이나 재해災害를 막아 화禍를 면하여 사회의 안정과 경제적인 여유餘裕를 바라는 뜻과 기암괴석奇巖怪石과 맹수猛獸를 비롯한 산천초목山川草木 등 만물萬物의 숭배崇拜로 자연自然에 순응順應하기 위하여, 또한 지하地下에 사후死後 생활의 장場을 마련하여 후손들이 영원토록 안녕安寧하고 부귀富貴를 누릴 수 있게 비는 뜻에서 이루어 졌을 것이다.

1992.

安岩 7호.

산(山)과 제사(祭祀) —

　　수도 서울은 주변에 높은 山들이 둘러져 있고 또 중심부를 한강이 동에서 서로 유유히 흐르고 있어 山高水麗함은 말할것도 없지만 先史時代로부터 사람의 住居활동에 적당한 조건을 갖추고 있어서 구석기시대로부터 신석기, 청동기시대를 지내고 백제시대를 거쳐 조선시대, 현대에 이르기까지 行政首都로서 뿐만 아니라, 경제 · 교육 · 문화 · 중심지로서의 기능도 다하고 있다.

　　太祖 3년[1394] 한양을 도읍지로 정하고 새로운 도읍을 건설할 新都宮闕造成都監을 설치하였는데, 13년 宗廟가 완공되어 神位를 봉안하고 경복궁이 준공되어 왕실의 거처와 행정이 안정되었다. 都城의 북에는 백악산白嶽山(北嶽山), 남쪽에는 목멱산木覓山(南山), 동쪽은 낙산駱山, 서쪽은 인왕산仁旺山을 중심으로 능선을 따라 연결하여 4大門과 4小門도 건축하여 통행인의 출입을 통제 하였다.

　　東國與地勝覽 漢城府 山川 조에 의하면

　　三角山在楊州之境, 一名華山, 白嶽在都城內宮城北, 仁王山在白嶽西, 駱山在都城內東, 毋嶽在都城西, 木覓山卽都城南山, 一名引慶山, 假山在都城水口內訓練院東北, 蠶頭峰俗呼加乙頭又名龍頭峰 등의 山이 있고

　　楊州牧 山川 조에는

佛谷山在州北三里鎭山, 道峰山在州南三十里, 佛巖山在州南四十里, 峨嵯山在州南六十七里, 水落山在佛巖山西北, 注葉山在州東三十五里, 天磨山在州東六十里, 天寶山在州東二十五里, 消遙山在州北西十五里, 妙寂山在州東七十里, 王房山在州北六十里, 高嶺山在州西三十里, 葛立山在州東十里, 金臺山在州南七十五里, 儉岩山在州南三十里, 弘福山在州西南十里, 所羅山在州北三十里, 車踰山在州東六十五里, 碧石嶺在州東二十二里, 石門嶺在州東二十五里, 田頭嶺在州東四十里이 있으며

廣州牧 山川 조에는

黔丹山在州東七里鎭山, 大母山在州南三十里, 日長山在州南五里一云南漢山, 早谷山在州東三十里一云草洞山, 門懸山在州南四十五里, 靈長山在州南二十里, 雲吉山在州東三十里, 大海山在州南五十里, 軍月羅山在州東十五里, 元寂山一名無寂山, 在州東六十里, 大雙嶺在州東四十里, 小雙嶺在州東四十五里, 佳丁嶺在州東四十五里, 梨嶺在州南三十里, 楸嶺在州南十七里, 望月峰在州西十里이 있고

高陽郡 山川 조에는

長嶺山在郡北十八里, 大慈山在郡東十里, 高嶺山在郡西十里, 星知山在郡南五里, 巾子山在郡西十五里, 見達山在郡西十里, 巾之山在郡南五里, 惠陰嶺在郡南十五里이 있으며,

果川縣 山川 조에는

冠岳山在縣西五里鎭山, 淸溪山在縣東八里, 一名靑羅山, 修理山在縣南二十五里이 있다.

그런데 위의 서울 주변의 山들은 현재 행정구역으로 서울에 편입된 山이 많이 있고, 또 山들이 없어지거나 옮겨지지도 않았을 터인데도

많은 산들이 이름만이 전해지고 있는 것은 어찌된 일일까?

山은 峰산봉우리 봉, 嶺산고개 령의 총칭으로 화산작용火山作用, 지반융기地盤隆起, 단층운동斷層運動, 침식작용浸蝕作用 등으로 육지의 표면이 주위의 땅보다 훨씬 높고, 경사면으로 둘러쌓인 돌기상突起狀의 지형이므로 보통 해발 600m 이상을 말하며 그 이하는 丘陵이라고 부른다.

이러한 산은 인간을 비롯한 동·식물들이 생활을 영위하며 종족을 번식시키는 데 없어서는 아니될 울창한 숲, 맑은 물, 신선한 藥草와 산나물, 깨끗한 공기를 제공할 뿐만 아니라, 각종의 무한한 물질적 자원을 무상으로 조건없이 그리고 지속적으로 공급하고 있다.

論語에

'子曰 智者樂水 仁者樂山 智者動 仁者靜 智者樂 仁者壽' 라 하여 지자요수智者樂水는 지자는 늘 물과 친하며 물을 좋아하고, 인자요산仁者樂山은 어진 사람은 天命을 찾아 욕심에 움직이지 않는 고요한 마음이 흡사 산과 같아 자연히 산을 좋아한다는 뜻이다. 또 智者슬기가 많은 사람는 움직이고 仁者어진 사람는 조용하며 智者는 즐겁게 살고 仁者는 長壽한다 하였다.

八萬大藏經에서도 '山은 마음의 고요와 고상함이요, 큰 산은 높은 德이 솟는 것같다.' 하였고, '靈山峻嶺을 바라보면 하늘과 땅 사이에 서 있으면서 天界와 世俗의 양계兩界를 연결하고 왕래하는 神通力을 가진 듯하다.' 하였다.

風塵으로 오염된 나약懦弱하고 오만傲慢한 인간들이 산과 계곡을 찾아 逍遙하면 침묵과 靜寂이 있어 마음은 차분히 가라앉아서 崇高하고 엄숙한 모습으로 衆生들의 사소하고 雜多한 煩悶 따위는 대자연에 순화되어 春風에 殘雪 녹듯 남김없이 사라지게 하고 나아가 정신적인 支柱가 되어 거룩한 신앙의 대상, 예배의 장소가 되기도 한다.

불교 敎祖인 석가모니는 인도의 가비라迦毗羅의 성주 정반왕淨飯王과 마야부인摩耶夫人 사이에서 히말라야 山의 남쪽 기슭에서 태어났는데 이 무렵 아사타阿私陀라는 仙人이 산에서 수행하던 중 城 주변에서 상서祥瑞로운 氣運이 감돌아 성을 찾아가 태자를 본 후「이 왕자가 장성하여 宮에 들어가면 四海를 통일할 것이요. 出家하여 수행하면 모든 衆生을 구제해 줄 부처가 될 것이다」라고 예언하였다. 仙人이 산에서 내려와 산자락에서 출생한 왕자를 석존釋尊이 되게 한 것이다.

山은 우리네 생활과 밀접한 관계를 갖고 있어서 출생에서 주검까지, 그리고 현세에서 내세로 통한다. 산자락 끝에는 살아갈 집을 짓고 산의 양지바른 곳에는 무덤을 만들어 가족을 묻어 유택幽宅을 만들고, 높은 산 정상에는 壇을 만들어 神을 모신다.

중국에서는 三神山은 봉래산蓬萊山, 방장산方丈山, 영주瀛洲라고 하는데 언제나 신선이 왕래하면서 즐겁게 사는 곳이라고 한다. 우리나라에서는 金剛山을 蓬萊山이라 하고, 智理山地異山을 方丈山이라 하고, 한라산漢拏山을 瀛洲라고 한다.

新羅시대에는 4곳의 靈地가 있어서 국가의 대사大事를 의론할 때에는 각료들이 그곳에 모여서 토의하면 반드시 성사된다고 하는데 그 영지는 동은 靑松山^{明活山}, 서는 皮田^{仙桃山}이고, 남은 鰲知山^{南山}이며, 북은 金剛山^{小金剛山}, 영천과 경주의 ^{大山}이라고 하였다.

三國史記 祭祀조에 신라에서는 三山, 五嶽에서 크고 작은 제사를 지내는데, 大祀는 三山에서 지내고, 中祀는 五嶽에서 지낸다고 하였다. 삼산은 첫째 奈歷^{習比部}, 경주시 동남이고, 둘째는 骨火^{골불}, 경북 永川군의 옛 이름이며, 셋째로 혈례^{穴禮} 大成군 경북 靑道군 五禮山이다.

三山의 이름은 三國遺事 김유신 조에서도 보이는 데^{奈歷과 奈林은 同} ^{音異寫 奈林은 지금 경주 동남의 狼山인데 삼국유사 文虎王 法敏조에도 狼山之南 有神遊林}이라 하여 낭산 일대가 신성한 지역 이었다. 이것은 국토의 수호신으로 고대 三韓 部落國家 시대의 소도^{蘇塗 神邑}의 遺風이고, 고려시대의 삼소^{三蘇, 左蘇 · 右} ^{蘇 · 北蘇}와도 깊은 것이다. 한 부락이나 수호신은 대개 산악을 본거지로 하여 숭상되므로 守護神과 山과는 불가분의 관계를 맺고 있으니 고려 의 三蘇는 國都를 중심으로 하여 주위의 세 곳의 神山에 지정되었고, 三 韓시대의 蘇塗 역시 부락의 神山 혹은 神山 아래에 설치 되었다.

三山 형식은 백제에도 있었는데 三國遺事 南扶餘조에 郡中有三山 曰 '日山^{蔚城山} 吳山^{郡南의 烏山} 淨山^{今同} 國家全盛之時 各有神人 居其上 飛相往來 朝夕不絶'이라 하여 백제의 祭典에 삼산의 이름을 전하는 귀 중한 자료가 되고 있고 수도^{부여} 주위의 守護神山이었음을 알 수 있다.

中祀는 五嶽에서 지내는데 오악은 東岳의 吐含山^{大城군}, 南岳^{地理山} ^{地異山}, 萊洲^{晋州의 옛이름}, 西岳은 鷄龍山^{熊川州, 公州}, 北岳은 太白山, 中岳 은 父岳^{대구 八公山}이다.

東國與地勝覽 漢城府 祀廟 조를 보면,

白嶽神祠^{在白嶽頂 每春秋行醮祭} 木覓神祠^{在木覓山頂 每春秋行醮祭} 漢江壇^{在北岸 每春秋致祭}이 있었는데 白岳 정상에서, 木覓山 꼭대기에서, 漢山에서 해마다 봄·가을로 제사를 지냈음을 알 수있다. 祭祀는 향사^{享祀}라고도 하는 데 작게는 개인이, 그리고 크고 작은 조직체^{團體}에서, 더 나아가 國家에서 조차도 어떠한 특수 목적을 염원하고 성취하기 위해서 신령에게 정성을 다하여 행하는 의식이다. 이러한 의식은 대개 성스러운 곳에서 지내게 마련인데 그 聖스러운 곳은 古代로부터 믿고 전해지기를 주변지역의 名山이라 하였다.

2002. 6.

安岩. 11호.

古代 韓人의 渡日 —
- 日本學者들의 論考를 中心으로 -

　　아세아 대륙의 동쪽 끝에 위치한 弧狀列島의 일본은 北海道홋카이도에서 本州혼슈, 四國시고꾸, 九州규슈에 이르기까지 4개의 큰 섬과 3,400여개의 작은 섬으로 이루어졌다. 北海道 북쪽에는 러시아, 서쪽에는 한국과 중국이 있고 동쪽은 태평양, 동남은 동남아제국이 있다. 따라서 일본 人口 1億 2千 650여 만명의 人種型을 論할 때 어떤 지역을 대표로 할 것인가가 항상 문제가 되고 있다. 뿐만 아니라, 近畿긴끼지방의 일본인과 北陸호꾸리꾸지방의 일본인과는 形質上 차이가 매우 크다.

　　畿內人기나이, 近畿지방을 중심으로 한 일본인과 北陸人호꾸리꾸진, 北陸지방을 중심으로 한 일본인의 男性 頭骨을 計測한 종합적 類似性을 보인 數値평균형差는 수자가 적을수록 유사성이 강함의 분류에 의하면 北陸인과 畿內인과의 사이에는 100.5인데 비해 畿內인과 朝鮮人韓半島人과의 차는 61.8로서 畿內인과 朝鮮인은 畿內인과 北陸인 보다 훨씬 적은 수치를 보이고 있다.

　　좀더 구체적인 論據를 들어보면 세계 제2차대전이 끝난 후 1949년 日本學術研究會의 공동연구로서 일본인의 生體測定班이 발족되어 1954년까지 4년간에 걸쳐서 전국적으로 町洞, 村里 별로 동일 規準에 의하여 全身을 계측한 결과158개의 町, 村, 被檢者 男 33,608인, 女 22,887인 計

56,495인의 大要를 1960년 小渡其次氏가 보고한 자료에 의하면 총론에서 일본열도에 분포한 일본인 형질은 지역적인 차가 크다하고 그것은 一集團의 變異, 시대의 差, 환경의 차, 그리고 둘 이상의 다른 집단의 混血에 의한 영향을 고려하지 않으면 않될 것이라 하고 일본의 東北은 아이누형, 畿內는 朝鮮형에 가깝다고 하였다.

이것은 頭幅, 頭長幅示數, 頭耳高, 頭長高示數, 比軀幹長의 5항목으로 조사하였는데 畿內인과 아이누인 사이는 0.82, 혼혈 아이누 사이는 0.61, 조선인과의 사이는 0.41로서 畿內인은 朝鮮인에 가깝다고 논술한 후 현대 일본인 구성 주류의 기본 집단은 조선계와 아이누계와 그들의 混交에 의하여 亞型, 移行型이 형성되었고 또 현대 일본인의 생체에 나타난 諸形質의 분포 상태를 조사한 결과 일본에는 單身, 長頭, 低頭 현재 아이누의 기본형이라고 생각되는 先住民이 생활하고 있을 때 朝鮮계의 長身, 短頭, 高頭의 종족이 渡來하여 현재 일본인을 구성하였다고 보았다.

또 上田常吉도 小渡와 동일한 자료로서 頭長, 頭幅의 분포를 조사하여 제1집단의 突然變異에 의하였다기 보다는 제1집단에 다른 제2집단이 영향을 주었을 것이며 그 제2집단은 바로 朝鮮으로부터 先史時代의 어떤 시기에 새로운 農耕文化를 가지고 渡來하여 대표적 短頭地區인 近畿를 중심으로한 지방에 일종의 특유한 銅鐸문화를 이 시기에 남겨놓은 것이고, 따라서 短頭, 中頭의 兩 地區는 원래 이들 제1, 제2 요소의 混合形으로서 그 混血의 濃淡에 의하여 현재 일본의 地方差를 남겼다고 하였다.

다음으로 지문^{指紋}에 대하여 살펴보면 1952년부터 55년까지 3년간에 걸쳐서 日本學術會議 指紋研究班을 全, 府^市, 縣^道 중 188府의 남자 24,372명의 지문을 조사한 결과 小池敬事에 의해 1960년에 보고되었는데 서부 일본의 短頭에는 A형 혈액형과 渦狀文指紋이 함께하고 있으므로 短頭 A형 혈액 渦狀文指紋의 3자는 형질상 하나의 복합체를 이루고 있으며 이 복합체는 남한에서 보여지는 것이라고 논술하였다.

그리고 身長에 대하여 알아보면 朝日新聞社 주최 「彌生展」에 頭長幅지수^{머리의 길이에 대한 머리폭의 百分率}는 彌生人^{야요이진} 쪽이 前代인 繩文人^{죠몬진} 보다 클뿐만 아니라, 彌生人의 남자 人骨을 계측한 결과 163cm로서 繩文人 보다 3cm가 더 크다. 이것은 생활조건의 변화나 영양의 양호에 의한 것이 아니고 彌生^{야요이}時代 초기에 상당수의 인간 집단이 바다를 건너 日本列島의 西端에 상륙한 것이라고 보았다.

이에 관해서는 鳥居龍藏도 朝鮮이나 沿海州로부터 渡來한 새로운 北方系의 彌生人은 일본인의 祖先이 되는 固有日本人이라고 논술한바 있고, 金關丈夫도 彌生^{야요이}시대 초기에 도래한 사람들의 혼혈로서 彌生人의 身長이 현재 韓半島 남부에 거주하는 사람들의 신장과 일치하여 彌生시대를 개막한 사람들의 고향을 한반도가 가장 유력한 후보지라고 주장 하였다.

다음으로 血液型에 대한 古畑種基의 연구발표를 살펴보면 혈액형은 분명히 遺傳性을 가지고 있어서 어떠한 환경에도 영향을 받지 않아서 生涯不變이라함은 주지의 사실이지만 集團的으로 그 各型의 출현율을 가지고 비교하는 것이 人類學 내지는 人種學의 방법으로서 다량의 혼혈에 의한 빈도頻度의 변화는 당연하다 하였다. 그는 일본 각지의 1,148,623명의 혈액형을 집계한 결과 O형이 31.5%, A형이 37.3%, B형이 22.1%. AB형이 9.1%로 나타났는데 이것을 오끼나와沖繩를 합하여 都도, 特別市, 道도, 일본면적의 21.4%를 차지한 北海道, 府후, 市, 縣겐, 道별로 보면 A因子의 빈도는 변화가 크고 빈도의 대소로 보면 A인자는 西日本에 많고 東日本에는 적으며, B인자의 빈도는 비교적 변화가 적고 O인자의 빈도에도 출입은 있으나 크게 보면 B인자의 분포에서 본 것과 같은 양상이고, 또 B형이 東北에 많으므로 아이누와 연결되고, A형이 西南에 많으므로 朝鮮과 직결지을 수 있다하여 이러한 것을 頭形의 경우 결론인 短頭형, 中頭형의 관계와 흡사하다고 하였다.

그런고로 일본에는 처음 太平洋 諸島에 살고 있던 민족O형이 많은 섬이 남방으로부터 流入하였는데 북방으로부터 朝鮮半島의 B형 因子가 많은 민족이 와서 넓게 퍼지고, 또 A형 인자가 많은 민족이 九州규슈북부, 中國일본의 주고꾸, 四國시고꾸에 분포되어 이들 세력은 점차 넓게 東方으로 진출한 것이므로 A형을 主因子로 하는 민족은 繩文式시기로부터 彌生式시기에 퍼졌다고 주장하고, 적어도 B형 인자를 가진 많은 사람들이 살고있는 곳에 A형 인자가 先史時代의 어떤 시기에 다수의 종족이 流入되었다고 하였다. 그리고 金關丈夫는 彌生시대 前期의 推定上의 混血은 주로 九州지방 주변에서 볼 수 있고 새로운 身長의 요소와 새로운 彌生式문화의 導入자는 數多한 인원이 지속적으로 北九州기다규슈 지역을 통과하여 畿內기나이지방으로 이동한 朝鮮 新石器시대의 短頭형의 요소라고 보았다.

다음으로 彌生시대(야요이, BC. 3C로부터 AD. 3C까지 약 600년 간을 彌生시대라고 하는데 東京都 文京區 彌生町^{야요이마찌}의 貝塚에서 발견된 1개의 토기가 前代인 繩文^{죠몬}토기와 전혀 다르므로 그 지명을 따서 彌生이라고 하였음)는 漁撈, 狩獵, 木實채집 등의 방법으로 食物 을 확보하였는데 씨를 뿌려 가을에 수확을 얻게된 農業 生産活動으로 의 進展은 실로 劃期的이라고 할 수 있다. 뿐만 아니라, 石製道具를 사 용한 단계로부터 靑銅製 도구의 출현은 커다란 飛躍이라 볼 수 있으며 武具, 馬具 등의 사용은 이들 생활의 變革이라 할 수 있겠다. 이러한 사 회는 村落인이 상호 협동 · 협조에 의한 共同生産의 無階級 사회에서, 권력을 장악하여 支配者로 군림한 特權 계급의 출현의 사회로 발전하 게 되어 村과 촌이 모여 古代原始國家로 結合되었다고 하였다.

광복후 文獻學과 考古學의 연구결과가 대체로 일치되어가고 있는 데 山尾幸久長씨에 의하면 朝鮮系 移住民은 일본 국가형성에 관여하여 고대의 정치적 지배계급의 일부를 구성하였고, 이들 집단은 정치적 색 채를 띤 亡命적 집단이거나 직접 각종 생산을 담당한 技術者적인 集團 이라 보았다. 이들은 새로운 노동대상과 노동형태 및 조건을 발생시켰 을 뿐만 아니라, 畿內^{기나이}지방의 재래 統治체제를 발생시켜서 倭王을 君主로 하는 畿內정권에 정치 · 종교적으로 지방 군주의 종말을 가져오 게 하였으며 새로운 농업, 工具 등의 勞動用具로 土木技術과 대규모의 灌漑水路가 畿內^{기나이}, 北九州^{기다규슈} 등 각지에 축조되어 농업기술은 말할 것도 없이 高度의 知識을 보급시켰다고 記述하였다.

또 彌生시대에 銅鐸이라는 것이 있는데 이 銅鐸은 樂器說, 祭器說

등 여러가지 설이 있으나 宗敎的 儀式에 관련되는 銅器로 보는 것이 定說이다. 그런데 이러한 동탁은 彌生시대 일개 集落部落 邑落에 1개의 동탁을 가지고 있어서 農耕儀禮와 祭祀用으로 쓰여졌던 것이 彌生시대 후기 終末경에는 그 부족 最高執權者의 무덤의 副葬品으로 묻히게 되었으니 이것은 어떤 집단과 또 다른 집단의 통합을 의미하는 것이다.

　구체적인 實例를 들어보면 東海道 新幹線 공사중 小篠原 周且 丘陵 土取場 1개소에서 24개라는 대량이 출토되었는데 이것은 廣範한 農耕집단이 가지고 있었던 銅鐸을 한군데 모아서 묻은副葬 것이다. 따라서 24개라면 24개 집단의 統合을 의미하는 것이고 그 통합 이후에 나타나는 古墳시대를 탄생하게 하는 정치적으로 首長의 탄생을 뜻하는 것이 되겠다.

　이밖에도 西日本 특히 北部九州에서 寶器로 된 朝鮮제의 實用的인 靑銅제 무기가 族長層의 墳墓에 副葬되고, 뒤에는 日本산의 靑銅 무기가 부장 되었는데 이 일본제 靑銅 도구는 非實用的인 廣大한 것으로서 실제의 武器와는 전혀 다른 祭器用化 된 것이다. 이러한 祭器화 된 靑銅 무구가 일개소에 一括로 부장된 예를 보면 福岡縣후꾸오까현 千歲遺蹟에서 銅戈 48점의 출토는 위에서 본 銅鐸을 가진 몇 개의 집단이 통합된 것과 같은 것이라고 해석할 수 있고 銅鐸, 銅劍, 銅鉾 등이 일괄로 多量 부장된 것은 새로운 통합체가 구성되어 그 祭祀형태도 바뀌게 된 것을 의미하는 것이다.

　또 前記「彌生展」에 의하면 彌生문화는 분명히 韓半島에서 밖에 볼 수 없는 유물이 많은 데 그중에서도 日本銅鐸의 祖先에 해당되는 小

銅鐸, 多紐細文鏡 支石墓 라고 불리는 巨石文化의 墓制, 靑銅製武具, 儀具 등의 한반도계의 유물과 유적을 彌生문화 성립의 母體가 되었다 하고 銅劍, 銅鉾와 같은 武具, 祭祀用具 같은 靑銅제품의 原料도 朝鮮半島로부터 輸入品이며, 또 鑄造라는 특수한 기술이 필요하므로 이러한 武具, 儀具, 裝飾品은 일반인의 用品이 될 수 없고 극히 일부인 즉 經濟力과 武力이 집중되어 있는 자의 소용품이기 때문에 이러한 것을 부장할 수 있는 權力者는 村과 촌의 孤立的 관계를 타파하고 서로를 직결시켜 보다 큰 사회 경제 단위를 구성하는 小國의 發生動機가 되었다고 기술하였다.

이상에서 기록이 없던 彌生시대의 古代 韓人들의 渡日을 간략하게 살펴 보았다. 다음으로 일본의 文獻에 기록된 歸化人, 渡來人, 化歸, 來歸, 投化 등의 용어에 대해서 잠깐 살펴보겠다. 이중에서도 특히 歸化라는 용어는 일본 문헌에 많이 보이고 있는데 日本書紀 應神天皇 14년조에 백제로부터 弓月君이 도래한 것을 人夫 120의 縣을 거느리고 귀화, 同 推古天皇 3년조에 高麗僧^{高句麗僧} 惠慈歸化, 同 20년조에 百濟人 味摩之歸化, 同 垂仁天皇 3년조에 신라 王孫이라 칭하는 天日槍^{아메노히}보고, 來歸^{註에는} 化歸, 應神天皇 20년조에 倭模直^{아마도노아야노아다이}의 祖先이라는 阿知使主와 그의 子 都加使主가 黨 17縣을 끌고 來歸, 欽明天皇 元年조에 백제인 已知部 投化, 雄略天皇 11년 조에는 化歸로 표현되어 三國人들이 수차에 걸쳐서 다수가 渡日한 사실을 기록하고 있다.

또 續日本紀 天平寶子 2년조에 高麗^{高句麗}로부터 聖境에 歸化 歸朝, 同 寶篇 3년조에 17縣의 人夫를 끌고 歸化라 기록하고, 9세기 初刊인

古語拾遺에 弓月 120縣의 民을 끌고 歸化 來歸, 역시 9세기 초간인 新撰姓氏錄諸氏系族集錄 諸蕃 조에 歸化 投化의 用語가 數多하게 보이며 歸化系氏族이 전체의 1/3을 점한다고 기록되었고 9세기 초엽 刊인 坂上系圖에는 歸化라는 기록이 매우 많이 보이고 있다.

이러한 歸化, 歸來, 渡來, 來歸 등의 用語는 古代 韓半島로부터 여러가지 이유로 인하여 일본에 이주한 사람들을 일컫는 것이지만 歸化人 등의 用語는 현재 우리가 생각하고 있는 民族으로서의 개념이 아니고 다만 人種 혹은 人間으로 해석해야 할 것이다. 그것은 國家라거나 民族이라는 것이 최초로부터 있었던 것이 아니기 때문에 하나의 氣候, 風土, 生活習慣으로서의 共同體가 이루어져서 歷史的으로 형성 · 발전된 것이라고 보아야 하기 때문이다.

그리고 渡來人이건 歸化人이건, 개인이나 집단이거나, 또는 自意건 他意건 간에 韓半島에서 각기 政治體制에 참여하였던 소위 知識階級들이 그들의 立地를 잃고 연속적으로 渡日하여 집단을 이루고 새로운 社會를 건설하게 되니 이러한 집단과 原住民 사이에는 당연히 門下, 同化, 吸收, 征服 등의 방법으로 結合되어 인구는 증가하고, 생산 物動量은 많아지고, 가진자와 못가진자간 즉, 자연 발생적으로 位階나 階級이 발생하게 되는 것이다. 따라서 이러한 과정을 통하여 物質的 문화와 精神的인 啓發에도 크게 기여하게 되었다.

이상에서 韓半島人들이 自意건 他意건 또는 對內外的인 이유로 集團的이고 連續的으로 渡日하여 그들에게 政治, 經濟, 文化, 社會에 걸친 여러 방면에 貢獻하여 그들이 古代國家成立에 크게 영향과 기여하였음

을 우리가 아닌 日本學者들에 의하여 記述한 것을 斷片的으로 살펴보
았다. 제2차 世界大戰의 終戰과 더불어 日本學者 간에는 史實의 정확한
資料로서 學術的이고 科學的인 해석을 하려는 학자들이 점차 증가하고
있는 현실에서 우리의 落後된 學者的 姿勢도 한번쯤 돌이켜볼 필요가
있을 것이다.

1984. 5. 7.

高大新聞

─ 淸溪川 發掘의 成果와 意義

1. 머리말

  도시의 형성·발전에는 食水源은 물론이려니와 우수^{雨水}, 오수^{汚水}를 배수^{排水}하는 生活河川은 必須 要件이다. 청계천은 開川이라고도 불리던 자연하천이었는데, 한양 주변의 백악산$^{白嶽山, 北嶽}$, 인왕산$^{仁王山, 仁旺}$, 목멱산^{木覓山}, 남산, 타락산$^{駝酪山, 낙산}$에서 발원한 물이 도시 중심부에서 합류되어 西쪽에서 東으로 흘러 오간수문^{五間水門}을 지나 도성^{都城} 밖의 중랑천과 만나 漢江으로 빠진다.

  조선초 한양 定都시 북으로 북악산 줄기가 자리잡고, 남으로는 한강이라는 큰 강이 흐르고 있는 분지^{盆地} 중앙에 작은 개천이 흐른다는 이점을 고려하였을 것이다. 청계천과 나란히 뻗은 종로변에는 서민들이 모여살아 통행량이 많고, 육의전$^{六矣廛, 六部廛, 六分廛 六長廛}$이라고 불리는 어용상점^{御用商店}들이 설립되었던 곳이다.

  韓末의 開化, 日帝시대, 光復을 맞으면서 주변지역은 계속 번창되었고, 6.25전쟁으로 개천 兩岸은 판자집이 연립되고 잡동사니 영세상가 零細商街가 들어서면서 시민들의 왕래가 빈번^{頻煩}해졌고, 오수^{汚水}는 고이고, 오물^{汚物}은 쌓여 악취^{惡臭}를 풍겼는데, 1970년대부터의 경제개발 5개년 계획으로 개천주변도 활기를 띠어 통행인은 늘어나고, 종로와 을지로의 교통량의 증가를 따를 수 없게 되자 1958년 광통교에서 시작된 복개覆蓋공사가 1977년 마장동 철교 구간에서 완료되고, 그 위로는 고가도로高架道路가 개통되었다. 2003년 복원을 위한 복개 고가도로의 해체 작업이 시작되어 발굴조사도 병행하고, 2005년 8월에 복원공사는 완료되었다.

2. 역사문화(歷史文化)

서울은 百濟가 475년, 조선이 500여년의 긴 역사를 유지·발전시켰고, 현재까지 한국의 首都로서 국제적인 면모面貌를 갖추고 있는 大都市이다. 이렇게 1,000여 년의 역사를 유지·발전시킨 원인은 서울의 남쪽을 흐르고 있는 대수帶水·아리수阿利水·욱리하郁里河라고도 불리었던 한강이 있었기 때문이다.

人類文化의 始原이 큰 강을 끼고 발전되었듯이 서울 주변 한강유역에서도 新石器時代의 암사동유적지, 靑銅器時代의 역삼동驛三洞, 명일明逸동, 가락可樂동의 유적지, 방이芳荑동, 가락동의 百濟古墳群, 風納土城, 아차산의 고구려 보루堡壘가 발굴 조사된 것을 보아도 한강유역에서 선사시대 이래로 취락聚落을 이루고 생활하였음을 알 수 있다.

고려시대를 지나 조선왕조로 바뀌면서 태종 3년 한양정도漢陽定都 당시에는 천거川渠, 구거溝渠의 자연 하천이어서 홍수로 주변의 침수가 심하고, 흘러 내려온 토사로 하상河床이 높아져 태종 11년 개거도감開渠都監을 설치하고, 12년 1월부터 2월까지 충청, 전라, 경상도의 역부 52,800명을 동원하여 대규모 개천공사를 하였다. 그후로도 민가에서 버린 쓰레기가 쌓여 불결不潔하고, 악취도 심하여 전염병傳染病이 발생하기도 하였다.

세종世宗 16년1434 개천에 쓰레기 투기를 억제하고 준천濬川 사업을 하였으나 300여 년간 이를 돌보지 않아 영조英祖는 36년1760 준천사司를 설치하여 방민坊民 150,000명, 고용인 50,000명, 전錢 35,000민緡, 2,300섬의 쌀을 투자하여 57일간에 걸쳐 준천사업을 마무리 하였다. 영조 49년1773 6월에는 개천의 남북 양안을 석축하여 제방을 만들어 자연하천이던 개천을 직선으로 유로流路를 변경하는 등의 치수사업治水事業이 본격적으로 이루어지고, 그 후에도 준천사업은 계속되었다.

또 영조는 자신이 직접 기록한 어제준천명병소서御製濬川銘幷小書에서 탕평책蕩平策과 균역책均役策의 실시와 청계천의 정비를 자신의 3대 치적治績으로 꼽은 뒤, 청계천 정비는 성공하였다고 자부하였다. 조선왕조실록 영조 49년 6월 10일에 79세의 노령임에도 수표교에서 호안護岸 축조 공사를 지켜보고 공사가 끝난 8월 6일 왕세손인 정조正祖와 함께 광교廣橋로 나가 준공된 석축을 시찰한 뒤 담당 군사들에게 돈을 나누어 주었다고 한다.

인구의 증가, 도시의 확대에 따라 순조, 고종 때 광교, 수표교, 오간수교, 영미교, 관수교 등이 건설되었는데, 조선조 개천의 본류는 중인中人 장인匠人, 기술자들의 집단거주지였지만 개천 상류의 지천支川은 맑은 물이 흘러 양반들의 가옥, 별장, 관아官衙, 궁궐宮闕이 있어서, 상류사회의 주거와 풍류風流의 대상이 되었다.

그런데 오수, 오물의 배출은 인구와 比例하므로, 참고로 年度別 서울人口의 增加를 알아보면, 1428년에 10만, 1800년에 25만, 1935년에 40만, 1940년에 94만, 1949년에 150만, 1960년에 250만, 1970년에 550만, 1980년에 840만, 1990년에 1060만으로 증가되었다.이헌창 ; 한국사에서의 수도 집중, 한국사연구, 134 그리고 개천은 인마人馬가 왕래하는 다리라는 고유기능固有機能 외에도 광통교와 수표교에서는 매년 정월 보름을 전후하여 연날리기, 다리밟기踏橋 등의 전통傳統 민속놀이도 잘 알려지고, 4월 초파일에는 연등燃燈행사가 열렸고, 수표교는 수위水位 측정을 위한 수표석水標石이 있어 유명하다.

광통교(廣通橋)

광통방廣通坊에 있는 다리로 광통교, 광교, 대광통교, 북광통교, 육교六橋, 도성안 개천의 여섯 번째 다리라고도 불렀다. 이 다리는 도심에서 가장 큰 다리로 어가행열御駕行列과 외국사신들의 행열이 잦은 통로였다. 주변에는 시전市廛, 商街이 연접되어 사람들의 통행량이 매우 많았던 곳이기도 하고, 인근의 서린동, 다동에는 주점酒店, 기방妓房 등도 밀집되어 유흥가로도 이름 높았던 곳이고, 조선후기에는 이곳 주변에 고서화상古書畵商이 많아 미술시장 형성, 미술가 육성에 큰 몫을 하고, 서점가書店街에서는 교양서적 간행으로 학문의 일반화와 인쇄업 발전에 크게 기여하였다.

광통교는 조선초 종로와 숭례문을 연결하는 도로 개설시에는 흙으로 축조한 토교土橋였으나, 태종 10년1410 8월 홍수로 다리가 유실되자 신덕神德왕후 강康씨의 능인 옛 정능貞陵의 석물을 이용하여 석교石橋로 만들었는데, 교각橋脚 동편에 경진지평庚辰地平, 기사대준己巳大濬, 계사갱준癸巳更濬 등의 각자刻字가 있어 수차의 준설浚渫 개천을 쳐서 물이 잘 흐르게 하는 것을 알 수 있다.

일제시대에 현대적인 도시계획하에 대대적인 공사로 도로가 확·

포장되고, 1899년 종로에서 남대문로까지 전차 선로가 놓여 전차가 운행됨에 따라 광통교 위를 약 1m 두께의 시멘트를 쏟아부어 다리는 도로 밑으로 들어가게 되었다. 그 후 1923년 북측 교대橋臺 가운데에 콘크리트 下水管을 설치하는 과정에서 신장석神將石 등 옛 정릉에서 운반되어 호안석護岸石으로 사용되었던 석재들은 크게 훼손되고, 광복 후에도 현상유지 되다가 1958년부터 복개 공사가 시작되어 광통교 난간만 昌慶宮으로 이전하고, 나머지는 도로 밑에 묻혔다. 1961년에 완공된 이 공사로 너비 50m인 청계천로와 광교에서 청계천 8가에 이르는 고가도로가 건설되면서 수표교, 오간수교, 관수교, 광교, 영미교 등이 모두 매몰·철거되어, 오수·오물污水汚物이 넘치고 악취가 나던 곳을 가리기도 하고, 서울의 동서를 연결하는 교통의 체증도 일시 완화시켰는데, 2003년 9월 이명박 전 서울시장의 선거공약에 의한 복원공사가 추진되어 복개 고가도로의 해체가 시작되고 2005년 8월 복원공사는 마무리되었다.

수표교지(水標橋址 터)

현재 청계천 2가 수표다리길 4거리이다. 세종 2년1420 석교로 축조되었는데 당시 마전馬廛이 있어 마전교라고도 불리었으나 세종世宗 23년1441 개천의 수위水位를 측정하기 위한 수표를 세웠기 때문에 수표교라고 불리었다. 영조 36년 대대적인 개천의 준설 이후 높이 10척의 수표석을 새로 세우고, 그 교각에 경진지평庚辰地平을 새겨 준천濬川의 표식으로 삼았다. 현재 전하는 수표석의 하단에 계사갱준癸巳更濬, 기사대준己巳大濬이 각자刻字되었고. 수표교 한쪽 귀틀석에는 무자금영개조戊子禁營改造, 정해개조丁亥改造 등의 각자로 보아 수차 보수하였음을 알 수 있다. 1958년 청계천 복개공사를 하면서 1959년 다리의 상부만을 장충단 공원으로 이건^{移建}하고, 수표 석주^{石柱}는 청량리 세종대왕기념관 경내에 옮겨졌다. 세종 23년¹⁴⁴¹에 수표를 만들어 교량의 서쪽에 세워 홍수위를 측정한 것은 같은 해에 장영실의 측우기가 사용된 것이 1661년이므로 서양의 Cristopher가 사용한 측우기보다 220년이 앞선 것으로 알려졌다.

하랑교지(河浪橋址)

하랑교는 다리 근처에 하랑위^{河浪尉}의 집이 있었으므로 하랑위교 또는 다리 부근에 화류장^{樺榴欌}을 제작하는 장인^{匠人}과 판매하는 상인들의 집이 있어서 화류교 신교라 하였는데 이것이 변하여 허리곳다리 또는 하랑교, 하고, 화교라고도 불려졌다. 하랑교는 현재 청계천 3가 센츄럴 호텔 동쪽이다.

효경교지(孝經橋址)

현재 청계천 4가 세운상가 옆 아세아전자상가 동편에 위치한다. 동국여지승람^{東國與地勝覽}에는 영풍교, 한경지략^{漢京識略}에도 영풍교라 하다가 부근에 소경^{장님}들이 많이 살았으므로 소경다리라고도 한 것이 변하여 새경다리 · 쇠경다리 · 효경다리 · 효교라 불리어졌다.

오간수문지(五間水門址)

청계천 6가 4거리, 동대문의 남쪽 100m 거리의 하상^{河上}에 위치한다. 동대문에서 광희문^{光熙門, 水口門}으로 이어지는 도성의 성벽이 청계천과 접속되는 부분에 설치된 5칸의 수문이다. 이곳은 도성내에서 가장 저지대로 물길이 개천으로 모여 이곳을 통하여 배수되었다. 오간수문은 태조 5년¹³⁹⁶ 한양도성을 수축할때 도성내의 물길을 고려하여 축조하였다. 최초의 수문 높이는 5척 정도였는데, 수문을 만든 후 관리 소홀로 제기능을 다하지 못해 임시책으로 2척의 목책木柵을 별도로 만들어 사용하였으나 영조 36년 경진준천庚辰濬川을 할때 이것 역시 개폐開閉를 할 수 없어 수문에 쌓인 토사를 걷어내고 수문에 철문을 설치하여 예전의 기능을 회복하였다고 한다. 그리고 주변에 버드나무를 심어 토사가 쓸려 내려오는 것을 방지하였다고 한다. 대한제국 시기까지 수문으로서의 기능을 해오던 오간수문은 교통의 원활을 이유로 동대문 북측 성벽과 함께 동대문 남쪽 오간수문의 성벽까지 헐고 다리를 설치하니 이때부터 오간수문은 오간수교라 불리게 되었다.

1921년 6월 동대문에서 광화문간 전차 노선이 설치되면서 다리 옆으로 전차 궤도가 놓이고, 1926년 6월 순종純宗의 장례 행렬이 장지인 유능裕陵, 경기도 미금시 금곡동으로 갈때 이곳을 건너게 됨으로서 인부 2,500명을 동원하여 침목 800개, 궤도 180개를 지원받아 2칸 반이던 다리를 4칸 반으로 확장하였는데, 그후 청계천 복개와 함께 사라졌다.

3. 발굴조사(發掘調査)

발굴조사단의 구성은 필자가 조사단장이 되고, 책임조사원에 조상기, 조사원에 홍지윤, 조사보조원에 조길환 외 여러 조사원이 참여하였는데 2003년 12월부터 2004년 7월까지 현장 작업일 수만 180일간이었다.

발굴조사 기간중 지도위원은^{존칭 략} 김정기, 정양모, 정재훈 김동현,

정영화, 조유전, 이건무, 최병현, 이강승, 심정보, 배기동, 손영식, 이선복 등 관계 인사들로 구성되어 수차례의 지도 자문회의를 거쳤다.

광통교

청계천 발굴에서 조사된 다리는 광통교지, 수표교지, 하랑교지, 효경교지, 오간수문지이다. 광통교는 영조 준천濬川, 1760 이후에 증축되었음을 알 수 있고, 토층에서 초축初築, 증축시기, 개천준설 후 저지대를 돋운 역사役事, 호안석축護岸石築 등도 확인되고, 특기할 것은 태종 10년 1410 광통교 축조시 太祖 이성계의 繼妃 神德왕후 康氏의 무덤인 옛 정능貞陵, 정동의 석물들을 이용한 것이 확인되었다.

태종 9년 5월과 7월에 장마와, 10년 5월과 7월의 홍수로 인하여 도성이 모두 물에 잠기고 토축한 광통교가 유실되고 익사자도 발생하였다. 이때 이장하고 방치된 옛 정능의 석물 중 호석과 신장석神將石들을 이용하여 광통교를 석교로 만들기로 하고, 10년 8월 광통교 석교 공사가 시작되었다. 그런데 태종이 아버지인 태조 이성계가 총애하던 계비의 무덤돌을 장안의 오수汚水가 흐르는 청계천의 석교石橋 자재로 사용한 것은 태종이 신덕왕후에 대한 원한관계 등 당시의 정치적 형세를 참작할 수 있는 자료가 되기도 한다.

교각은 동서로 8열, 남북 길이로 2열, 교각 상부 멍에석은 모두 13매가 놓여있었고, 교각은 물의 흐름을 고려하여 마름모꼴이다. 교각의 받침석은 약 120cm 정도의 방형 석재를 이용하고, 橋臺는 아래로부터 1.2단은 약 240×100정도의 석재를 길이 방향으로 쌓고 노출된 아래 2단의 높이는 약 180cm 이다.

수표교지(터)

교각 받침석 여러장이 원위치를 이탈하여 노출되고, 石橋의 기초석이 조사되었다. 수표를 세운 기단부는 한 변의 길이가 480cm 정도의 방형이고, 길이 120cm, 폭 40~50cm, 두께 30cm 내외의 장대석을 이용하여 외곽을 돌렸다. 수표석 기단부 北東 모서리 부분과 수표교지 중앙 5열 서편의 지정말목 분석 결과 수표를 세운 시기보다 후대로 나오고 있어 수표를 세운 뒤 정비하였음을 알 수 있다.

하랑교지

하랑교 부재로 쓰인 멍에석과 석교의 기초석을 확인하고, 하랑교 하천 폭이 30여 m인 것을 감안하면 길이 방향으로 약 13개의 교각의 배치를 추정할 수 있다. 또 60~70cm 내외의 圓形柱穴 2열로 보아 석교 이전의 木橋址로 보인다.

효경교지

처음 서편의 3열, 석교에서 동편으로 1~2열 확장되어 4~5열 너비이고 길이 방향으로는 14개의 교각이 놓여있고, 교각을 2단으로 배치되고 증축한 것으로 추정된다.

오간수문지

양측 교대와 날개부 홍예기초석, 수문부 등과 하박석층 지정말목이 확인·조사되고, 남측 교대 길이는 8.7m로 2단까지 잔존하고, 교대는 치석된 4매의 장대석을 연이어 축조하고, 그 위에 20cm정도의 홍예하단석을 올렸다. 교대와 교대사이는 4개의 홍예기초부와 5칸의 수문

이 축조되었다. 홍예기초석의 하부에는 장방형의 석재를 동서로 깔고
수문 바닥석 하부는 부정형의 석재를 깔고, 수문 바닥석의 상면은 면을
맞추고, 홍예기초석의 상부는 철편 잡석을 이용하여 기울기를 조절하
였다. 구형석수龜形石獸가 출토되었는데 파손이 심하나 홍예기초석의 물
가름석 위에 놓였던 것으로 추정되고 철책문이 완전하게 수습 되었다.

4. 출토유물(出土遺物)

개천은 우수, 오수가 흐르거나 범람하므로 출토유물도 원래 있어
야할 곳이 아닌 위치에서 총 900여 점이 발견되었으므로 편의상 지역별
로 간략하게 소개하면

광통교에서는 구연부口緣部가 결실缺失된 백자접시, 사발, 대접, 잔,
구연부와 동체부胴體部가 일부 결실된 도기호陶器壺, 뚜껑, 토제귀면土製
鬼面장식품, 석제탕기石製湯器, 완형 은비녀, 동전조선통보, 상평통보, 일제시대
동전, 중국 동전 외 다수가 발견되었다.

수표교지터에서는 경부頸部가 없어진 분청사기병, 깨어진 청자잔,
파손된 백자소호, 접시, 완형과 부러진 청동숟가락, 동전조선통보, 상평통보
외 다수가 발견되었다.

하랑교지에서는 구연 경부 일부가 파손된 백자병, 파손 백자소병,
백자마상배편, 깨어진 분청사기대접, 꼭지 부분만 남아있는 도기뚜껑,
밑부분이 유실된 납석제 탕기, 화강암제의 완형석추石錘 외 다수가 발견
되었다.

효경교지에서는 구연 동체 일부파손 백자접시, 대접, 완형 청동거

울, 완형에 가까운 경질 수키와 외 다수가 발견되었다.

　오간수문지에서는 토기 뚜껑편, 높이 27.6cm의 완형 백자병, 파손 백자향로, 파손 청자병, 파손 백자접시, 완형 백자잔, 분청사기 저부편, 청화백자 뚜껑편, 도기호편, 경질 숫키와 암키와편, 완형에 가까운 전塼벽돌, 반원형 나무빗, 구연부 저부 일부 유실 나무접시, 완형 청동 담뱃대, 동전류인 당일전, 이전當一錢 二錢, 상평통보류 등이 발견되었다.

　호안석축護岸石築의 모전교 주변에서는 완형 백자병, 완형 백자소호, 구연부 유실 백자접시, 청화백자접시편, 청화백자대접편, 일부 파손 백자잔, 도기陶器뚜껑, 암키와 편, 완형 수키와 외 다수가 발견되었고, 1호 건물지에서는 백자병, 도기 저부편, 외 2호 건물지에서는 파손 백자접시, 외 광통교 상류 남쪽 석축에서 백자호 편, 백자 편, 제기 편, 대접 편, 완형 백자 필통, 완형 백자잔, 청화백자 등잔 편, 구연부 일부 유실 청화백자잔, 도기 뚜껑, 방추차紡錘車 등이 발견되었다. 또 1호 건물지에서 절반정도 잔존의 백자접시, 외 2호 건물지에서 백자사발 편, 백자소병 편, 3호 건물지에서 백자대접 편, 백자접시 편, 복원완형 백자접시, 도기호 편, 삼족 무쇠솥三足鐵釜, 밑이 깨어짐, 청동거울 반편, 구연부 동체 파손 청동합, 외 6호 건물지에서 분청사기 잔 반편, 외 7호 건물지에서 완형 백자소호, 외 광통교 하류 남쪽에서 분청사기 편, 구연부 유실 백자호, 소병, 접시, 사발, 잔, 제기, 손잡이부분 유실 백자공이, 도기호 편, 외, 광통교 하류 초축 석축에서 완형 백자 잔 등이다.

　청계천 하상河床 출토 유물로는 청자 투각장식구 편, 분청사기 구연부 편, 접시 편, 백자사발 편, 접시 편, 잔 편, 도기 소호, 석제 탕기 등이다. 이외로 오간수문지 철책문, 각목, 동물뼈류, 운동화, 고무신, 신분증 등 근현대의 유물도 상당량 수습되었다.

　한편 堆積層의 物理探査와 花粉分析 및 木材의 年代測定 등은 韓
國地質資源研究院 地質環境災害研究部, 地盤安全研究部에 의뢰하였
고, 출토 木材의 樹種 분석과 연대 측정은 忠北大學 山林科學部, 同大學
農業科學技術研究所 年輪研究센터에 의뢰하였는데, 청계천 다리들에
서 출토된 목재 총 1553점을 조사한 결과 針葉樹, 闊葉樹 등 30여 종이
식별되었는데, 상수리나무류와 소나무류가 전체의 84%로 청계천 축조
당시의 식생植生이 현재와 크게 다르지 않으나 진도, 완도, 제주도에서
자라는 붓순나무, 전남 · 경남지방의 멀구슬나무가 발견되어 이들 지역
의 목재도 약간 공급된 듯하다 하고, 오간수문지에서는 중부지역에서
자라지 않는 鴨綠江 地域 高山의 잎갈나무가 목주木柱로 사용되었고, 연
륜패턴도 1920년에 벌채伐採되어 조선총독부구 중앙청 건물의 기초목에 사
용한 잎갈나무와 일치하여 압록강에서 운반된 것이 틀림없다 하고, 오
간수문 목재의 나이패턴은 중앙교각을 중심으로 동서로 분리되는데,
동편 목주는 1916년 전후, 1925년은 순종 장례를 위해 다리 확장의 기
록과 일치한다 하고, 수표교의 목주木柱는 1486~1487년 경에 실시되었
을 수표교와 관련된 공사를 위하여 벌채 이용한 것을 알 수 있고, 나이
테가 치밀하고 수령이 200년 이상되는 양질의 목재는 강원도 산지 등
원거리에서 운반되어 온 것이라고 하였다.

5. 성과(成果)와 의의(意義)

　발굴조사로 한양정도 당시 굽었던 자연하천을 직선으로 곧게 펴고

석축한 것이 확인되고, 발굴조사를 하기 전에는 개천에서 출토되는 유물은 주변생활인 또는 통행인들이 투기한 폐기물 정도로 생각되었으나 의외로 고급 도자기류와 동전 등이 출토되어 홍수로 인해 지천주변의 상류사회의 주택지도 물난리를 겪은 것과 동전이 꾸러미채 발견된 것은 하천의 깊이와 범람, 수재水災가 심하였음을 알 수 있고, 조선시대 청계천을 석축·준설할 때의 문헌상의 기록과 일치되는 자료들이 많이 출토되었고, 일제시대를 거치고 광복을 맞아 수차의 도로 확·포장 공사가 확인되었다.

광통교 조사에서 2차의 개보수 증축·확장 사실과, 광통교의 정확한 길이가 조사되고, 청계천 복구 공사시 장충단공원으로 이전·복원한 수표교의 하부구조와, 목교인 하랑교, 효경교 등 다리 폭이 확인되었다. 그리고 오간수문지에서 다섯칸의 수문이 원형으로 유지되고 있음이 조사되었고, 호안석축을 통해 개천의 관리·정비와, 토층 조사로 여러차례 개천의 범람·준천이 확인되고, 광통교, 장통교, 수표교 등의 교각은 모두 상하 2단으로 되어 범람과 준천으로 인한 다리 높이를 조정하였음을 알 수 있었다.

호안석축의 장대함은 조선후기 영조시대의 토목공사 기술을 살필수 있고, 당대 경제력의 축적도 알 수 있다.

퇴적물에서 추출된 화분 포자의 군집조성의 변화를 근거로 당시의 자연환경 변화, 식생을 포함한 자연생태를 알 수 있고, 목재를 분석한 결과 침엽수종, 활엽수종으로 식별되었는데 참나무인 상수리나무류와 소나무류가 대다수를 차지 하였고, 적은 수이지만 진도, 완도, 제주도 같은 도서지역에서 자라는 붓순나무와 전남, 경남지방에서 자라는 멀

구슬나무도 공급된 것이 확인되었고, 오간수문지에서는 鴨綠江 지역의
고산 · 한냉지방에서 생산되는 잎갈나무가 목주木柱로 사용되고 연륜패
턴도 1920년대에 벌채되어 조선총독부 건물 기초에 사용된 잎갈나무와
일치하여 압록강에서 운반된 것이 틀림없다 하고, 석축 · 석재는 서울
지역 담홍색 화강암으로 판명되었다.

청계천의 復元은 春夏秋冬 동식물들이 서식棲息할 수 있는 자연 生
態學習의 장으로, 傳統과 尖端이 複合된 多樣한 文化空間으로, 內外國
人들의 관광지로, 도심의 쾌적한 휴식처로, 시민들의 산책, 주행로로 활
용되어 우리나라와 서울의 발전된 면모를 세계에 알리는데 크게 기여
할 것으로 思料된다.

2006. 12.
淸溪川 _ 서울역사박물관

청계천 河床 발굴 현장(Focus 2003. 10. 7)

03

족적 足跡

尹卋英 隨想 | 三空의 出 卒

一 자, 호(字, 號)

자字는 조선, 중국에서 관례冠禮때 성인成人으로서 붙여주는 別名인데 예로부터 중국이나 조선에서는 어느정도 글을 이해하는 사람에게는 姓名 이외에 字와 號를 가졌는데, 이것은 두 가지 이상의 이름을 가지기를 좋아하는 복명속複名俗에서, 또는 실제의 이름 부르기를 꺼려하는 실명경피속實名敬避俗에서 유래되었다고 한다. 그래서 윗사람에게는 자신을 실명으로 표현하지만, 다른 사람을 부를 때나 같은 연배나 아랫사람에게는 자를 불렀고, 父母가 子女를, 스승이 弟子를 부를 때에는 實名을 사용하였다. 예기禮記, 중국의 戰國時代로부터 前漢 초까지 'BC. 8C~BC. 3C' 詩經, 書經, 周易, 春秋와 함께 五經인데 禮學 관계 문헌에 의하면 남자 20세, 여자 15세가 되면 字를 붙인다 하였다.

호號는 본명이나 자 외에 부르는 이름으로 아호雅號, 별호別號라고도 하는데, 父母나 스승 등이 지어주는 이름과 字와는 달리 號는 자신이 짓는 경우가 많다. 호의 종류도 많아 아호개인, 당호堂號, 堂宇, 집의 호, 택호宅號, 혼인한 여자, 시호諡號, 죽은 후 등이 있는데, 우리나라에서 호의 효시嚆矢는 신라의 원효小性居士대사와 고결한 학자 백결선생百結先生이다.

조선시대에 선비들은 모두 하나 또는 그 이상으로 몇 개씩의 호를 가지고 있었고 요즘도 學者, 文人, 醫療人, 政治人, 商工人 등 많은 계층의 인사들과 藝術人, 演藝人들의 藝名으로, 본 이름 외에 따로 지어 부르는 稱號인데 서양에서는 문인들의 Pen name에 해당된다.

대학을 졸업하고 모교 박물관에서 일하게 된 후로는 줄곧 호와의 전쟁이라고 부를 만큼 수 많은 書畵家들의 호를 외워야 했다. 그것은 박물관에 소장된 1,500여 점의 書畵 및 書帖을 정리하면서부터이다. 역사상 인물들의 이름을 暗記하기도 힘들었는데 서화가의 하나 둘도 아닌 여러 개의 호를 모두 외우려니 그 고충은 이만저만이 아니었다.

겸재 정선謙齋 鄭敾, 현재 심사정玄齋 沈師正, 공재 윤두서恭齋 尹斗緖 등 2자로 시작되는 호로부터 3자로 된 관아재 조영석觀我齋 趙榮祏, 4자로 된 구룡산인 김용진九龍山人 金容鎭에서 7자로 된 고송유수관도인 이인문古松流水館道人 李寅文까지, 그리고 현대서화가로 여초 김응현如初 金應顯, 청전 이상범靑田 李象範, 고암 이응로顧庵 李應魯 등을 암송하려니 보통의 시간이 걸리는 것이 아니다.

조선후기 學者이며 金石學의 大家이고 書畵家로 유명한 김정희金正喜, 1786~1856는 자가 원춘元春 호는 추사秋史, 완당阮堂, 노완老阮, 노과老果, 노격老髯, 예당禮堂, 과파果坡 등등 200여 이상을 사용하여 우리나라에서 호가 제일 많기로도 유명할뿐만 아니라, 세계에서도 그 유례類例가 없을 것이다.

박물관에서 職員, 主任, 學藝課長으로 승급昇級되고, 博士學位를 받은 후 敎授로 轉職되었다. 교육, 문화, 예술 등 사회 各界의 重鎭 들과도 접할 기회가 많아지고 風月客의 흉내도 낼겸 호를 하나 짓기로 작심하였는데, 학교의 상징象徵인 맹호猛虎의 용맹勇猛성과 민속적인 해학성諧謔性을 상상하여 범 虎자를 한자 빌어쓰려고 하여도 내 성격이나 행동거지行動擧止가 도무지 맞지 않아, 대신 12支의 세 번째인 범 寅자를 쓰기로 하고, 그것도 꿈속의 호랑이 몽인夢寅이라 하여 한동안 써 보았지만 이 또한 전혀 어울리지가 않을 뿐만 아니라, 조선 純祖때 서화가인 丁學敎가 夢人이라 같은 발음이고, 대학 재학 4년간의 학생중 번호가 33번이었다. 삼삼은 음식 맛이 조금 싱겁고 맛이 있는 것을 삼삼하다 하니, 나의 성품과도 비슷하여 3 또는 33이라는 숫자를 무척 좋아하였다. 3은 또 중국에서는 6, 8과 더불어 재산과 福을 가져다 주는 행운의 숫자라 하고, 우리 주변에서도 三佛, 三界, 三神, 三更, 三色, 三公, 三族, 三間, 三昧 등의 단어를 많이 쓰고 있을 뿐만 아니라, 3.1 독립만세 당시 손병희 등이 민족의 대표로 33인이 구성되었고, 佛敎에서 觀世音菩薩이 衆生을 구하려고 나타내 보인 33가지의 화신化身을 三十三身이라하고, 욕계육천慾界六天의 둘째로 수미산 위에 있는 천계天界를 삼십삼천三十三天이라하고, 캐토릭에서 강생降生, 공사생활公私生活, 수난受難, 부활승천復活昇天의 4부분으로 된 예수의 평생 33년간의 행적을 생각하는 경문經文을 三十三想經이라고 한다. 그래서 三十三을 따서 三三이라고 하였다가 조선후기 유명 화가 崔北의 字가 七七 이보다는 12支의 세 번째의 범 寅을 따서 삼인三寅이라고 하여 보았다. 조선시대 검신劍身에 북두칠성을 새긴 검劍이 유명한데 寅年, 寅月, 寅日에 제작하였다고 해서 삼인검三寅劍이라 한데서 생각이 났기 때문이었다. 썩 마음에 들지는 않았지만 三三보다는 점잖다는 생각이 들어서였다.

직업상 인사동 거리의 골동가^{骨董街}를 둘러보는 것이 일과처럼 되어 이리저리 다니는데 作名所 간판이 눈에 들어온다. 자주 드나들던 골동가게 주인에게 물어보니 손님이 제법 출입한단다. 좋은 號를 하나 부탁하려고 들어갔다. 엄숙하게 위용^{威容}을 갖춘 백운비거사^{白雲飛居士}는 성명과 生年, 月, 日, 時를 물어 붓에 먹을 찍어 초서^{草書}로 휘갈기는데 最大揚名之運이라 운기대개 만복여의^{運氣大開 萬福如意}라 하여 운초^{芸艸}라고 짓고 아호찬정증^{雅號撰定證}까지 써주었다. 내용과 해석이 좋아 한동안 芸艸라고 썼는데 보는 사람마다 예술이라는 재주예^藝자의 약자^{略字}로 보고 예초라고 부른다. 그때마다 예초가 아니라 운초^{香草}운 字^字라고 설명하려니 이 또한 복잡하다.

일반적으로 호는 이름, 성격, 직업, 고향, 이상향^{理想鄉} 등과 연관시켜 짓는다. 내 이름이 세영^{世英}이지만 내멋대로 풀이를 하면 영[○]이 셋이다. 동그라미^원가 셋이다. ○영은 유^有와 무^無를 의미하며 완전한 끝과 새로운 시작을 뜻한다. 완벽한 유와 무는 하나이므로 어디에서 시작하든 어디서 마무리 짓든 ○영은 최고의 행운을 가져다 준다고 한다.

세영은 영이 셋이다. 영은 동그라미다. 둥근 것은 속이 차기도 하고 비어있기도 한다. 찬 것은 비워지고 비어 있는 것은 차기도 한다. 비어있는 것을 허^虛라고도 한다. 그래서 세 개가 비었다 하여 새로운 호로 三虛라고 하였다. 비어있는 것은 공^空도 있다. 空은 속이 비었다는 것이다. 三虛 보다는 三空이 훨씬 점잖다. 三空은 田, 金, 林, 宋, 申字, 그리고 中央, 高大, 東亞, 出乎과 같이 한자^{漢字}가 앞으로 보나 뒤로 보나 글자가 똑같다. 앞과 뒤, 속과 겉이 다르지 않고 같다는 말이다. ^{三寅, 芸艸,}

芸亭, 卉 英도 같음

　　나는 소시적부터 겉치레보다는 내실內實을, 웅변雄辯보다는 침묵沈默을, 성실誠實하고 겸손謙遜하게, 그리고 이상理想은 높게, 현실現實은 낮게 살려고 노력하였다. 지금도 그렇게 살고 있다. 또 목적을 위해서라면 10년 쯤은 당연히 기다리는 성미이다. 세상을 신중愼重하고, 침착沈着하게 관찰觀察하는 습관으로 인해 사회생활에서 항상 다른사람보다 한 발템포이나 몇 년을 뒤진 것도 사실이다. 그리고 고독孤獨할지라도 고고孤高하게 살려고 노력하였다.

　　오랜 세월 大學에서 學生들을 가르쳤다. 머리가 비어서 지식이 없음에도…. 그리고 이재理財에 밝지 못하여 주머니는 비어있고, 나름대로 철이 들면서 雜多한 것은 다 잊고 초연超然하게 살려고 마음을 비우기 시작하였다. 따라서 머리와 주머니가 비고 마음이 비어 三空이다. 나의 성격과 꼭 맞는 號이다. 내가 지었어도 참으로 品格이 높은 호라고 생각된다.

　　마하반야바라밀다심경摩訶般若波羅密多心經에 觀自在菩薩 行深般若波羅密多時 照見五蘊皆空 度一切苦厄 舍利子 色不異空 空不異色 色卽是空 空卽是色 受想行識 亦復如是…

　　舍利子 色은 空과 다르지 않고 空은 色과 다르지 않다. 色이 곧 空이요 空이 곧 色이다. 受와 想과 行과 識도 역시 이와 같다 하였다.

1986. 9.

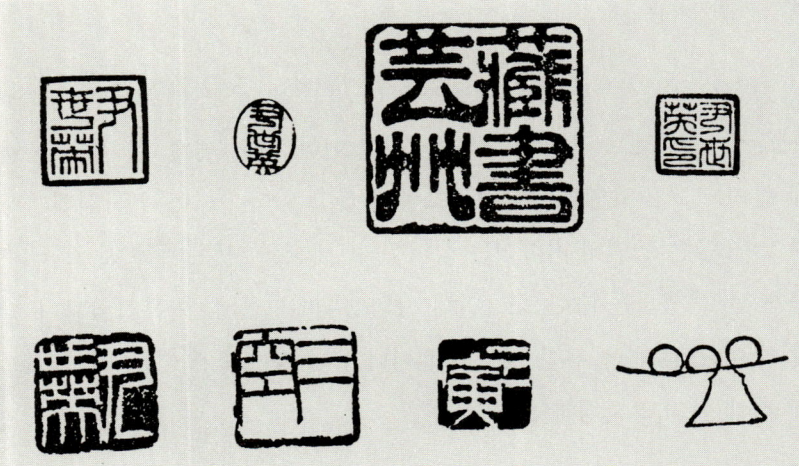

三空의 出 辛

一 創立 初有

1. 吹奏樂部

1955년 靑雲의 뜻을 품고 이 나라 최고 名門私學인 高麗大에 입학하였다. 같은 法人의 中央高를 졸업하여 6.25전에도 수차 와본적은 있으나 매우 어수선한 분위기이다. 그것은 전쟁중 美軍部隊가 주둔駐屯하였던 자리가 도처에 남아있고, 大邱로 피난갔다가 서울 수복 후 처음으로 본교에서 시험을 치뤄 入學한 학생들이라 講義室, 行政 등 모든 것이 미처 정리되지 못한 상태이기 때문이다.

5월 철쭉이 만발한 한적한 교내를 배회俳徊하는데 당시 재학생 총수는 1,000여 명이라 학생들의 來往이 적음 누가 이름을 부른다. 中·高校 2년 선배이자 초등, 중등학교 친구의 형님이다. 웬일이냐고 물으니 전쟁중 海軍軍樂隊를 제대하고 이번에 입학하여 너와는 이제 동기생이 되었으니 자주 만나자고 한다. 중학교에 입학하자 그 형이 취주악부에 들게함

수일 후 또다시 그 형을 만나게 되었다. 실은 학교에서 吹奏樂部를 창설하려는데 협조하라는 간곡한 부탁이다. 대학에 공부하러 들어왔지 나팔 불러 들어온것은 아닌데 하고 망설이는데 학생처 게시판에 出頭하라는 墨書가 큼직하게 적혀있다. 죄는 없으나 겁을 먹고 찾아가니 학생과장은 많은 이야기를 들었다하고 音樂과는 거리가 먼 이 학교에서 처음이니 거두절미去頭截尾하고 취주악부 창설에 적극 참여하라는 분부

이다. 그후 선배들은 각종 아르바이트쇼 밴드로, 동기들은 學資金 조달로, 家庭敎師로 시간을 낼 수 없어 꼼짝없이 이몸이 붙들리었다.

32명을 기준으로 미리 樂器를 구입하고, 악기는 학생처에 보관하고, 연습은 숲속의 여학생 휴게실을 방과후에만 사용하라하고….

東奔西走하여 部員을 모집하였다. 정한 날에 모이니 육군, 해군 군악대 출신이 10여 명, 고교에서 경험있는 학생이 20여 명, 전담 코치 및 지휘는 해군 군악대 준위로 제대한 孫重文 선생, 봄에 創設하여 이듬해 가을에 中央高校 강당에서 제1회 高麗大 吹奏樂部 演奏會를 하니 학교 敎職員을 비롯한 재학생뿐만 아니라, 세상을 놀라게 하였다. 모角지고, 직설적直說的인 향토색鄕土色이 농후濃厚하고 우직愚直스러워 예술감성藝術感性이라고는 조금도 찾아볼 수 없었던 고려대막걸리대가 管樂演奏會를 하다니….

音樂과는 類似한 學科도 없는데 지금까지 存續하여 甘味로운 선율旋律 아름답고 웅장雄壯한 和音을 담아 40여 회의 연주회를 하였고, 1971년 9월에는 전국대학문화예술축전 음악경연부분에서 最優秀賞, 1977년~78년 연이어 전국대학생 음악경연대회에서 優良賞의 受賞經歷도 있다.

음악이 전공이 아닌 순수 아마츄어로 1920년 普成專門 吹奏樂部로 출발한것이 오늘의 고려대 취주악부로 재 탄생한 것이다. 각기 전공이 달라 登校日이 다르고 수업시간이 맞지 않음에도 변변치 못한 연습실에서 合奏시간에 맞추어 참석 연습한 부원들을 참으로 고맙게 생각한다. 그들의 精誠과 努力 犧牲이 있었기에 오늘의 자리에 서게 된 것이다. 취주악부 졸업생 중에는 미국에서 음악박사 학위를 받고 대학에서 음악 강의를 맡은 분, 大學敎授, 醫師, 韓醫師, 中高校 敎師, 회사 代表理事, 무역, 사업, 농업, 자영업 등 각계에 종사하며 여러방면으로 후배後輩들을 돕고 있다.

고려대 취주악부를 창설하여 학생써클동아리 제1호로 登錄하고, 제1기생으로 졸업하였으나 박물관에 계속 근무하게 되고, 교수가 되어 停年할 때까지 指導敎授를 맡았고 현재도 그들과 關係를 持續하고 있다. 中斷없는 발전을 祈願한다.

2. 安岩山友會

교내에서 동창 몇 사람이 자주 모였다. 그중 세 사람의 근무처가 가까이에 있었는데 敎務課의 安基成, 行政問題硏究所의 元容德, 그리고 博物館의 尹世英이다. 이들은 주어진 업무에 충실할 뿐만 아니라 寫眞에도 취미를 가지고 있었으므로 당시 사정으로는현재도 같지만 쉽게 구하기 어려운 캐논, 라이카, 마미야프렉스 등 최고급 카메라를 휴대하고 있었다. 그리고 모두 그림에도 솜씨가 남다른 사람들이었다.

1967년 따스한 봄날 오후에 조용한 박물관 사무실에서 세 사람이 만났다. 언제 시간을 내어 함께 出寫사진 촬영차 여행하기를 의논하였다. 이런 저런 이야기 끝에 가까운 山으로 출사하기로 결정하였는데 각기 사정에 의하여 어찌어찌 하다보니 날짜가 제법 흘렀다.

그시절에는 낚시가 유행하여 교내에도 조도회釣道會의 활동이 컸다. 이밖에 기우회碁友會, 바둑, 교수·직원분리 테니스회교수·직원 각각가 주 교내 취미단체였다.

세 사람 중 元선생을 자주 만나게 되는데행정문제연구소가 박물관 3층에
있었음 그가 교내에도 산을 좋아하는 사람들이 있을터이니 山友會를 조
직하자는 제의에 雙手로 환영하였다. 바로 安선생, 金成福 조교講師, 당시
農大는 박물관 가까이에 있었음와 通話하고 수일 후에 만나기로 약속하고 發
起, 準備작업을 서둘렀는데 지금 이르기를 안암산우회 사인방四人幇이
라고 한다.

1967년 6월 25일(일) 창립등산은 북한산의 보현봉普賢峰으로 정하
였는데 40여 명이나 참석하였다. 회원의 자격은 20대 초반의 交換孃부
터 60대의 老敎授까지 各層이었다. 保守性이 强한 高麗大에서 敎授, 職
員 區別없이 參加하여 같이 行動하는 것은 매우 破格的이라고 할 수 있
다. 그러기에 아직도 存續하고 있는지도 모르겠다.

창립총회에서 初代會長에 법대학장 車洛勳교수, 副會長에 영문과
朴肯洙교수, 총무과장 朴正圭선생이 임명되고 幹事로는 안기성, 윤세
영, 원용덕으로 정하였다.

초창기에는 軍靴를 비롯하여 등산장비는 거의 美軍部隊에서 흘러
나온 軍用 炊事用具였고, 등산인구도 많지 않아 해가 바뀌면 잡초로 산
길을 찾기 힘들었으나 人跡이 드문 下山길에 작은 웅덩이에서 목욕을
하고 내려와 막걸리 한 잔 나누는 情感이 있었다.

돌이켜보면 참으로 간사들의 勞苦가 컸다. 安, 元 두 간사는 責任
感으로 解産할 부인을 入院시키고 산에 나왔으니 요즈음 常識으로는
당장 쫓겨날 신세들이었다. 그 후로도 젊은 간사들은 다음 등산을 위하
여 미리 豫備踏査를 하는 등 많은 시간과 노력을 아끼지 않았다.

春夏秋冬 季節과 日氣의 變化에 관계치 않고 격주隔週로 국내 산으

로는 한라산을 비롯하여 지리산, 대둔산, 태백산, 소백산, 국망봉, 설악산, 두타산, 치악산, 영취산, 월악산, 주왕산, 성인봉, 그리고 民族의 靈山이라하는 북한의 백두산까지…. 한편 외국의 고산 등반은 臺灣의 玉山을 비롯하여 日本의 북알프스, 남알프스, 후지산富士山, 호주 타스마니아섬의 크레들산, 뉴질랜드 쿡산, 말레이지아의 코타키나발루, 인도네시아의 북섬 린쟈니, 中國 사고랑산, 黃山, 히말라야 트레킹 등 여러 高山을 등반하여 2007년 6월 말 창립 40주년을 맞으면서 990여 회를 기록하였고 安岩이라는 會誌도 13호를 출간하였다.

요즈음도 등산은 계속되는데 경제발전, 사회구조의 변화 등에 따라 젊은이들의 參與가 적고, 출석회원의 平均年齡이 70을 바라보는 高齡化로 高山縱走나 頂上까지 오르지 못하는 등 아쉬움이 많다. 靑壯年이 補充되어 산꾼같은 山行이 되기를 바란다.

3. 民俗品收集(蒐集)

1970년 4월 朴正熙 대통령은 全國地方長官會議에서 새마을 가꾸기 운동을 제창하여 生活태도 革新, 環境改善, 所得增大, 農漁村 近代化로 住宅改良, 마을道路 확충, 河川정비 등을 적극 추진하여 전국적으로 확산擴散되었다. 보다 좋은 조건하에서 잘살아보자는 매우 고무적鼓舞的인 일이다. 각 신문마다 어느 지역에서는 초가집을 없애고 家家戶戶 집 모퉁이에서 기르던 돼지우리를 한곳으로 모아 개조하고, 어떤 곳을 改良, 개수改修, 新築, 폐기廢棄한다고 지면을 채우고 있는데 일부에서는 住民들의 固有民俗信仰인 신당神堂, 府君堂까지도 철거撤去한다고 한다.

며칠을 골몰汩沒히 생각하였다. 전국적인 농어촌의 주택개량으로 傳統産業用具를 비롯한 민속품이 사라질 것이고, 생활태도 혁신에 의한 미신타파迷信打破 등으로 서낭당성황당 城隍堂을 비롯한 在來信仰 構造物과 그 附屬品이 散失될 것이 自明하니 전국 지방출장 수집을 제의하였다. 관장에게 계획을 보고하니 意圖는 좋으나 고생이 심할 것을 염려한다. 그러나 이때를 놓치면 다시는 찾을 수 없을 것이라는 생각으로 제1차로 1979년 11월 10일간의 출장허가로 農村사정을 잘 아는 직원權亨泰 한 사람을 대동하고 충북 제천군 청풍면으로 출발하였다. 이곳은 댐 건설로 水沒예정지이기도 하다. 里長을 만나 찾아온 뜻을 설명하니 적극 협력하여 도와주었다. 버리는 것은 얻고 그들이 아끼는 것은 현금으로 구입하였다.

새마을 운동뿐만 아니라, 농기구農機具의 機械化로 사라저가는 傳統産業用具 수집은 의외로 어려웠으나 그래도 1주일을 수집하니 한 트럭분이다. 박물관으로 돌아와 정리를 하니 2,000여 점이다. 계속하여 1980년 10월 경북 안동군 영양군 일대, 1980년 강원도 삼척군 도계읍 신리일대, 1991년까지 경기도 옹진군 덕적도, 안성군 원곡면, 충남 당진군 석문면, 전남 영광군 법성포 완도, 전북 고창군 부안면 원심면 즐포면 산내면, 경남 산청군 신동면 등지를 6차례에 걸쳐 수집한 민속자료는 각종 農器具, 畜産具, 木工具, 대장간 工具, 옹기甕器류, 어로漁撈용구, 수렵狩獵구 기타 生活용구류로 멍석, 절구 공이, 맷돌, 구유, 수레, 오줌통 등 각양각종의 민속자료가 1만10,000여 점이다. 파종播種, 씨부리는用具, 경작耕作구, 수확收穫구, 운반運搬구, 조리調理용, 취사炊事용, 저장貯藏

용 등으로 細分하여 카드에 수집처를 상세히 가록하니, 박물관에서는
전국의 민속 전통산업 용구를 수장하게 되고 연구자들에게는 귀중한
일차 자료로 이용되고 있으니 그때 열성적으로 수집하지 않았으면 요
즈음은 도저히 구할 수 없게 되었다.

4. 現代美術室

   도서관 일부를 사용하던 박물관은 1962년 3층 철근 콘크리트의 신
축 건물로 이전하였다. 진열장도 당시로서는 최고급으로 제작하였다.
고고재료로부터 역사자료, 민속품, 도자기류, 서화류 등을 전시효과를
내면서 진열하였다. 전시실 습도^{濕度}를 측정하니 1층보다는 2층이 훨씬
덜하다. 따라서 書畵류, 書帖류, 衣類, 木器류 등 습기에 약한 자료들은
2층에 전시하게 되었다. 서화를 年代別로 전시하다 보니 끝을 장식하는
서화가는 이상범, 노수현, 김용진 등 近現代 작가들이다. 현대작가들도
몇 십년이 흐르면 근대작가가 되는 것이고 근대작가는 마찬가지로 고
대작가가 될 것이다. 한편 근대작가들의 서화를 구입하는데 가격이 박
물관 예산으로는 한 두점만 구입하면 바닥날 정도이고, 그리고 혹 위작
僞作, 假品이라도 사면 자신이나 박물관에 큰 망신이다.

   웅천패총 출토유물 製圖를 위해 봉사하던 李圭晧 선생^{동덕여고}이 박
물관으로 자리를 옮겼다. 女高보다는 대학박물관에서 繪畵류를 정리하
는 것이 적성에 맞고 장래성도 있었기 때문이다. 이선생은 일본에서도
유명한 東京 太平洋 美術學校 출신이라 한국의 서양화단의 元老 중진
들과는 교분이 두터운 사이이다. 그러므로 동양화만 구입할 것이 아니

라 앞으로 서양화도 수집하여 이나라 초유의 현대미술실을 만들자고 하니 당신의 전공인 과업이 본격적으로 주어진다 하여 매우 기뻐하였다.

흔히 박물관 하면 옛날의 잡다한 자료들을 전시하는 곳으로 알고 있으나 사실이다. 그러나 현재의 자료를 모아두면 언젠가는 옛날 물건이 되듯이 현대 작품도 몇 십년만 흐르면 近代작품이 될 것이고, 지금 현대작가의 작품을 수집하면 위작僞作 가짜를 살 염려가 없고 그리고 작가를 직접 방문하여 고려대 박물관에서 현대미술실을 개설한다면^{당시에}는 현대미술 상설전시관이 전국에 한 곳도 없었음 좋은 반응을 얻어 일급 작품을 많은 비용을 드리지 않고도 수집할 수 있어 一擧兩得이라 할 수 있다.

대부분의 유명작가들은 미술대학에서 조차도 그런 생각을 못하고 있는데 현대미술과는 전혀 인연이 없는 고려대 박물관에서 시작한다니 의아해하기도 하고 좋은 着想이니 도와주겠다는 작가가 있는가 하면 아주 냉담한 인사도 있었다. 5~6년을 조용히 수집하니 기존 동양화^{한국화}를 합하여 80여 점이 되어 3층 창고를 개조하여 현대미술실로 꾸몄다.

1973년 5월 5일 개교기념일에 즈음하여 국내 최초로 한국현대미술실 개설 특별전을 열고 畵壇을 비롯한 관계인사들을 초청하니 놀라움을 금치 못한다. 總長도 둘러보고 앞을 내다볼 줄 아는 박물관이라며 칭찬을 아끼지 않는다. 수집활동은 계속 증가되어 1980년에는 현대미술 상설전시실을 정식으로 개관하였다. 작가들 중에는 전시된 자기 작품이 다른 작가에 비해 빈약해 보인다 하여 좀 더 나은 작품을 기증하기도 하였다. 그런가 하면 수집 활동 중 자기 그림은 버릴지언정 미술과는 거리가 먼 高大에는 주지 않겠다는 인사가 있어 구색을 갖추기 위해

화랑가에서 그의 습작같은 작품 1점을 구입하여 전시하니 작가마다 한 마디씩 하고, 결국에는 다른 그림으로 바꾸어 주겠다는 의사도 묵살하였다. 이 보복報復전시 소문이 美術界에 널리 알려져 畵壇에서는 言行을 가볍게 처신하지 못하게 되었다.

5. 瑞倉山友會

鳥致院은 행정구역으로 燕岐郡에 속해있다. 동서남북으로 교통의 중심지이고 주변의 平野가 넓어 穀倉지대를 이루고 있지만 무슨 이유인지 落後되어 인구 3만 명도 못채운 邑으로 남아있었다. 따라서 市街형성도 엉성하고 주택이나 상가는 한적閑寂할 뿐이다. 그들은 조금만 여유가 있으면 이웃의 淸州나 大田으로 눈을 돌리는 생활습관이어서 이곳에는 재투자再投資를 하지 않아 발전될 수 없었을 것이다.

1981년 조치원분교당시 호칭, 현재는 서창캠퍼스 교수로 발령을 받고 부임하였다. 학교 캠퍼스는 야트막한 구릉의 복숭아밭 한 모퉁이에 자리잡고 있는데 강의동講義棟, 行政棟, 建設工事가 한참이라 소음騷音이 보통을 넘는다.

충청남도는 삼국시대에 공주, 부여라는 백제의 서울이 있었던 곳이라 당대의 유적이 많이 遺存하고 충청남도의 萬世保寧, 충청북도는 淸風明月이라 하여 조선시대 후기까지 양반의 고장으로 널리 알려진 지역이다.

그런데 이 시기에 전국적으로 학생들의 정부에 대한 抗拒시위, 학교에 대한 不滿을 토로吐露하기 위해 연일 集會가 계속되어 校內外는 소란騷亂스럽기 짝이없다. 잠시라도 이러한 지역을 벗어나고 싶은 생각이 간절하다. 주말에는 서울집으로 가기 빠쁘고 어쩌다 가지 못할 때에는 간단한 복장으로 주변의 유적지를 답사하였지만 별로 재미를 못 느끼었다.

行政職員으로 본교에서 발령을 받고 이곳에 근무하는 몇몇 知人들과 자주 만나게 되었다. 그들은 교내외 사정을 잘 알고 있어 많은 도움을 받았다. 그들로부터 이 분교 내에도 낚시회, 테니스회가 있어 여가를 즐기며 서로 和合한다고 한다. 그러던 중 몇 사람과 저녁을 약속하고 등산회 조직을 거론하니 모두 찬성이다. 본교에서 안암산우회 창립의 솜씨로 1984년 서창산우회를 탄생시켰다. 창립 등산은 수덕사가 자리잡은 충남의 巨山 가야산으로 정하였는데 남녀 교직원이 20여 명이나 되었다.

조치원은 자연지리적 혜택으로 등산하기에는 최적最適의 立地라고 할 수 있다. 한반도 중부지역에 위치한 충청도에는 예로부터 유명한 산들이 많다. 충남에 가야산, 광덕산, 계룡산, 무성산, 조루산, 대둔산, 서태산, 진락산, 천태산 등이 있고, 충북에는 국망봉, 속리산, 금수산, 가섭산, 월악산, 박달산, 좌구산, 백하산 등이 있고, 경상북도와의 접경에는 형제봉, 소백산, 연화봉, 두솔산, 주흘산, 조령산, 천황봉, 황학산, 민주지산이 있으며, 전라남도지방과 연결되는 대둔산, 지리산 등의 명산들이 있으므로 주위의 명산 등반에 시간과 경비를 節約할 수 있는 利點이 있는 곳이다.

초창기라 교수, 직원의 수가 그리 많지 않아 부지런한 사람은 낚시,

테니스, 바둑 등 同好會의 모임에 모두 가입하여 일과 후나 주말이 무척 바쁜 일정으로 짜여있다고 한다. 따라서 등산도 한 달에 한 번밖에 틈을 낼 수 없다고 한다. 그러나 대부분의 회원이 젊고 또 그의 가족들과도 같이 산행하여 가정과 학교생활이 윤택하다고 한다. 돌이켜보면 황량荒涼한 자갈밭에 파종播種, 씨만 뿌렸는데만 하고 배양培養에는 신경을 쓰지 않았는데도 창립 20여 년이 지난 오늘날까지 계속 산행 횟수를 더하여 늘리고 있다하니 앞으로도 서창산우회의 발전과 그들 가족들의 건강도 함께 祈願하면서…

6. 美國 巡廻展

고려대 박물관은 1934년에 설립되었으니 우리나라 대학박물관으로는 최초의 일이다. 1936년 전남 함평에서 홀로 생계를 유지하던 안함평 여사의 희사금喜捨金으로 민속품을 주로 수집하였으나 6.25 전란으로 대부분의 소장품이 산실散失되었다. 서울 수복 후 학교 당국의 배려로 박물관 재건에 노력하던 중 1958년 신창재, 박재표 양씨의 書畵, 瓷器類를 비롯한 一級 미술품을 기증받아 일약 박물관의 면모面貌를 쇄신刷新하게 되었다. 그 후에도 발굴, 수집, 기증, 구입 등으로 중단 없는 발전이 계속되어 舊石器時代로부터 고고자료, 민속품을 위시하여 현대미술품에 이르기까지 다양한 수장품을 갖추고 있는 굴지屈指의 박물관으로 自他가 인정하므로, 내외국의 관람객은 해를 더할수록 증가하고, 국공립 박물관이나 대학에서 어떠한 특별전이 개최되어도 고려대 박물관의 소장품이 대여, 전시되어 더욱 전시를 빛내고 있었다. 그리고 부산시립박물관 尹炳鏞 관장의 제의로 유명 고서화류 70여 점을 엄선하여 1

개월간 특별대여전시회도 개최하여 부산시민에게 품격높은 고서화류를 감상할 수 있는 기회를 제공하기도 하였다.

　　우물안 개구리처럼 국내에서 만족하지 말고 해외 특별전시로 고려대와 부속박물관의 위상을 세계에 널리 알리려고 구상하던 차에, 고려대 한국학연구소 소장 李起墅 교수가 한국고등교육재단 金在烈 박사의 조력으로 미국 전시계획을 제의해 왔다. 해외전시에 대한 준비는 되어 있었지만 전시期間, 場所와 財源이 문제였다. 미국내 한국관계 연구소가 있는 유명대학으로 장소는 일단 정해졌으나 所要經費가 약 4억원이 필요하다고 한다. 이교수가 팔방으로 알아보았으나 S그룹에서는 몇 천만원, L재단에서도 몇 천만원 이상은 어렵다 하여 걱정이 태산이다. 그렇다면 내가 한 번 알아보겠다 하니 주변 사람들이 모두 놀란다. 4억 이라면 매우 큰 돈이다. 그러나 發掘현장을 자주 往來하는 관계로 현지의 工事現場 所長과는 자주 담논談論할 기회가 있어 들어보면 工事金額이 數仟億에 이른다 하고, 손비처리損費處理로 몇 억원은 소장의 권한으로 집행된다는 말을 자주 들었기 때문이다. 용기를 내어 전부터 交分이 있던 현대그룹의 김모 理事校友와 약속하고 訪問하였다. 처음에는 난색難色이 었으나 현대자동차가 미국에서 생산·판매되려면 미국인에게 文化事業에도 많은 後援을 한다는 사실을 認識시켜야 함을 강조하니 이 사회의 결의를 얻어야하니 수일 후에 다시 보자 하더니 解決하였다는 喜消息을 받았다. 한국학연구소의 劉永大 교수에게 受領할 것을 부탁하고 전시회 終了까지 앞으로 일체의 예산 집행은 유교수가 맡고, 展示圖錄발간, 전시품 運送은 박물관의 金右臨 학예과장이 책임질 것을 약속 하였다.

그동안 전시를 위하여 미술사학계 권위있는 학자의 자문을 많이 받았으며, 도록의 사진도 미술품만을 촬영하는 한석홍 선생에게 의뢰하였다. 전시품에 대한 論考나 해설도 이나라 유명 교수에 청탁하였다. 필자들은 미국, 독일 등지에서 학위를 취득한 분들이라 영어로 부탁하였다. 혹시나하여 영문과 교수에게 교정을 받았다. 몇 자 고치더니 이상이 없다고 한다. 그러던 중 미국의 동양회화사 전공 여류학자가 일본에 연구차 와있다는 말을 전해듣고 그의 주소를 수소문하여 그와 통화하게 되었다. 그는 일본어가 능통하였으므로 관장인 나와는 일본어로 의사를 교환하였다. 전시내용을 설명하고 그에 대한 원고를 교정하여 줄 수 있는가를 확인하기 위해서이다. 침식을 제공하고 한 시간에 만원씩^{당시화폐} 하루에 10시간 작업하여 10일간이면 족하다는 조건으로 초청하였다. 학교에도 조용한 방이 있으니 출근하던지 교내 외국인 숙소에서 하던지 마음대로 정하라고 하니 숙소에서 작업하겠노라 한다. 수일 후에 찾아와 원고를 받아보니 새빨갛게 고쳐놓았다. 정신이 하나도 없다. 무엇이 이토록 많이 틀렸느냐고 하니 근본부터 잘못 이해하고 있다는 말이다. 한 예를 들면 선상조어도^{船上釣魚圖}가 있는데 작은 배 위에서 낚시를 하는 모습을 그린 작품이다. 영어로 번역된 것이 Fishing on the ship이다. 왜 고쳤느냐 하니 한국에서는 군함을 타고 낚시를 하느냐 하기에 기가 막혀 무슨 소리냐 하니 쉽^{Ship}은 전함^{戰艦}같은 큰 배^{Battle ship}를 말하므로 번역은 보트^{Boat}라고 하여야 맞는다고 한다. 이러한 뉘앙스(nuance)로 인하여 전부 틀릴 수밖에, 결국 교정기간을 연기하여 1

개월을 채웠다. 보고 또 보고 참 끈질기다. 덕택으로 전시도 훌륭 하지만 도록도 최고의 책이라는 찬사讚辭도 많이 받았다.

1996~98년에 걸쳐 朝鮮時代 선비의 墨香묵향이라는 주재로 자연을 숭상하고 순응하는 우리 선조들의 정신이 깃든 예술적 소산으로서의 회화류 121점을 정선하였다. 국보급 文人畵 작품 이경윤1545~1611의 高士濯足圖, 김식1579~1662 水牛圖, 정선1676~1759의 金剛山圖, 강세황 1713~1791의 四君子圖, 김홍도1745~1806의 松下仙人吹笙圖, 정약용 1762~1836의 梅鳥幷題圖 등 62건 121점이 엄선되었다.

1996년 8월부터 1997년 9월까지 5개 대학인 Columbia University, University of Chicago, University of Oregon, University of California, LA, University of California Berkeley의 전시가 끝날 무렵 University of Pennsiylvania에서도 전시의 제반 경비를 일체 부담할 터이니 연장하자 하여 1997년 10월부터 1998년 1월까지 연장 전시하게 되어 총 6개 有名大學에서 성공적으로 전시를 마치었으니 박물관장 連任의 責任을 다하고 마무리 한듯하다.

미국 대학 순회전시 기간중 여담餘談 몇 가지를 소개하면

Korea University라면 "한국의 몇 대학에서 모아 가지고 왔느냐" 하기에 그렇게 아니라 한국의 최고 명문 사립대학인 고려대학이라는 고유명사라 하니 가난한 작은 나라 대학에 有名書畵가 그렇게 많으냐 하기도 하고, 古畵는 中國의 것이고 현대적인 그림은 日本 것이라 생각하고 있어서 韓國畵라는 말은 처음 들어본다고 한다.

여하간 이번 전시회를 통하여 미국의 미술계 관계자, 지성인들에게 한국문화 및 한국회화의 진수眞髓를 소개·감상하는 절호의 계기가 되었고, 미국사회에 조선시대 문인들의 精神世界와 한국미술문화의 특성을 알리고, 재미교포들에게는 文化民族의 자긍심自矜心을 재확인 시키고, 고려대의 명성을 세계에 알리는 계기가 되었다.

귀국후 귀국전도 국내의 관계자 및 언론인들로부터 많은 호평好評을 받았다.

7. 校史資料室

1905년 5월 내우외환內憂外患으로 국운國運이 기울어지려고 할 때 민족과 국가를 구하는 길은 오직 청년학도를 교육하여 인재를 양성하는 것이 급선무急先務라 하여 大韓帝國 內藏院卿이던 이용익 선생의 教育救國 신념으로 私立 普成專門學校가 설립되니 우리나라 대학 역사의 효시嚆矢가 될 것이다.

창립 이래 日本의 식민정책植民政策으로 많은 고난을 당하다가 1945년 광복과 더불어 1946년 8월에 법정대학, 경상대학, 문리대학의 3개 단과대학으로 편성, 종합대학 高麗大學校로 재창립되었다. 1950년 6.25전쟁으로 大邱 假校舍에서 수업을 진행하다가 收復후 안암동 본교로 돌아와 계속 발전을 거듭하였다. 1960년 4월 자유당 정권의 독재와 불의에 항거 4.18선봉, 1970년에는 우석대학을 병합하였고, 1979년에는 수도권 인구 억제정책으로 조치원에 분교를 설립, 이외 민주항쟁으로 휴교, 이나라 체육사를 빛낸 교우, 교기, 교표, 교모, 교복, 신분증, 성적중명서, 졸업증 등등 많은 자료들을 활발히 수집하였다. 물론 교사로는 연혁을 수록한 60年誌, 70年誌, 80년지는 미간, 90年誌 -필자가 編纂執筆委員長- 박물관장 세번째 連任으로 1998년 5월 4.18기념관에 고려대의 역사보성전문 시절부터를 한눈에 볼 수 있는 교사자료실을 개관, 우리나라 학교 校史資料室의 선구가 되었다.

8. 考古美術史學科

대학졸업은 일반화되어 자유롭게 직업을 선택할 여지가 많으나, 碩士를 한다면 그것으로 전업專業을 한다는 뜻이다. 그만큼 진로進路의 폭이 좁아진다는 이야기이고, 이 석사를 기초로 한 단계 더 깊히 연구한 결과가 博士이다. 이렇게 대졸보다 최소 5~6년을 더 학비를 들이고 각고刻苦의 노력으로 연구하여 얻은 것이 박사이다. 이러한 박사가 대학에 취업하기란 하늘의 별따기보다 어려운 것도 사실이다.

장기간 여러가지 역경逆境을 감내堪耐하고 목표인 대학교수가 되어 講壇에 서게 된다. 이렇게 최고 지성인들이 모인 학교에서 새로운 學科開設은 낙타가 바늘구멍에 들어가기보다 어렵다. 그것은 각기 자기학문의 영역을 보다 確固히 하고 넓히기 위해서 일 것이다. 따라서 모든 분야의 교수들은 자기와 인접 연관된 학과의 증설에는 찬동하나 거리가 좀 있다고 認定하면 냉담冷淡을 넘어 적극 反對하고 나선다.

1981년 조치원 교수로 발령을 받았다. 주변의 많은 분들이 보이지 않게 힘써 준 恩德이다. 늘 그들에게 감사드린다. 그러나 수 년간 교양

과목만 맡으니 고장난 녹음기같은 생각이 들고 의욕도 점점 상실되는 듯하다. 학년 초마다 科 開設을 上申 하지만 退字다. 처음에는 같은 대학 내에서 서열이 밀리고, 다음 해는 다른 대학에서, 해를 거듭하여 서창캠퍼스 제1순위로 올리면 본교에서 처지고, 최후로 우여곡절^{迂餘曲折} 끝에 고려대 전체 순위에서 첫번째로 문교부에 올렸으나 또 허가는 나지 않았다. 문교부 高位人事의 傳言에 의하면 동쪽으로 30리만 가면 淸州 국립대에 같은 학과가 있고, 서남쪽으로 근거리에 大田의 국립대학에 학과가 개설되었는데 어떻게 그 중간 지점에 또 같은 학과를 신설할수 있겠느냐는 이야기이다. 理致로 보아서는 옳은 이야기이다. 商街도 같은 業種끼리 모여있어야 경영이 잘되는 것처럼 類似學科도 몰려있어야 경쟁이 될 것이고 명문대학인 고려대에 개설하면 더욱 발전할 것이라고 문교부 高位層 방이 닳도록 찾아다녔다.

1988년 10월에 드디어 人文大學에 학수고대^{鶴首苦待}하던 考古美術史學科가 탄생되었다. 교수 부임 7년만의 성사^{成事}이다.

2005. 11.

박물관에서의 逸話 —

心仙 盧壽鉉의 新綠

대부분의 대학박물관의 역사는 도서관의 일부를 얻어 출발하였다. 고려대 박물관도 예외는 아니어서 도서관 일부를 사용하고 있었는데 1961년 봄 6.25전쟁을 겪으면서 산만^{散漫}하였던 도서관은 서고^{書庫}정리를 한다면서 필요없는 책들을 정리·폐기^{廢棄}하게 되었다. 오래된 잡지 등 한 모퉁이에 한트럭분은 쌓였는데 종이가 아닌 견직물^{絹織物}에 그림을 그린듯한 노트 크기로 접은 두툼한 것이 눈에 뜨인다. 직원에게 이것들을 모두 버릴 것이냐고 물으니 필요하면 가져가란다. 재차 확인을 하여도 빨리 처리하란다. 아무소리 안하고 박물관 사무실로 가져와서 몇 십년 묵은 먼지를 털고 펴보니 끝도 없이 펴진다. 녹색으로 그린 山野風景이다. 접힌대로 계속 펴보니 왼쪽 下段에 心汕 盧壽鉉이라고 낙관^{落款} 관지^{款識}가 찍혀있다. 작품 후면에 普成학교 校印이 날인^{捺印}되어 있는 것으로 보아 보성전문 시절에 구입한 것인지 또는 기증받은 것인지는 알 수 없으나 수령후 배접^{褙接}이나 표구^{表具}는 애초부터 하지 않은 듯 하다.

1957년부터 기증서화 정리를 하면서 서화가의 성명, 호를 거의 암기한 터라 놀라움을 금치 못하였다. 몇 일간 고민하다가 도서관 직원에게 그림이야기를 하니 벌써 모두 폐기하였으니 없던일로 하잔다. 바로 소문을 내면 빼앗길 염려가 있어 캐비닛에 깊이 감추어 두었다. 언젠가는 현대미술실을 만들것이니 그때까지 보관하겠다는 것이 근 10년이 되었다. 1973년 5월 현대미술실 개관에 맞추어 표구를 하는데 시내의 표구점들이 협소하여 작업에 필요한 도구 일체를 박물관으로 싣고와 표구를 마치고 정식으로 박물관 대장에 무명씨 기증으로 등록하였다. 전시장이 좁아 밥물관 홀 전면을 차지하였다. 화단의 원로부터 찾아온 관람객들이 놀라움을 금치 못한다.

이러한 작품이 어떻게 유존하느냐, 어디서 구했느냐 하며 입을 다물지 못한다. 전시전까지 어느 도록에도 실리지 않았기 때문이다. 전문가들의 감정으로 신록은 1920년대 중반 작품으로 결정 되었다.

心汕^{1899~1978}이 누구인지 식별識別하는 學藝員이 옆에 없었더라면 한국 近現代畵壇의 大家의 초대형 작품^{311×203cm}인 心汕의 "新綠"은 영원히 빛을 보지 못하였을 것이다.

司譯院 版木

사역원은 고려 말 外國語의 번역·통역을 맡아보던 관청으로 通文館의 후신이다. 그 후 조선시대 太祖시 중앙기관으로 설치하여 위와 같은 일을 담당 하였다. 외국어로는 한학漢學 중국어, 몽학蒙學 몽고어, 왜학倭學 일본어, 청학淸學 여진어을 주로 취급하였다.

박물관에 근무한지 만 1년이 지날 무렵인 1960년대 중반 무더운 여름철이다. 서울의 모 기관으로부터 전화를 받았다. 구내 창고 내에 알 수 없는 목판같은 것이 많이 쌓여있어 폐기처분할 것이니 생각이 있으면 실어가라는 연락이다. 직원 한 사람을 대동하고 트럭을 수배하여 그

곳으로 달려가 수위가 열어주는 창고를 들여다보니 컴컴한 창고 구석에 시커먼 목판들이 수북한 먼지를 뒤집어쓴 채 산더미같이 무질서하게 쌓여있었다. 수위들은 문만 열어주고 먼지투성이인 목판은 쳐다 보지도 않고 더우니 빨리 옮겨 실어가라고 서두른다. 비위라도 상하게 할까봐 땀이 비오듯 흘러도 참고 작업을 계속하여 학교로 싣고 왔다. 1,000여 장이 되는 판목을 수 일간 작업 끝에 판심版心을 보아 분류하였다. 사역원역학서司譯院譯學書인 청어노걸대淸語老乞大, 몽어蒙語노걸대, 왜어류해倭語類解 등 조선시대 역관譯官 교육용 書册 출판의 목판이다. 자료를 찾아보니 우리나라에는 한 판도 전하지 않고 일본 에이헤이지永平寺에 낱장으로 몇 판만이 남아 있다고 기록되어 있다. 두려운 마음으로 처분한 기관장에게 전화로 매우 중요한 자료이니 반환하겠다 하니 아무말 말고 그대로 잘 보관하라고 부탁한다. 털고, 닦고, 기름칠하여 종류별로 몇 장만 전시하고 나머지는 모두 창고에 보관하였다.

1962년 11월. 아시아의 정치, 경제, 문화에 대한 논문집으로 국내외에 널리 알려진 亞細亞問題硏究고려대 아세아문제연구소의 創刊號부터 계속하여 필자가 表紙寫眞을 選定·撮影할 때라 연구소 편집위원에게 내용을 설명하니 매우 좋다 하기에 게재하고 간단한 表紙說明도 소개하였다. 그런데 의외로 老乞大에 대한 관심과 문의가 많아 그 해명에 대단히 시달리기도 하다가 세월이 흐르면서 주변의 관심은 차차 사라지게 되었다.

1990년에 박물관장으로 부임하였다. 오래전부터 근무하여 어려운 일은 없으나 책임감을 느끼면서 熱誠的으로 일을 꾸몄다. 校史資料室도 개설하고 美國 巡廻展示도 計劃實行하는 등 바쁜 나날을 보내는데

국어국문학과 鄭光 교수가 찾아왔다. 譯書關係版木을 전부 탁본拓本하여 책으로 출판하자는 제의이다. 快히 應하고, 부분적으로만 되어있었지만 다시 한번 總點檢하여 拓本을 떴다. 司譯院司譯書册版研究로 鄭교수와 共著로 고려대 출판부에서 出刊하여 學界에 널리 알리게 되었다.

粉靑磁印花文胎缸(태항아리)

태항아리는 조선시대 王室에서 王子君, 公主翁主의 출생시 그 탯줄을 짤라서 항아리에 담아 山峰에 安置하던 慣習이다. 內缸안의 작은 항아리에 태줄을 담고 잘 싸서 다시 큰 外缸바깥 항아리에 넣어 삼끈으로 매고 다시 싸서 胎誌石과 함께 큰 석함石函, 돌확에 넣어 땅에 묻었다.

이러한 태항아리가 당시 고려대 理工대 서쪽 언덕위에 게딱지같이 작은 집들이 연접되어 있었는데 한 건설회사가 아파트 공사를 하기 위해 학교와의 경계인 가시철망을 허물고 공사를 진행하였다. 공사 진행 중 직경이 1m가 넘는 큼직한 둥근 돌이 노출되어 조심스럽게 파보니 뚜껑이 있는 돌확이었다. 뚜껑을 열고 보니 짚으로 싼듯한 자기磁器 한 점이 들어 있었다. 인부들은 몰래 화약고火藥庫에 감추었다. 그 이유인즉 수 일전에도 같은 형태의 자기가 출토 되었는데 社長이 그 소식을 듣고 강압적으로 회수하였다고 한다. 그래서 이번에는 몇몇 인부들이 바로 내려다 보이는 학교에 연락하면 잘 처리되리라는 생각에서 였다. 현장 십장什長, 인부 우두머리의 전화를 교환양이 받아 박물관 소관이라 하여 연결시킨 것이다. 당신네 학교 바로 옆 공사 현장에서 큼직한 사기항아리가 나왔는데 사겠느냐기에 정확한 장소를 물어 寫眞機와 줄자 등 필요한 도구를 챙겨 바로 현장에 도착하였다. 십장은 은밀隱密한 곳에서 이야기 하자며 自初至終을 이야기한다. 될수록 소문이 나지 않게 빨리 해결하자는 것이다. 그러면서 사장이 가져간 것으로 보아 상당한 고가품일 것이니 얼마를 내겠느냐는 것이다. 물건을 보지도 않고 어떻게 흥정하겠느냐 하니 잠시 후에 이웃에 격리되어 마련한 火藥庫로 안내한다. 컴컴한 방구석에 놓여있으나 얼핏 보아도 상태가 매우 좋아보인다. 우선 사진을 찍고 높이, 직경 등을 조사하고 나왔다. 可否를 속히 결정하란다. 그래서 인부가 몇 명이냐 물으니 모두 70명이지만 아는사람은 몇 명되지 않는다 하기에 학교에서 미리 준비한 20만 원을 구입 약조금조로 건네주며 학교는 거짓말을 하지 않으니 일단 학교로 옮기자고 하여 학교차를 동원하여 사무처장실로 조심스럽게 옮겼다. 部署長과 館長에게 소상하게 보고하니 알아서 처리하라는 분부다.

수 일후 모모건설회사 비서실장이라 하며 만나주기를 청하기에 만날 수 없다하니 오후에 사무실로 찾아왔다. 그간 현장에서의 일을 모두 보고받은 것이다. 한마디로 물건을 내놓으라는 이야기이다. 일단 무례함을 꾸짖고 돌려보냈다. 다음날 또 찾아와 회장님께서 주시는 것이라 하고 제법 두툼한 봉투를 내민다. 받지 않으면 자기 목이 달아나니 선처를 부탁한다고 애원하기에 봉투를 받으면 내 목이 먼저 날아갈 것이니 속히 돌아가라 하였다. 다음날 회장이 비서를 대동하고 직접 찾아왔다. 인사를 나누고 명함을 보니 ○○건설주식회사 대표 吳○○으로 적혀 있다. 회장답게 노련하게 話頭를 꺼내더니 결국은 속히 내놓지 않으면 법적으로 해결한다고 으름짱이다. 비서에게 내가 지금부터 하는 이야기를 하나도 빠짐없이 기록하고 회사로 돌아가 회장에게 보충설명을 드리라 당부하고 법을 잘못 이용하면 서로 손해를 입는다는 것을 강조하면서…

첫 째, 도자기가 출토된 지점이 학교와의 경계선상에 위치한 것을 임의로 철조망을 철거하였으니 우선 경계부터 재확인 할 것.

둘 째, 지하에 매장된 文化財는 원칙적으로 국가 소유이니 회장이 앞서 가져간 磁器도 내어놓을 것.

셋 째, 위 사항을 이행하지 않을 경우 바로 경찰서에 신고하면 회장 소유 항아리와 이번 출토 磁器는 함께 국가에 歸屬될 것이다. 하니 화가 머리 끝까지 오른 듯하다.

회장 고유의 제스처로 얼르기도 하고 소리도 지르기에 나는 이곳 박물관 직원이지만, 문화공보부 문화재전문위원이라고 다른 명함을 제시하며 학교 주변 동서남북 네 곳에 파출소가 1개소씩 있어 전화만 하면 10분 내로 그들이 도착할 것이니 알아서 하라하고 자리를 피하려 하니 소매를 붙들고 앉으라 한다. 윤선생님 미안합니다만 이제까지의 모든 일은 없었던 것으로 하자며 20만원을 내어놓는다. 무엇이냐 물으니 앞서 십장에게 선금으로 약조한 돈이라하여 받아 학교에 입금·반환하니 실로 10원도 드리지 않고 國寶를 소장하게 되었다.

회장은 앞으로 절대 발설하지 않을 것이니 자기 소유의 자기에 대해서도 일체 언급하지 말자는 부탁이다. 바로 모모건설주식회사 吳○○ 회장 기증으로 유물대장에도 기록하였다.

두어달이 지났는데 그간 장안에 소문이 다 퍼졌다. 국립중앙박물관장이 찾아와 항아리 구경을 하자기에 창고에서 꺼내 보이니 아직 이렇게 상태가 좋은 태항아리는 처음이거니와 출처도 분명하게 內外항아리가 함께 출토되고 조선초기 작품으로 一級이니 국보신청을 하라기에 국고에 귀속시키지 않는다는 조건으로 서둘러 신청을 하여 국보 제177호로 지정되었다. 당시 瓷器에 대해서 무식하였다면 이 항아리와는 인연이 없었을 것은 물론이려니와 성난 인부들이 곡괭이로 쳤으면 산산조각으로 그 지니고 있는 가치를 상실하였을 것은 물론이고, 우리나라 陶瓷史 연구뿐만 아니라 최고 陶瓷美術品이 도록으로 조차 남지 못하였을 것이고, 또 욕심많은 회장의 손으로 들어갔으면 수 년을 견디지 못하여 골동상으로 흘러들어가 수 억원대에 賣買가 이루어져 海外로 流出되었을지도 모를 일이다.

防護員(守衛)의 海外旅行

박물관은 고고학적 저료, 역사적 유물, 민속품, 미술품, 산업, 자연과학 등에 관한 자료를 수집 · 보관 · 전시 · 연구 · 교육하여 일반대중에게 널리 이용되도록 하는 곳으로서, 국제박물관회ICOM의 憲章에는 역사, 예술, 과학 기술에 관한 수집품 및 植物園, 動物園, 水族館 등 문화적 가치가 있는 자료 표본 등을 각종의 방법으로 보관하고 연구하여 일반대중의 교육과 오락을 위하여 公開 展示함을 목적으로 이룩된 恒久的 公共施設이라 정의하고 있다.

이러한 박물관은 수장품 내용에 따라 종합박물관과 특수박물관으로 나뉘며, 설립자에 따라 국 · 공 · 사립으로 구분된다. 종합박물관은 여러종류의 전시품을 한데 모아놓은 곳이고, 특수박물관전문박물관은 고고 역사, 미술, 민속, 자연, 산업, 농업, 공업, 체신, 교통, 의약, 서도, 사진, 박물관 등 특수 전문적인 자료를 전시한 곳이다.

우리나라 박물관의 역사는 백제 16대 辰斯王 7년[391] 정월에 宮室을 重修하고 못池을 파고 山을 만들어 이상한 짐승과 花草를 길렀다하고, 24대 東城王 22년[500] 봄에 宮城 동쪽에 임류각臨流閣을 세웠는데 높이가 다섯 발五丈이었다. 또 못을 파고 진기한 짐승을 길렀다. 간신諫臣이 반대의 상소上疏를 올렸으나 듣지 않고 또 간諫하는 자가 있을까 하여 宮門을 닫아 버렸다하고, 신라 30대 文武王 14년[674] 2월에 宮內에 못池을 파서 山을 모으고 花草를 심고 진금기수珍禽奇獸, 진기한 금수를 길렀다경주 雁鴨池는 기록이 보이는데, 한국의 근대적인 박물관은 李王家博物館으로 1908년 純宗이 昌慶宮 안에 삼국시대 이래의 미술품을 수집, 1909년 창경궁을 개방하면서 식물원·동물원과 함께 개관하였다. 대학박물관으로는 고려대가 1934년에 설립하였으니 이 나라 대학박물관의 효시嚆矢라고 할 수 있는데, 선사시대 자료로부터 고고자료, 역사자료, 민속품, 자기류, 전통산업용구, 현대미술품, 교사자료 등 약 100,000점을 收藏하였고, 이중에는 國寶·寶物로 지정된 것과 이에 준하는 보물급의 수장품이 多數 있어 이 나라 박물관 중에서도 최상위 급에 속한다.

大學에서 停年退職한 사람마다 그 심경이 다르겠지만 나의 경우는 대단히 시원함을 넘어 정신적인 압박에서 해방된 기분이다. 정년으로 인하여 30여년 간을 몸담았던 박물관을 떠나면서 그 莫重한 責務를 면할 수 있었기 때문이다. 박물관에서 제일 神經 쓰이는 것은 화재火災이다. 도난盜難을 당하면 몇 점이 없어지겠지만 화재는 전부 소실燒失되거나 파괴破壞되어 그 原形을 잃어 크거나 작거나 한 나라의 문화재가 없어지기 때문이다.

이러한 도난·화재에 제일 민감敏感한 사람이 방호원防護員들이다. 나의 장기간 박물관 생활은 이들 방호원들과 더불어 함께 하였다. 그들을 절대 信任하여야 하였다. 여러 기관 중 자물쇠, 열쇠가 많기로는 박물관이 제일일 것이다. 정문, 현관문, 진열실문, 수 백 개의 진열장, 각 창고문, 사무실, 관장실 등 그 열쇠뭉치는 한덩어리다. 이 많은 각종의 열쇠는 모두 이들 방호원들이 관리한다.

관장으로 부임한 후 모든 방호원들을 교대로 서울시내 국·공·사립의 우수 박물관을 비롯하여 유명대학의 박물관을 巡廻 見學하여 그곳의 전시내용으로부터 청결상태까지 소상昭詳히 관찰하여 우리 박물관과 비교하라 하였다. 그것은 일급대학 박불관에 근무한다는 자긍심自矜心 외에 內·外國人들에게 짧은 시간 안에 이 나라 문화를 소개하는 박물관의 한 構成員으로서 그 責務를 다하게 하기 위해서이다.

이들은 晝夜로 交代勤務를 하면서 自己家庭보다 더 신경을 쓰고 있다. 따라서 이들에게 어떤 방법으로라도 慰勞 報償하여 주어야 하겠다는 생각을 오래전부터 構想하고는 있었으나 그 방법이 문제였다.

그러던 차에 一級書畵類 100여 점을 嚴選하여 미국 서부에서 시작하여 중부, 동부의 유명 6개 대학 巡廻展을 마쳐 박물관의 세 직원 모두 展示期間中 한 대학에서 2개월 이상 현지 근무를 하였으니 수 개월 간의 미국 생활을 경험하였으므로 방호원 세 사람에게도 해외여행의 길을 열어주기로 작정하고, 부인을 꼭 동반하는 조건으로 왕복 항공권과 旅費를 장만하여 주었다. 평생 旅券을 신청한 경험이 없어 영어 이름의 스펠링으로부터 해외여행에 필요한 서류작성까지 도와주었다. 김포 비행장에 갈 일이 별로 없어서 출발 당일에는 박물관 앞에서 만나 나의 차로 비행장까지 가서 동행하는 인솔자에게 인계하였다. 고려대 100년 역사에서 처음있는 일이다. 전국 박물관에서 수위들에게 아무런 조건도 없이 夫婦同伴 여행을 보낸 것도 처음있는 일일 것이다.

中國 또는 日本여행팀에 합류하여 무사히 다녀왔다. 그들의 감사하는 마음은 長으로서 기쁘기 한량없었다. 물론 그들의 근무는 전보다 더 意慾的이고, 熱誠的이어서 나의 작은 計劃 實踐은 100% 成功이었다.

그런데 그들이 다녀오니 주변에서 대하는 視覺이 좋지 않다. 무슨 비용으로 보냈느냐, 박물관에서 그러한 前例를 남기면 다른 기관에서는 어떻게 하느냐는 등 한 기관의 책임자로서 조직원들에게 최대의 勤務與件을 만들어 주는 것이 長의 도리라고 생각한다.

보이지 않는 곳에서 몸을 아끼지 않고 묵묵히 職責을 수행하는 그들에게 항상 고마움을 느꼈기 때문이다.

1995. 12.

나의 고고학(考古學)

　　편집실로부터 주어진 제목이 대단히 부담스러울 뿐만 아니라, 아직 이러한 제목으로 글을 쓸 연륜^{年輪}이나 자격이 없는 사람이기에 사양을 거듭하였으나 정식으로 원고청탁서까지 받고보니 더이상 망설일 수만은 없어서 지나온 이야기를 하는 것으로 대신 책임을 면하고자 한다.

　　돌이켜보면 내외 문서수발^{文書受發}, 평판측량^{平板測量}, 발굴조사, 유물세척^{遺物洗滌}, 실측제도^{實測製圖}, 사진촬영, 보고서작성에 이르기까지 거의 혼자 처리하였고, 또 다행이었던 것은 박물관이라는 한 곳에서 職員, 學藝課長, 講師^{地方大學}에서의 전임제의를 수차 받았으나 여러가지 여건이 現職만 못하여 움직이지 않음, 敎授, 博物館長으로 平行移動없이 垂直上昇한 것이 41년, 그리고 退任하여 현재의 文化財研究院에 몸담고 있으니, 실로 光復 후 우리나라 考古學 발전과 함께 平生을 보냈다고 해도 과언은 아닐 것이다. 그러나 고고학이라는 학문 테두리 안에서 오늘날까지 생활하였지만 學界에 영향을 미칠만한 학문적인 업적을 남긴 것도 없고, 그렇다고 出衆한 指導力으로 학계를 이끌어 크게 발전시킨 것도 아니다.

　　당시로서는 고고학적 발굴조사가 대학박물관의 주업무처럼 인식되었다. 그 이유인즉 대학박물관의 기능과 목적이 유물의 수집, 정리, 전시, 그리고 연구, 교육, 홍보이지만, 대부분 대학박물관들의 豫算, 專門人力 不足으로 遺物購入이 어렵고, 또 구입하려 해도 盜掘品이거나,

자료의 출처가 분명치 않아 부장품이 많이 매납된 고분을 위주로 발굴하여 그 출토유물을 대학에서 보존 · 전시 · 연구하고 박물관 資産으로 등록하였기 때문이다.

1957년, 일제시대로부터 고미술품을 수집한 신창재, 박재표, 양씨의 수장품 600여 점의 고려 · 조선시대의 사화류書畫類, 도자기류陶瓷器類를 주로한 일급 미술품이 고려대박물관에 기증되었다. 이 대학박물관은 인촌 김성수선생에 의한 수준급의 박물관이었으나 6.25전쟁으로 인하여 내외 주둔군들의 약탈로 인해 소장품은 대부분 산실되어 폐허되었다. 서울 수복 후 박물관 재건에 힘을 기울여 우선 박물실이라는 작은 규모로 재출발하여 주임으로 김정학 교수가 그 직무를 맡게 되었지만 직원은 한 사람도 없었다. 그런데 위의 미술품을 기증받아 양자간의 약속대로 특별전시회를 개최하려는데 일손이 없어서 주무 교수들이 상의한 결과 학생 3인을 동원하는데 선발된 것이 3학년 시절이다. 당시에는 현대와 같은 컴퓨터가 있는 것도 아니어서 모든 것이 수작업으로 이루어졌으므로 목록 인수품대장 등의 서류 일체가 필경筆耕, 등사謄寫, 복사에 의존하여서 글자 하나만 틀려도 전부 다시 써야하는 형편이었다. 당시 국민소득 약 60불, 서울 인구 200만, 고려대 전체학생 1,200명 약 3개월간 동원되어 전시 준비 작업을 하니 조선시대의 書畫家 人名과 號를 거의 암기하게 되었다. 몸은 몹시 고단하였으나 뜻하지 않았던 큰 수확이었다. 원래 서화류에 취미가 있어서 앞으로 美術史를 전공하리라 마음을 굳혔다.

1959년 대학졸업 몇 달 전에 박물관에 남아 계속 일을 하라는 통보를 받은 후, 졸업 몇 일 후에 박물관 직원으로 특채되었다. 모교에 남아서 하고 싶은 일을 한다는 기쁨에 가슴은 벅찼고, 매일을 조선시대의 걸작 미술품들과 생활하는 것이 일과이고, 또 찾아오는 사람들 역시 국내·외의 著名人士들이거나 고미술계의 高名한 분들이라 많은 지식과 안목을 기르게 되어 직업으로서는 최고의 선택이라고 자부하고 관계도서의 책장을 열심히 넘겼으나 그 希望은 오래가지 못하고 일장춘몽一場春夢으로 변하게 되었다.

그해 여름 김관장은 개인적인 연구비를 지급받고, 최영희 선생(고대 사학과 제1회 졸업, 해군사관학교 교관 전역, 숭실대 교수)과 함께 전부터 계획하였던 웅천패총 발굴을 서두르게 되었다. 우리나라 대학사상 遺蹟發掘은 처음이라 발굴에 필요한 일체의 書類作成에서부터 작업도구 준비물 구입까지 최선생의 지시에 응하여 東奔西走하였지만 모든 것이 劣惡한 사회여서 그 고생은 말할 수 없었다.

서울을 출발한 석탄기차는 10여 시간만에 진해에 도착하고 몇 시간이 더 흘러 창원군 웅천면에 닿았다. 발굴에 참여한 2명의 재학생과 함께 준비한 장비를 운반하는데 처음 당하는 苦役이었다.

웅천패총은 자마산 정상부에 위치하여 농가인 민박집에서 현장까지는 한 시간이 소요되었다. 마침 인근 군부대에서 장교로 복무하던 대학 동창이 있어 군용천막의 차용을 비롯하여 그들의 많은 도움과 지원을 받았다. 아침 저녁으로 한 시간씩 발굴현장인 산 정상으로 등·하산하는 일은 물론 따가운 햇살로 천막 아래는 찜통과도 같고, 그리고 비가 내리면 온통 진흙벌이 되어 검정고무신은 언제 벗겨졌는지 알 수 없고, 사방으로 흩어진 조개껍질에 발을 베이면 보통 고역이 아니었다. 한 달여를 목욕은 커녕 이발도 못하여 몰골은 산도적같았다.

발굴이 끝나자 출토유물과 기자재를 서울로 운송하는데 요즈음처럼 스폰지나 플라스틱박스가 없어 새끼와 짚, 가마니로 포장하니 한 트럭분이 되었다. 이것들을 기차에 화물로 탁송하였으니 참으로 원시적이라 하겠으나 이 방법밖에 다른 운송 수단은 없었다. 10여 일 후에 서울역에 도착한 화물을 박물관이 있는 도서관 한 귀퉁이에서 짐을 풀었다. 그러나 유물들을 정리할 수 있는 넓은 공간이 없어 도서관 옥상에서 작업을 하는데, 추운 겨울에 종일 홀로 장갑도 없이 찬물에 세척하려니 보통 고역이 아니었다. 그만두고 싶은 생각이 하루에도 몇 번씩 솟는다. 그런데도 관장은 세척의 진도가 느리다고 한 마디씩 한다. 당대의 교수들은 경성제대 출신이라 그런지는 몰라도 매우 권위적이고 근엄하여 접근하기에는 엄두도 못내던 시절이다. 1층의 화장실에서 4층의 옥상까지 수돗물을 길어다 두 세번의 세척이 끝나자 구역별, 층위별로 구분하여 갱질, 연질토기로 분류한 후 구연부, 동체부, 저부로 나누어 통계표를 작성하고 실측사진까지 마무리하라고 지시한다. 모든 자료를 지시대로 하니 수골獸骨, 어골魚骨 등 골각기骨角器와 석기류, 토기편土器片이 모두 4만 점이 넘는다. 손은 지게꾼과 같고 작업복은 거지꼴이 되었다. 이런 일을 하려고 박물관에 근무할 생각은 추호도 없었다. 출근에서 퇴근까지 土器片들을 주물럭거리는데 이런저런 생각이 교차한다. 이러한 처지에 拒否反應을 보여 반기叛旗를 들기보다는 차라리 내 스스로 이 길을 택하는 것이 마음편할 것같아 여러 날의 苦心끝에 進路를 바꾸어 적극적으로 행동하기로 결심하였다.

1961년에 우리나라 최초로 서울대에 考古人類學科가 개설되었다. 그때에 필자는 재학생들에게 考古人類學同好會를 조직하게 하여 매주 일요일마다 고물같은 시외버스로 자갈길을 달려 흙먼지를 뒤집어쓰고 내려 서울 주변의 미사리를 비롯하여 암사리, 가락리, 고덕리, 수석리, 문정리 등지를 답사하여 석촉돌화살촉, 석부石斧, 연석砥石 갈돌, 지석砥石 숫돌, 각종 土器片 등을 地上採集하기를 100여 회에 이르러 지금도 학교박물관에 귀중한 자료로 전시되고 있는데, 현재는 위 지역이 모두 서울시에 편입되어 대형 아파트단지를 이루고 있어 이지역이 과거 선사유적지였다는 사실을 아는 사람은 별로 없을 것이다.

발굴조사는 계속되어 1961년 상기 웅천패총을 2차로, 1961년 가락리, 명일리, 청동기시대 주거지, 1968년 암사동 유적까지, 김교수 밑에서 하다가 관장이 李弘稙 교수로 바뀌면서 1969년 가락동 백제고분 등은 이교수가 단장으로, 현장 책임자는 필자가 되었는데, 만일을 염려하여 발굴 경험이 많은 경희대의 金基雄선생을 부단장으로 초청하여 여러가지를 배웠다. 이후 김 전관장은 개인사정으로 釜山大學으로 자리를 옮기고, 이관장은 일찍 작고作故하시고, 전공이 다른 교수가 박물관장으로 부임하니 이 학교 발굴은 자연히 필자 홀로 담당하게 되었다.

1970년대 초 박정희 대통령은 경주지역의 문화관광단지 조성의 일환으로 이 지역 고분들을 정리하게 되어 발굴조사에 전국 6개 대학서울대, 이화여대, 경북대, 영남대, 부산대, 고려대이 참가 하였다. 박물관 직원 2명과 학생 6인을 동원하였다. 경주에 도착, 하루를 여관에서 보내고 학생들에게 각기의 업무분장총무, 인부, 도구, 경리, 담당을 마치고, 신축한 여인숙을 전세로 정하였다.^{정부 지급 단가로는 여관은 불가} 처음에는 학생들의 불만도 있었지만 과거에는 야외 천막에서 침식을 해결하였으므로 이정도면 호텔급임을 강조하고 납득시켰다.

이 나라 고고학 草創期에 많은 人士들이 미국이나 유럽의 先進國으로 留學하여 학문적인 理論이나 方法論은 習得하였지만, 그곳과 이곳의 自然環境에 따른 植生의 차이로 이루어진 문화의 발전 과정과, 주변국에 전파, 영향 등을 고려할 때 지정학적인 입장에서 중국이나 일본 유학을 권장하였으면 고고학의 발전은 좀더 빨라지지 않았을까하는 생각이 든다.

일본에서 자생 발전이라고 주장하던 前方後圓墳의 실체가 1980년 중반에 우리나라 남부 지역에서 수기가 조사되어 학계에 알려지고 있는데, 그 10년 전인 70연대에 경희대 황용훈 교수와 필자가 한반도의 전방후원분 존재 가능성을 주장하였으나 당시 문화재 위원들은 하나같이 인정하지 않았다.^{한국사 미스터리, 조유전, 이기환, 황금부엉이, 160~161쪽 참조} 시간적으로 먼저 고고미술사라는 학문을 접하였다고, 책 몇권을 더 보았다고 해서 새싹이 돋아나는 초목^{草木}에 찬물은 못줄 지언정 뜨거운 물을 부어버린 격이다. 이제 당시의 無識과 我執을 후회할 것이다.

그후 1994년 초겨울 충남 보령시 주교면 관창리 유적을 필자가 소장직을 맡고 있던 고려대 매장문화재연구소를 비롯하여 충남대, 아주대, 대전보건대 박물관이 참가, 발굴조사 하였다. 현장책임자인 고려대 이홍종 교수와는 전부터 상담하기를 우리나라에도 분명히 주구묘^{周溝墓, 일본에서는 墳丘周溝墓} 존재 가능성이 있을 것이니 주의를 경주하자던 차에 이곳에서 최초로 주구묘가 노출되었다. 그것은 필자뿐만 아니라, 이 교수도 일본 유학시절 주의깊게 조사한 개가凱歌라 할 수 있다. 이 사실이 유명 일간지에 대서특필로 소개되니 수 일후 동경국립박물관의 한 관계자가 전화로 문의하고 수 일내로 도일하여 발굴경위와 슬라이드를 보여 줄 것을 당부하기에 마침 일본에 갈 일이 있어 이교수로부터 슬라이드 50여 매를 얻어 동경박물관 소강당에서 보여주니 놀라움이 보통을 넘어 바로 한국 현장으로 달려갈터이니 사진 촬영의 허가를 구하기에 쾌히 승낙하였다.

청동기시대의 유적인 고인돌이 한반도에서 일본 규슈지방으로 전파되었다는 것은 기정 사실이고, 한반도 남부지역에서도 전방후원분이 조사되었으니, 고인돌시대와 전방후원분시대의 중간시기에 축조된 주구묘가 한반도에서 조사되었다는 사실은 청동기시대 고인돌문화, 주구묘 사회, 전방후원분이 주로 축조된 고분시대우리나라 삼국시대에 이르기까지 지속적으로 한반도의 문화가 일본으로의 전파를 고구考究할 수 있는 중요한 자료이다.

그러니까 관창리 주구묘의 발굴조사 이전에는 대부분의 전국 발굴조사단이 고분의 내부 구조만 조사하여 유물을 수습하고, 그 주변의 외곽 조사는 소홀이 하였다는 증거라 할 수 있으므로 얼마나 많은 주구묘가 인위적으로 파괴되어 그 원형을 잃었는가를 여실이 증명하여 이 나라 고고학의 후진과 낙후를 내·외에 알려준 계기가 되었다.

고희를 넘겨 지난날의 추억을 더듬어 보면, 졸업하던 해인 1959년 한국대학박물관협회가 창설되어 1년간 이화여대 심형구 관장이 회장으로 재직중 작고하여 고려대 김정학 교수가 회장직을 인수하면서 그에 따른 사무와 협회지 "고문화"를 창간호부터 10여 년간 편집·발행하고, 현 한국고고학회 전신인 한국고고학연구회, 한국고고학협회의 간사 10여 년 동안 역시 기관지인 "한국고고학연구"도 1집부터 10집까지 혼자 원고수집에서 인쇄소 왕래로 동분서주하였다. 당시는 원고를 편집하고 출판사에서 식자, 문선, 교정을 거쳐 인쇄 그 시절에는 이러한 일을 할 젊은 사람이 없었기 때문에 원맨쇼를 하게 된 것이다.

오늘에 이르기까지 제일 어려웠던 시절은 웅천패총 발굴, 가장 보람을 느꼈을 때는 가락동 백제고분 발굴, 흥미와 희열을 느낀 곳은 경주 미추왕능지구 발굴, 고고학적 공헌은 한반도에서 처음 주구묘라는 묘제를 조사 발표하여 한·일 학계를 놀라게 한 보령 관창리 발굴을 들 수 있다.

돌이켜보면 우리나라 경제발전 정책이 10년만 앞서 이루어 졌어도 고고학도의 우수한 인재와 보다 많은 인력을 확보하여 국토개발로 인한 유적의 파괴와 산실散失을 감소시켰을 것이라는 생각을 수시로 하여 본다. 최근 국토의 균형적인 발전과 지자체의 대소 공사가 전국에서 계획·진행됨에 따라 매장문화재 조사·연구도 크게 번창하고 있는데, 이에 따른 研究院이라는 기구는 증가·확대되었으나, 이곳에서 저곳으로의 研究員의 수평이동으로 조사원의 수는 늘지 않아 전국 각지역에서 발굴조사 의뢰를 해결하지 못하여 민원이 사회 문제가 되고 있어 우리 연구원에서는 제주도, 울릉도에까지 원정조사를 하기에 이르렀다.

10여 년 전에도 발굴비리 사건으로 학계에 큰 물의를 일으켜, 당시 고고학회장직을 맞고 있던 필자는 그 추한 작태의 무리들과 상대하는 것이 수치스러워 회장직을 사퇴한적도 있었는데, 근간에 또다시 모 연구원에서 모종의 사건으로 검찰에 입건되고, 전언에 의하면 研究院이 마치 개인적인 기구인양 최측근자에게 원장직을 승계토록 하는 곳도 있다하니 참으로 한심스럽고 부끄러운 일일뿐만 아니라, 長으로서의 기본적인 교양과 품위마저 실추시키고, 나아가서 여타 연구원 전체 위상도 추락시켰다. 그들의 제자나 젊은 연구원들에게 모범이 되지 못할 지언정 어른으로서, 스승으로서의 자격마저 상실하였으니 같은 길을 가는 한 사람으로서 두문불출杜門不出할 생각이나 그러지도 못하는 처지를 한탄할 뿐이다.

2007. 4.

季刊 한국의 고고학

— 韓國考古學會의 統合 誕生

　　2006년 2월 京畿道 利川 安興寺址 발굴 현장에 指導委員으로 참석한 韓國考古學會長 崔秉鉉 교수^{以下 人士 尊稱略}가 去頭截尾하고 韓國考古學會와 韓國考古學協會, 韓國考古學硏究會의 統合 과정을 記述해 달라는 청탁을 받고 약간 躊躇하였으나 韓國考古學協會, 韓國考古學硏究會의 창립으로부터 韓國考古學會로 다시 통합하기까지 常任評議員을 근 10년 간이나 맡았던 한 사람으로서 辭讓할 수 없었을 뿐만 아니라, 韓國考古學會를 이끌었던 金載元, 韓炳三과 韓國考古學協會의 창립 준비로 東奔西走하였던 金基雄, 黃龍渾, 林炳泰 등이 최근 수 년내 모두 作故하여, 당시의 자료를 찾고, 기억을 더듬어 頭序없이 略記하려고 하는데, 이에 앞서 理解를 돕기 위해 1970년대까지의 우리나라 고고학의 발달에 直·間接的 영향을 끼친 당시의 社會經濟를 간략하게 서술하고, 우리나라 고고학 발전 과정에 관해서는 1980년대 초까지만을 略述하고자 한다. 그것은 1967년 與格인 韓國考古學會가 창립되고, 같은 해에 따로 野 격인 韓國考古學協會가 설립되었으나, 이 협회는1976년에 韓國考古學硏究會가 설립되므로서 解散·통합되고, 이 硏究會가 다시 1987년 韓國考古學會로 合一 改稱되었기 때문이다.

　　한국 고고학의 嚆矢는 金石學으로부터 시작되었다고 할 수 있는데, 朝鮮 후기의 文人이자 金石學者 書藝家인 金正喜[1786~1856] 등이 純祖 16년[1816] 北漢山의 新羅 眞興王巡狩碑를 찾아 조사하고 金石過眼錄 등의 出刊에서 비롯되었다고 볼 수 있으나, 근대적인 고고학은 20세기에 들어서면서 日帝시대와 함께 시작되었는 데, 朝鮮總督府의 주관하에 古蹟 조사가 연차적으로 전국에 걸쳐 실시되고, 1920년대에는 金冠塚, 金鈴塚, 平壤 부근의 樂浪古墳 조사·보고 등이 국내·외에 알려졌고, 朝鮮古蹟圖譜를 비롯하여 大正[다이쇼], 昭和[쇼와] 시대에 걸쳐 우리나라 各道의 古蹟調査報告書를 간행하였는데, 경주 瑞鳳塚과 같이 多樣한 유물과 內外冠이 함께 달린 金冠 등 중요한 자료가 다수 출토된 고분의 발굴도 고이즈미[小泉顯夫]라는 6년제 中學 졸업의 非專攻者가 발굴하여 보고서 조차 간행하지 않은 例도 있으며[菊版 두쪽으로 報告], 그들 나름대로의 植民史觀이나 斷片的 해석과, 세계 2차 대전이라는 사회·경제적으로 窮乏한 輿件으로 인한 많은 問題點을 露呈시키기도 하였다.

　光復 후 사회의 混亂, 경제의 困窮, 인력 不足, 연구시설 未備에도 불구하고 1946년 國立博物館은 慶州 銀鈴塚 壺杆塚 등의 新羅 古墳 4基를 발굴조사하고, 1950년대 참혹한 6.25전쟁을 겪으면서도 國立博物館에서는 경주 雙床塚, 馬塚, 鬱陵島, 古墳群[통일신라~고려시대], 失島貝塚[新石器時代]을 발굴조사하고, 우리나라 대학박물관으로서는 처음으로 釜山大學이 1958년 金海 禮安里 패총[伽倻]의 발굴조사를 비롯하여, 1959년에는 高麗대학이 慶南 昌原의 初期鐵器시대의 熊川貝塚을 발굴조사, 같은 해 서울대학이 濟州 吾羅洞과 龍潭洞 支石墓[靑銅器時代]를 발굴조사하여 50년대에는 18개 소를, 1960년에 慶北대학이 漆谷 若木古墳[三國時代]을,

그리고 1961년에 高麗대학이 서울 明逸洞의 靑銅器時代 住居址를, 1963년에는 梨花女大가 安東 造塔洞 고분[삼국시대]을 발굴조사, 같은 해 關東대학의 江陵 浦南洞 住居址[靑銅器~初期鐵器] 등, 60년대에는 全國的으로 무려 140개 소를 발굴조사 하였고, 1970년에는 延世대학이 公州 石壯里 유적[舊石器시대]을, 文化財管理局에서 경주 望德寺址[통일신라시대]를, 東亞대학에서 釜山 漆山洞고분[신라시대]을, 1971년에 文化財管理局에서 公州 武寧王陵을, 公州師大에서 熊津洞 西穴寺址[통일신라]를, 1972년에는 慶熙대학에서 楊平 汶湖里 支石墓[청동기] 등 70년대에는 60년대의 두 배에 가까운 259개 소를, 그리고 1980에는 忠南대학이 부여 定林寺址를, 같은 해에 文化財硏究所 慶州古蹟調査團에서 感恩寺址, 皇龍寺址를, 忠北대학에서 淸原 두루峰 새窟, 處女窟을 발굴 조사하는 등 80년대에는 407건을 발굴 조사하여 해를 거듭할수록 발굴 조사 횟수는 2~3배로 증가 一路에 있었다.

이러한 사정은 제1차 經濟開發 5개년 계획[1962~66]에 따라 사회·경제적인 惡循環을 是正하고, 自立經濟 달성을 위한 基盤構築이라는 목표 아래 산업의 근대화를 통한 공업화의 필요로 電力, 石炭 등 에너지 확보, 農業所得 上昇, 基幹産業 擴充, 國際收支 개선 등에 힘써서 경제성장률 7.8%의 놀라운 數値를 기록하였고, 제2차 경제개발 5개년 계획[1967~71], 제3차 경제개발 5개년 계획[1972~76], 제4차 경제개발 5개년 계획[1977~81]으로 농업경제적 生産構造와 儒敎的 전통적 社會構造는 대형 공장의 건설, 工産品의 대량생산, 고속도로를 비롯한 각 지역 간의 도로 擴·鋪裝 공사에 의한 物流의 대이동, 아파트의 대량 공급으로 종래 가족 중심의 작은 家屋과 마을은 대형 주택단지로 모습이 바뀌고, 電子機器의 발달로 사회구조는 날이 다르게 變化·革新되었다. 이러한 변혁 과정에서 農耕地, 野山, 丘陵은 주택단지, 산업도로, 工産團地, 教育敷地, 慰樂施設, 休養地 등의 대형 공사로 緊急救濟 발굴이 도처에서 일어나게 되었고, 한편 대학 박물관에서는 앞에서 본 바와 같이 1960년대부터 학술적 목적과 박물관 전시실의 考古資料 充足을 위하여 각처에서의 발굴조사가 쉼없이 계속되었다. 이러한 발굴조사는 고고학의 목적을 수행하기 위한 한 수단, 방법으로서의 필수적인 작업이었지만, 한편으로는 自然現象 파괴, 유적·유물 등 문화재의 損傷은 물론 몇몇 대학이나 기관에서의 不實發掘, 보고서 未刊行 등 적지 않은 부작용도 함께 발생 하게 되었다.

제1차 경제개발 5개년 계획이 성공적으로 끝나고 제2차 경제개발 5개년 계획이 시작되던 1967년 9월 國立博物館에서 뜻있는 몇몇 人士들이 모여 韓國考古學會 創立 發起總會를 열고 初代 會長에 金載元, 評議員에 金元龍, 金正基, 尹武炳, 秦弘燮, 崔淳雨, 黃壽永, 常任幹事에 韓炳三, 幹事에 任孝宰, 鄭良謨가 선출되어 정기적인 學會誌의 발간, 유적조사 해외학회와의 紐帶强化 연구·발표회를 개최하기로 결정을 하였으나, 이 학회의 목적과는 달리 閉鎖的이고 회원들의 내·외 활동도 微微하였다. 이러한 때에 고고학 발전의 개선을 위하여 在野의 몇몇 人士들이 이와는 別途의 고고학 단체를 결성키로 하였는데, 같은 해인 1967년 이 나라 고고학 발전을 위하여 孤軍奮鬪하던 金基雄이 중심이 되어 Denmark에서 구석기를 전공한 黃龍渾의 도움과 尹世英^{高麗大}, 林炳泰

崇田大의 助力으로 고대 박물관에서 韓國考古學協會를 발족하여 韓國 史學界의 巨頭인 서울대 교수 金庠基를 회장으로 추대 하였다.

위에서 이나라 光復 후의 사회경제를 살펴보았는 데 여기서 잠깐 당시의 고고학계를 움직이던 人士들의 履歷을 살펴보면, 다른 학문의 草創期나 創始者도 그러하였듯이 이 학문을 전공하게 된 학자들도 처음부터 고고학을 전공한 것은 아니었다.

金載元은 그의 自敍傳에서, 고향은 咸鏡南道 咸興 근처의 興上이라는 작은 마을함흥까지는 기차로 15분 정도에서 가까운 親戚 10여 戶가 모여 살고 있었는데, 지나가는 사람들은 해사海事, 漁業로 크게 성공하여 富裕한 이 집에 가며 오며 들린다고 하였다. 그런데 가족들이 20~30세에 무死하여 40을 넘기지 못하였다. 그래서 인지 세살 때 부친이 작고하여 형제, 자매도 없이 叔父 집에서 자랐는데, 叔父마저 怪疾인 장티프스로 작고하여 의지할 곳이 없게 되고, 공부도 제대로 할 수 없어 咸興 高等 普通學校를 졸업한 후 2년간 고향인 홍상에서 우울한 나날을 보내면서, 日本 도꾜東京에서 배달된 아사히朝日신문을 보면서 보다 넓은 외부 세계를 憧憬하며 집 앞을 지나가는 기차를 볼 때마다 나도 언젠가는 저 기차를 타고 큰 세계 속에 뛰어들겠다고 다짐하고 있었는데 어느날 김재훈이라는 서양음악을 전공한 兄벌 되는 사람이 바이올린 케이스를 들고 부인인 서양여자와 함께 나타나니 이를 보기위해 작은 시골 장터 주변은 완전히 뒤집힐 정도로 혼잡하였다고 한다. 그 형도 30세 전후에 무卒이라는 厄運을 피하기 위하여 독일로 留學을 갔다 돌아왔다. 그 영향을 받은 김재원은 20세 되던 해에 독일로 가서 뮌헨대학 哲學部 敎育

學을 전공한 뒤 같은 대학에서 哲學博士學位를 받고, 벨기에벨지움 켄트 국립대학에서 교수의 助手生活을 하다가 8년만에 귀국하여 光復을 맞은 해인 1945년 美軍政시대부터 우리나라 初代 國立博物館長으로 赴任하여36세 1970년에 定年停年退任하니 그는 榮轉이나 左遷도 없는 25년 간의 最長壽 館長의 역사를 기록하게 되었다.

위에서 살펴 본 바와 같이 김재원은 그를 가르친 스승이나 同學 弟子는 우리나라에는 하나도 없으므로 그에게는 原則論만을 주장하는 官僚的인 印象을 풍길 수밖에 없어서, 고고학 관계 인사들이 학회의 結束과 발전을 위해서 그가 주관하는 韓國考古學會의 門戶개방을 수차례 개진하였으나 그때마다 실패하였다. 그후 1970년 김재원이 國立博物館長職을 퇴임한 후 美術史 전공인 崔淳雨, 黃壽永 관장을 거쳐 역대 관장들보다 훨씬 젊고, 활동적인 고고학 전공의 韓炳三이 관장으로 부임하여 세대 교체가 된 듯하였다. 이 시기에는 고고학 인구도 증가하고 학계의 협동적 연구 활동으로 嶄新하고 과학적인 학풍 수립으로 특정 개인이나 機關을 위한 有名無實한 학회를 止揚하고 痼疾的 한국고고학회의 舊弊를 一掃하고 국제적인 수준에 이르는 학회를 설립하기 위하여 전국적으로 많은 전공자의 참여로 1976년 韓國考古學硏究會가 발족하게 되었는데, 초대 代表에 金元龍이 選出되었다.

金元龍은 京城帝大에서 東洋史를 전공하고 대학에서 동양사를 강의 하다가 1947~1961년까지 국립박물관 學藝官으로 근무한 후 캐나다 몬트리올 고고박물관, 미국 버팔로 과학박물관에서 고고학 훈련을 받고 1954년 뉴욕대 대학원에서 동양미술사를 전공, 런던 대학원에서도

修學하고 1961년 서울대의 考古人類學科가 창설되면서 교수로 赴任하여 그의 熱誠과 폭 넓은 識見으로 교육·지도하여 전국적으로 많은 門下生들이 고고학, 인류학, 미술사 교수로 재직하고 있어, 우리나라 고고학 미술사 발전에 큰 礎石과 棟樑이 되었다고 할 수 있다.

그리고 次期 대표로 미리 선임된 金廷鶴은 京城帝大에서 史學을 전공하고 서울대 師範大에 재직하다가 高麗大로 옮긴 후 미국 하바드대에서 고고학을 공부하고 돌아왔다. 1959년에는 高大 亞細亞問題研究所의 후원으로 熊川貝塚을 발굴^{전후 3차}하였는데 출토된 유물의 수량이 많아 빠른 시일내에 정리할 수 없으므로 학생들의 절대적인 협조가 필요하여 1960년 9월에는 우리나라 대학 써클^{동아리} 중 최초로 校內에서 人類考古會의 創立總會를 열고 회칙을 정하고 金廷鶴을 지도교수로, 崔永禧, 林炳泰, 尹世英 등이 명예회원이 되고 발표회, 강연회 拓本전시회 등을 수차 개최하였다. 그리고 1960년 11월부터 당시는 京畿道땅인 楊州郡 渼金面 石室里를 시작으로 廣州군 東部面 渼沙里, 三成里, 風納里, 論峴리, 新沙里, 岩寺里, 明逸里, 可樂里, 陶谷里, 高德里를 비롯하여 西海岸의 永宗島, 江華島 지역까지 春秋로 일요일마다 총 100여회를 답사하여 無文土器片, 漁網錘, 紡錘車, 石촉, 石斧, 石刀, 半月形石刀, 多頭石器, 숫돌 등의 先史시대 유물을 대량 현지에서 地上 採集하여 지금도 고대박물관의 先史室의 귀한 資料로 전시되고 있다. 한편 熊川패총 可樂里, 明逸里, 青銅器時代 住居址 등의 발굴조사, 유물정리에 참가하는 등 매우 활발한 활동을 전개 하였다. 그 후 김정학은 嶺南大, 釜山大, 東國大 慶州分校 교수를 歷任하며 後學을 輩出하였다.

한편 崔永禧는 平壤 出生으로 越南 후 高麗大 史學科를 제1회로 졸업하고 6.25전쟁시 海軍士官學校 教官으로 任命되어 大尉로 除隊한 후 崇實大 교수, 國史編纂委員會 委員長職에서 停年을 하고 翰林大 교수로 재직하다 作故하였는데 위의 金廷鶴이 3차[1959, 61, 63년]의 熊川 貝塚을 발굴할 때마다 發掘現場의 總責을 맡았고 筆者는 그의 下手人이 되었다.

다음으로 金基雄은 咸鏡北道 清津에서 출생하여 광복 후 서울로 移徙하여 高校 教師, 5.16 軍事革命의 軍事政府시절 陸軍 政訓將校[少領]로 轉役하여 1966~67년 일본 와세다[早稲田]대학에서 고고학을 연수하고 慶熙大學 교수, 文化財 管理局 常任專門委員을 歷任하면서도 新羅, 百濟, 伽倻古墳 研究 등을 일본 出版社에서 刊行하는 등 많은 研究論著를 남기고 와세다대학에서 考古學 博士學位까지 받았으나 그에게는 學脈이나 人脈, 地緣은 찾아볼 수 없고, 당시에는 그와 뜻을 같이하는 同調者도 그리 많지 않았다.

그는 高大에서 많은 圖書를 열람할 수 있었고, 필자는 그를 통하여 고분에 관한 지식을 習得하던 차, 1968년 金廷鶴이 嶺南대로 轉勤하고, 1969년 8월 高麗大 박물관장인 李弘稙은 文化財 委員이었는데 서울 城東區 可樂동의 百濟古墳을 발굴해보라고 지시하므로, 필자는 이 지역의 초기 백제고분 발굴의 경험이 부족하여 調査團長은 李弘稙, 副團長은 金基雄으로 構成하자고 관장에게 進言하니 쾌히 承諾하여 그와 더불어 처음으로 漢江流域의 백제고분을 발굴조사하게 되고, 그의 陰陽의 협조로 후일 日本 留學의 희망도 실현하게 되었다.

그리고 黃龍渾은 咸鏡南道 洪原郡 출생으로 광복되던 해에 월남하여 서울중학^{6년제}을 졸업 후 Denmark로 유학을 가서 Arhus 醫科大學을 졸업하고, 그곳에서 다시 고고학을 전공하여, 春川大, 慶熙大에 재직하다가 1969년 高大에서 구석기 연구로 碩士를 받은 후 1970~95년까지 慶熙大에서 敎授, 博物館長, 考古美術史研究所長을 歷任하는 등 많은 활동을 하였다.

당시 필자가 高麗大 박물관에 근무할 때^{1959년부터} 林炳泰는 崇實大 崔永禧 교수의 권유로 고대 대학원에 進學하고, 1966년에는 黃龍渾이 또 대학원에 입학하였고, 金基雄은 慶熙大에 재직하고 있었다. 이 시기에는 複寫機가 없어서 전문 참고圖書를 구하기가 매우 어려운 때였으나 우리나라 대부분의 대학이 광복 후에 開校하였으므로 日帝시대 간행된 도서 특히 고고학 관계 도서는 全無한 상태 高大 도서관에는 거의 빠짐없이 備置되어 있었다. 위의 세 사람들은 거의 필자를 통해서 圖書館의 책을 貸出할 수 있었는데, 이럴 때마다 도서관 출입을 하여야하는 不便이 있어, 도서관 司書長에게 관계도서 몇십권을 박물관으로 長期貸出을 願한다고 하니 수일 후 열람하는 학생도 거의 없고, 書庫도 좁으니 박물관에서 필요한 도서는 모두 가져가라고 하여 一件 書類를 작성하여 고고학, 인류학, 미술사 관계 圖書, 圖錄 2,500여 권을 박물관으로 옮겼다. 이후로는 서울시내뿐만 아니라, 전국 地方大學에서도 有無를 확인하고 頻煩히 來往하여 필자가 재직하고 있는 박물관은 福德房같은 역할을 하게 되었다.

위와 같이 우리나라에서 처음부터 고고학을 전공하는 학자는 몇이 안되었을 뿐만 아니라, 그들조차 서로 뜻을 같이할 수 있는 雅量이 적어

서로의 我執이나 固執만을 주장하던 때이므로 학회의 연합이나 활성화는 매우 어려운 시기였다. 그러던 차에 1970년 김재원이 국립박물관장 직을 퇴임을 하고, 1960년 서울大에 考古人類學科가 설립된 이래 우수한 인재들이 많이 배출되고, 그후 각 지역 대학에서 考古學科, 文化人類學科, 考古美術史學科 등의 類似學科의 新設로 많은 고고학 전공자들을 量産하게 되었고 이에 따라 韓國考古學協會와 韓國考古學硏究會에는 각각 전국적으로 많은 젊은이들이 참여하게 되어 하나로 통합하자는 의견이 제기 되었다.

1976년 8월 28일 오후 2시에 高麗大 박물관 회의실에서 韓國考古學界의 힘을 結集하여 學風 수립과 새로운 방향 摸索을 도모하는 한편 학회의 정상적인 기능을 찾자는 취지에서 韓國考古學硏究會의 창립 총회를 갖었다.

이 硏究會 創立 趣旨文에서 볼 수 있듯이 당시의 고고학계를 無慘히 비판하고 나섰으므로 그 취지문을 引用하면 韓國 考古學은 이제 30년의 歷史를 가지게 되었고, 考古學 人口도 크게 增加 하였으나 아직 實質的 學會 不在로 學界의 協同的 硏究 雰圍氣가 形成 되지 못하고 學界 全體로서의 活動은 우리나라 學問 分野 중 가장 뒤지고 있는 形便이다. 이에 學界의 젊은 世代가 主軸이 되어 學界를 團結 · 結集하게 하고, 協同的 活動을 展開함으로써 참신하고 科學的인 學風을 樹立하고 國際水準에 뒤지지 않는 새로운 韓國考古學의 이미지를 세우기 위하여 이에 韓國 考古學硏究會를 創立하는 바이다. 이 學會는 어느 特定 個人이나 機關을 위한 有名無實한 機構가 되지 않을것이며 全 會員이 꼭 같이 參

與하여 함께 일하고 研究하여 韓國 考古學을 發展시켜 나갈 것이다. 우리는 이 目的을 위하여 學報刊行, 研究發表會, 共同調査, 事業을 活潑하게 展開할 것이며 이러한 事業이 會員 全員의 積極的 參與와 努力으로 이루어지기 위하여 任員들의 任期를 1~2년으로 限定하고 學會 事務室도 任員 改編時마다 바꾸기로 하는 바이다. 全會員은 이러한 우리들의 뜻에 同調하여 이 學會의 事業에 積極 參與하여 痼疾的인 韓國考古學會의 舊弊를 一掃하고 韓國考古學의 飛躍的 發展과 淸新한 氣風 樹立을 위하여 協力하여 주기 바라는 바이다. 라고 創立 目的과 方向 提示의 趣旨를 밝혔는데 이 研究會 總會에서의 發起人 名單을 아래와 같다.

강인구, 김광수, 김기웅, 김병모, 김동호, 김영하, 김원룡, 김정기, 김정배, 김정학, 김종철, 문명대, 박용진, 손보기, 송석범, 안승주, 안춘배, 윤무병, 윤세영, 윤용진, 이은창, 이융조, 이호관, 임병태, 임효재, 전영래, 정영호, 정영화, 정징원, 조유전, 지건길, 진홍섭, 최몽룡, 최무장, 최숙경, 한병삼, 황수영, 황용훈(가나다 순)

그리고 執行部 構成은 選擧로 하였는데 各 大學과 機關이 1년씩 輪番制로 한다는 會則에 따라 1976~1977년도와 1978년도 대표를 각각 선출하고, 評議員 38명發起人 전원, 그리고 각 機關에서 1인씩 참가한 常任評議員2년간 7명을 선출하였다.

- 代表 : 金元龍(1976~77)
- 次期代表 : 金廷鶴(1978)
- 評議員 : 發起人 全員
- 常任評議員(1976~77) :

總務：任孝宰(서울대), 尹世英(高麗大)

研究：金秉模(文化財管理局), 姜仁求(國博)

出版：林炳泰(崇田大), 鄭澄元(漢城女大), 崔夢龍(全南大)

　　그 후 이 나라 고고학의 발전을 위하여 새로운 방향 제시를 선언한 韓國考古學研究會도 창립시의 취지와 목적에는 크게 미치지 못하던 차에, 正統的인 고고학을 國內外에서 修鍊한 韓國考古學會의 常任幹事인 韓炳三이 國立博物館長으로 취임한 후 韓國考古學研究會의 金基雄, 尹世英 등은 수 차례 會同한 결과 드디어 1987년 두 學會의 合一을 이루어 다시 새로운 韓國考古學會로 改稱되어 內外的인 與件 즉 전국 각 대학에서의 우수한 인재의 量産과 국토개발에 隨伴하는 救濟緊急발굴에 의해 새로운 학술자료의 출토와 유물의 양적 증가는 기왕의 학설을 再考할 수 있는 절호의 기회가 되어 더욱 조사・연구에 힘써 오늘과 같은 巨大 學會로 急速하게 발전하게 된 것이다.

2006. 3.

韓國考古學報 30호 _ 韓國考古學會

04
산^山

尹亞英 隨想 ｜ 三空의 出 卒

서창(瑞倉) 산우(山友)

鷄龍山의 精氣어린
瑞倉벌의 山友들이
몸과 마음 함께하여
높고 낮은 名山찾아
두서넛씩 짝을지어
한발두발 옮겨놓을때
밝은 모습 가득차서
山行길이 즐거웁다

雲海속의 頂上까지
힘겨웁게 다달으니
高山峻嶺 한가로히
눈아래에 누워있고
맑고 고운 마음으로
주고 받는 情談들과
가고 오는 술잔으로
世俗風塵 사라진다.

깊은 溪谷 鬱蒼한 숲
좁은 산길 돌고돌아
산줄기를 뒤로하고
비탈길을 내려오며
다시만날 그날까지
산내음을 가득안고
다음 登山 約束하며
下山길을 재촉한다.

1987.

安岩. 5호

一 길

　地球가 冷却되고 地殼 變動으로 인해 지형의 高低가 형성되면서 자연스럽게 水路가 생기게 되었다. 이 물줄기를 찾아 물을 마시러 몰려드는 짐승들을 포획捕獲하려고 來往하던 사람들에 의해 처음으로 좁은 길이 만들어졌을 것이다.

　또 水路변에는 원시적이나마 耕作地로서 田畓이 擴大되어 식물을 재배하게 되고, 세계최초의 문명이 인더스江을 비롯한 4大江 유역에서 발생하였다는 사실은 인류의 역사가 물길에서 출발되었다고 하는 말과도 같을 것이다.

　그런데 길이라는 단어처럼 그 뜻하는 범위가 넓은 말도 없을 것이다. 길에는 자연적으로 만들어진 높은 데서 낮은 곳으로 흐르는 水路, 太陽과 그를 중심으로 회전하고 있는 天體의 運行 법칙인 軌道가 있는가 하면, 인간들이 이동하기 위하여 만들어진 陸路, 海路, 航路가 있으며, 시간적인 개념의 길로서 인생이 살아온 길, 살아가야 할 길이 있고, 사람들이 살아가는 데 방향 진로의 마음의 길, 正道를 밟은 출세의 길이 있는가 하면 邪惡한 길을 택한 敗家亡身의 길도 있다.

　한편 한 개의 圓의 중심에서 수없이 많은 半徑을 그을 수 있듯이 길은 얼마든지 있다. 이러한 길은 中華思想의 自尊感으로 衛正斥邪를 부르짓던 鎖國派와 西歐受容으로 開化自修를 택한 開國派간의 갈림길도 있었고, 他人기관에 의하여 정해진 길을 가기도 하고 자신이 원하여택한 길을 갈 수도 있다. 그리고 義士·烈士처럼 굵고 짧은 길을 산 사람과, 凡人들의 가늘고 긴 人生의 길도 있고, 庶民처럼 억척스럽게 사는희망의 길이 있는가 하면, 病床의 환자같이 허약하게 사는 衰退의 길도있다.

따라서 어떤 지역이나 時點에서 특정한 곳, 또는 시간의 경과에 의한 통과 이행하는 과정뿐만 아니라 법칙, 방법, 기술, 수단까지도 뜻하고 있어서 사람이 지켜나가야 할 도리도 길이요, 익숙해진 솜씨도 길이요, 일상용구의 손질을 잘한 것도 길이 잘 들었다 하고, 짐승들을 잘 가르쳐 부리기 좋게 된 버릇도 길들여 졌다고 한다.

또 길은 守則的, 人格的 의미로도 쓰여져서 스승으로서의 師道가있는가 하면, 宗敎人들의 修道와 진리를 찾아 끝없이 精進하는 苦行길이 있고, 藝術人들의 美와 價値 追求의 幻想의 길이 있으며, 應接의 차도茶道, 飮酒의 酒道가 있는가 하면, 장사하는 사람들이 지켜야 할 商道가 있고, 운동에도 弓道, 劍道 등이 있으며, 취미생활의 낚시의 釣道, 바둑의 碁道가 있다. 이렇게 길 道자가 붙어다니는 것은 시간의 흐름에따라 동호인들이 늘어나서 원래의 법칙을 어기고 卑劣한 꾀를 부려서變則을 하는 사람들이 많아짐에 따라 나름대로의 規範을 정하였기 때문일 것이다.

그러나 이렇게 많은 道 중에서도 寡聞한 탓인지는 모르겠으나 아직 山道라는 말은 들어보지 못하였다. 그것은 山行은 처음부터 인류가 자연의 順理에 대응하면서 생활하여 왔기 때문일 것이다. 따라서 山을 찾는 사람들이 산에 順應하지 않으면 위험이나 재난을 당하기 때문일 것이다.

원래 들과 산에는 길이 없었는데 많은 사람들이 한줄로 걸어다니면 곧 길이 되는 것처럼 많은 사람들이 行하면 그것이 바로 길이요 상식이요 법칙이 되는 것이다. 그리고 잘 닦아놓은 길이라도 얼마간 다니지 않으면 잡초가 무성하여 다닐 수 없게 되는 것과 같이 人生行路도 그 목표를 향하여 쉬지 않고 달려가야 목적지에 이르게 될 것이다.

인간은 누구를 막론하고 출생으로부터 모든 것이 길로서 시작되어 길로 끝난다. 정해진 人生行路의 生, 老, 病, 死라는 통과 절차를 거쳐 돌아오지 않는 깨어나지 못하는 저승길로 가게 마련이기 때문이다.

요즈음 都心의 풍진風塵과 소음騷音의 공해를 피해 자연을 가까이 하려고 집을 나서 산에 이르면 산길 주변은 오물폐기장汚物廢棄場 化하여 취각嗅覺, 시각視覺을 정지시키고 採石場과 未完의 위락시설慰樂施設 各種 大形工事 현장은 자연의 황폐荒廢를 재촉하고 있어 地球를 살리는 길, 환경보호環境保護의 지름길이 무엇인가를 생각하게 한다.

1996.

安岩. 9號

折半 人生의 山 打令 —

　절반. 이 말은 내가 幼少年시절부터 遠近, 親族, 姻戚들로부터 귀가 아프도록 듣던 말이다. 너의 아버지의 절반만 되라고… 激勵^{격려} 半, 叱責^{질책} 반으로… 그러나 그 절반의 기준선은 어디인지, 또는 절반에는 겨우 도달하였는지, 스스로 그 해답을 구하기가 몹시 어려운 일이다.

　절반은 일이나 시간, 물건의 중간이 되는 부분이고, 중간은 두 사람 사이 또는 일정한 간격이나 거리의 가운데이고, 가운데는 시간, 공간, 事物 등의 끝에서 중심부이고, 중심은 한 가운데나 매우 중요한 지위를 의미한다.

　五行^{宇宙간을 운행하는 元氣로서 만물의 주성분이 된다는 5元素}의 木, 火, 土, 金, 水의 土가 가운데에 있고, 五方인 東, 南, 西, 北의 가운데에는 中이 있고, 五味인 酸^{시고}, 苦^{쓰고}, 甘^{달고}, 辛^{맵고}, 鹹^{짜고}에서 甘^{단맛}이 으뜸이고, 五臟인 肝, 心臟, 脾, 肺, 胃 중에서도 脾^{비, 지라 허파}가 제일 중요한 기관으로 보고있다.

　또한 中庸은 朱子^{朱憙}가 編著한 것으로 論語, 孟子, 大學과 함께 中國의 4大 經典이다. 中이란 한쪽으로 치우치지도 기울지도 안으며, 지나침도 못 미침도 없는 것을 일커르고, 庸이란 떳떳함^{平常}을 뜻하는 것으로 인간 성품의 理致를 담고 있는 것이라 하였다.

　黑과 白 중간에는 灰色이 있고, 最高 經營者와 末端 職員 사이에는

中堅 幹部가 있고, 정치인들도 右派·左派에 중간 노선을 지키는 중도파가 있다.

우리는 일상 광명의 대낮과 漆黑의 夜半에서, 그리고 暴炎의 여름과 酷寒의 겨울, 이 兩 極 싸이클의 반복 속에서 별 이상을 느끼지 못하고 자연스럽게 생활하고 있다. 그것은 낮과 밤 사이에는 저녁이 있고, 밤과 낮 사이에는 새벽이 있으며, 여름과 겨울, 겨울과 여름 사이에는 각각 가을과 봄이 있어서 緩衝완충 역할을 잘 해주기 때문이다.

또 죄와 벌은 是非, 正誤, 眞僞, 善惡을 중간 입장에서 公正하게 다루어야 한다. 공정은 公平하고 올바름이고, 공평은 한쪽에 기울지 않고 공정한 것이다. 우리는 흔히 절반도 안된다 또는 過半數라는 말을 자주 듣는다. 이러한 절반은 좋은 의미로도, 또는 나쁜 개념으로도 사용되므로 경우에 따라서는 다르게 認識되고 해석되기도 한다. 따라서 중앙인 가운데를 택할 것인가 兩 端의 끝을 취할 것인가도 문제가 되겠지만 상하, 좌우, 중앙이 調和를 이루어야 正常的인 組織이나 社會로 發展할 것이다.

내가 태어나서 이제껏 살아온 이 나라의 수도 서울은 사방이 산으로 둘러쌓인 盆地다. 북쪽에는 北漢山$^{836.5m}$, 道峰山$^{739.5m}$, 南將臺$^{715.1m}$, 仁壽峰^{604m} 등 600m 이상의 高山으로 이어져서 北嶽山, 碑峰으로 연결되었으며 북서쪽에는 100~200m 내외의 丘陵性 山地가 분포되어 있다. 그리고 북동쪽에는 水落山$^{637.7m}$, 佛岩山^{507m}이 자리잡고 있어서 산은 매우 친숙한 곳으로 생각되고, 지금도 서울의 북쪽 끝 山高水麗한 道峰山 산자락의 閑寂한 곳에서 살고 있다.

이러한 서울은 한반도의 중앙에 위치하였는데 1392년 李成桂에 의해 朝鮮이 開國한 후 李太祖 3년[1394]에 漢陽을 새로운 都邑地로 결정하고 新都宮闕造成都監을 설치하여 宗廟 景福宮이 낙성된 후 朝鮮時代의 행정 수도로서 뿐만 아니라 경제·문화·軍事의 중심지가 되었는데 風水地理說에 의하면 동쪽은 駱山[110.9m], 서쪽의 仁王山[338.2m], 남쪽의 木覓山[목멱산, 남산 231.2m], 북쪽의 北嶽山[白嶽山, 342.4m]으로 둘러쌓여 있어 北嶽이 主山이 되고 木覓山[南山]을 案山으로 하고 駱山과 仁王山을 각각 左靑龍·右白虎로 삼아 宮闕을 造營하였다고 전한다.

그리고 都城 주위를 외부로부터 방어할 목적으로 長大石으로 城郭을 쌓고, 그 출입을 위하여 동서남북에 4大門을 건립하였는데, 中國 儒家의 孟子가 말한 道德的 情緖로서의 4端[사람이 갖추어야 할 어질고, 의롭고, 예의 바르고, 지혜가 있어야 한다는]인 仁義禮智를 念頭에 두고 偏額[편액, 문 위에 다는 현판]을 달았는데, 東大門은 興仁之門으로, 西大門은 敦義門으로, 南大門은 崇禮門, 北大門은 弘智門[漢北門 이라고도 하였는데 肅宗 41년(1715)에 서울 都城과 北漢山城의 방어 시설을 보완하기 위해 五間大水門 및 西城과 함께 건립한 門樓]이라 하고, 그 4대문 한 가운데에 中國 儒家에서는 찾아 볼 수 없는 믿을 信字를 하나 더 넣어 普信閣[서울 중심인 雲從街에 鐘樓를 세우고 종소리에 따라 四方의 문을 열고 닫게 하였음]을 세웠는데 信은 五常[仁禮信義智]의 가운데에 있기 때문이다.

이러한 서울의 중심부에 당대 敎育救國의 名門私學인 中央中 高等學校가 있다. 이 학교는 昌德宮의 後苑인 秘苑과 경계하고 桂山의 남향 老松 우거진 곳에 좌우가 대칭인 Gothic양식의 秀麗한 石造 건축[史蹟

²⁸¹호이다. 이렇게 자연 경관이 빼어난 곳에서 청소년期를 마치고, 청년기는 北岳山 기슭 安岩의 언덕에 웅장한 石造의 高麗大學校를 졸업하고 바로 학교 박물관에 근무하면서 겸하여 시간 강사도 10년 가까이 하고, 教授로 轉職하여 研究活動의 壯年期를 거쳐 甲年을 지내고 定年으로 虛無하게 停年을 맞이 하였다.

1959년 봄부터 2000년 봄에 정년이 되었으니 40여 년을 한 곳에서 근무하였다. 이 40년 중 절반인 20년은 박물관 學藝職으로, 나머지 20년은 教授로 봉직하였다. 여기에 中央中高校 6년과 高麗大 재학 4년의 10년을 보태면 50년이 넘는다. 인간의 壽命을 100歲로 볼 때 그 절반인 50년을 學校法人 高麗中央學園에서 보람있게 생활하였다. 또 教授생활 20년 중 절반 가량은 博物館長이라는 어려운 보직에 4번이나 연임되어 다른 교수들이 모두 갖는 研究年의 기회도 한번 갖지 못하였다. 그런가 하면 1주일의 절반인 3일은 강의를 위하여 鳥致院의 瑞倉캠퍼스로, 나머지 3일을 職責上 안암 캠퍼스의 박물관을 왕복하면서 매우 분주한 나날을 보냈다.

그런데 履歷을 돌아보면 매사가 완전치 못한 절반에 불과하다. 지나온 足跡마다 成就된 것은 하나도 없고 모두 未完의 절반뿐이다. 雜多한 이야기는 却說하고 山雜誌이므로 山에 관한 이야기만 적어보기로 한다.

산은 주위의 낮고 편평한 地形面에서 突出한 比高가 큰 地表部^{地殼}로서 火山作用이나 褶曲^{습곡}, 斷層 地表의 上向·屈曲으로 형성되어 홀로 솟아있는 것도 있으나 대개의 산은 일정한 범위안에 모여 있어서 그 전체를 山地라고 한다. 이 산지는 細分되어 脈으로 이어진 山體를 山

脈, 덩어리로 된 것은 山塊^{산괴}, 불규칙적으로 모여있는 것을 산휘^{山彙}, 山脈이나 山塊가 모여 있는 것을 山系라고 한다.

1967년에 安岩山友會가 창립되었으니 곧 40주년을 바라보게 되었다. 그간 산우회는 계절의 변화에 관계없이 斷絶없는 활동으로 900여 회의 山行이 계속되었지만 이 절반 인생은 겨우 480여 회를 참가 하였으니 이것 또한 전체 횟수의 절반을 약간 넘은 기록이다. 日本에서의 留學生活, 遺蹟發掘調査, 婚禮式, 國內外旅行 등등 雜多한 일들로 인해서이다.

한반도에 2,000m 이상의 高山이 49峰이 있는데 모두 북한에 있으나 1,000m 이상의 남쪽 山들로 한반도의 끝 濟州道의 三神山이라고도 불리우는 漢拏山^{1950m}을 비롯하여 智異山$^{地理山, 1915m}$, 雪嶽山^{1707m}, 太白山^{1566m}, 咸白山^{1573m}, 五臺山^{1563m}, 日出峰^{1552m}, 德裕山^{1594m}, 老姑壇^{1506m}, 華岳山^{1468m}, 小白山^{1439m}, 白雲山^{1426m}, 靑玉山^{1403m}, 頭陀山 1351m, 香爐峰^{1293m}, 雉嶽山^{1288m}, 白巖山^{1110m}, 伽倻山^{1430m}, 國望峰 1421m 경북 영주, 蓮花峰^{1394m}, 八公山^{1192m}, 명지산^{1267m}, 가지산^{1240m}, 무등산^{1186m}, 도솔산^{1314m}, 국망봉^{1168m} 경기 포천, 조령산^{1166m}, 주흘산 1097m, 월악산^{1093m}, 속리산^{1057m} 등과, 지금은 북한과 중국의 경계에 있는 한반도 최고 聖山인 白頭山^{2750m}의 정상까지, 우리나라의 有名 高山들은 거의 踏査하였다.

그런데 東南亞의 여러나라 高山들에 비교하면 그 山高가 절반 밖에 되지 않는다.

1984년 臺灣의 눈덮힌 玉山^{3997m}을 시작으로 1988년에는 日本 長野縣에 있는 萬年雪이 덮인 北Alps의 連峰인 槍岳^{3180m}, 前穗高岳

3090m, 奧穗高岳^{3190m}를 다녀왔고, 1989년 여름에는 日本人들의 最高 靈山인 富士山^{3776m}에 올라 정상의 神社인 淺間大社에서 개인적인 所 願도 祈願하여 보았다. 또 1993년에는 西말레이시아의 原始林속의 코 타키나바루^{4101m}, 1997년에는 日本 南 Alps의 峻嶺인 北岳^{3192m}, 中白 峰^{3055m}, 間岳^{3189m}, 農鳥岳^{3026m}, 西農鳥岳^{3050m}의 五嶽을 3일간 千辛 萬苦 끝에 縱走하였다. 한국의 高山에 비하면 거의 2배 정도가 높은 산 들이다.

그러나 세계의 최고봉으로 알려진 Everest 산^{8848m,} 지구상 8000m급 山峰이 모두 세계의 지붕이라고 하는 히말라야 山群에 있음 山塊의 K2峰^{8611m}, 칸첸 중가^{8598m}, 야룬칸^{8505m}, 로체^{8501m}, 마나슬루^{8156m}, 안나푸르나^{8091m} 峰 등에 비하면 내가 올랐던 高山들은 그 山高가 역시 절반에도 미달한다.

한편 한 달 4주의 절반인 2주는 安岩山友會에, 나머지 2주일은 桂 山山友會에 나간다. 계산산우회는 근 20년 전에 조직된 앞의 中·高校 동기생들이다. 그런대로 중류가정에서 태어나서 민족이 갈망하던 8.15 광복을 맞았고, 남북이 절반으로 분단된 韓半島 남반부에서 살면서 참 혹한 戰史를 남긴 6.25를 겪어 경제적 困窮, 사회적 혼란으로 어려운 생 활을 하면서도 세칭 1급 대학을 졸업하고 有數한 기업, 안정된 직장에 서 任員級으로 활약하여 中産層을 이루다가 定年으로 퇴직한 初老들이 다. 그간 家率을 扶養하기 위해 東奔西走하던 壯年期를 지냈으니 이제 는 자신을 돌아보는 시간을 갖고 건강에 신경쓰며 노고와 허무의 과거 를 음미하고, 과학의 발달로 나날이 다르게 急變하는 社會構造를 쫓아 가지 못하는 自身의 無能을 한탄하면서 삶의 安息處, 修養의 道場이 되 는 산을 찾는 모임이다. 춘하추동 每週마다 일기의 변동에 상관하지 않고 오직 한 코스만을 고집한다. 紫霞門밖 2층의 전망 좋은 찻집 Mountain Camp에서 만나 여유있게 차 한잔 하고 放談하다가 蕩春臺 仁王山 동북쪽에서 시작하여 북쪽 능선을 따라 北漢山 서남쪽의 碑峰 아래로 연결하여 축성한 山城를 끼고 올라가면서 岩壁을 기어 오르고 絶壁을 내려다 보며 急傾斜진 몇 군데의 安全用 쇠줄wire rope을 붙들고 내려와서 林間을 오르락 내리락 하다가 佛光寺로 내려온다. 좀 단조롭다고 하는 이도 있으나, 그것은 이들의 체력에 무리하지 않고, 등산객이 적어 번잡하지도 않고, 奇巖絶壁과 주위의 山水·樹林이 조화된 경치에 心醉되고, 같은 山이라도 계절의 바뀜에 따라 찾을 때마다 다른 모습으로 맞아주기 때문이다.

그리고 번번히 쉬어가는 곳이 있는데 인왕산의 겹겹이 둘러쌓인 웅장한 화강암 절벽의 山塊가 마주 보이는 산중턱에 앉아 숨을 돌리면서 다른 사람들이 느껴보지 못하는 絶景을 無償으로 시간의 제한 없이 감상할 수 있는 선택된 사람들 만의 空間이다.

조선시대 후기 實景山水의 大家 謙齋 鄭敾[1676~1759]이 樹木, 山谷, 絶壁을 靑色 顔料안료의 담농淡濃으로 雄建 浩闊하고 遠近 淺深의 筆勢로 그린 仁王霽色 淸風溪圖 등의 산수화가 과연 世人들이 감탄할만한 秀作임을 새삼 느끼게 한다.

인생 旅路에는 왕복이 없다. 오직 왕복의 절반인 편도로만 가야 한다. 출생후 步行이 가능한 시기로부터 미래를 향하여 자신을 극복하고 성숙시켜 가기 위해서는 산에 오르듯 한발한발 조심스럽게 옮겨가야 한다. 산마루를 걷는 길은 좌우 어느 한쪽에는 꼭 미끄럽고 비탈진 절벽이 있기 때문이다. 올라가는 방법도 體力을 誇示하듯 뛰는 사람, 조심스럽게 기는 사람, 그리고 안전하게 걸어가는 사람이 있다.

　高山을 용기로 挑戰하고 極難으로 정복하는 것은 전문 산악인의 몫이다. 우리들의 등산은 高山 峻嶺을 踏破할 기회도 계획하지만, 山川草木 奇巖怪石에 감동하고 자연이 人間과 動・植物들에게 生成 발육의 절대적인 與件을 끊임없이 제공하여 주는데 대한 감사의 마음으로, 그리고 잠시만이라도 도심에서 찌들은 몸과 마음을 조금이라도 淨化하고, 萬物 生成의 4大 根源이라고 하는 地, 水, 火太陽, 風을 좀더 높고 맑은 조용한 곳에서 全身으로 느껴보기 위한 俗世人들의 原初的인 작은 욕심에서다.

　下山길에 어김없이 들르는 곳이 있다. 산행의 피로도 풀겸, 인간들이 임의로 정해 놓은 표준치의 절반에도 미치지 못하는, 수준이하이고 함량미달인 人物들의 유치하고 醜惡한 무리들을 吐露하기 위해서다. 語不成說의 輕擧妄動한 言行은 자신과 사회의 破綻파탄을 자초한다는 天理도 모르면서, 또 '古來로 修身齊家 治國平天下'라 하였거늘, 自己 修養도 못한자들이 나라를 다스리겠다고 하니 참으로 염치도 없다. 朝鮮時代도 宮中에서부터 일반 백성들에게까지 반드시 지켜야 할 德目으로 孝悌, 忠信, 禮義, 廉恥를 강조하였는데 아무리 정보와 과학 위주의 사회라고 하나, 人倫의 基本的인 道德性마저 없는 자들이 統治體制에 참여하겠다고 나서니 한심하기 짝이없다고 이곳 저곳에서 열을 올려 聲討한다.

　朝鮮後期와 같이 黨利黨略의 政爭 過熱에 의한 兩 극단적인 政派의 所産으로 정치적 불안과 경제적 위기를 몰고오지 않을까 심히 우려

된다. 老人과 靑年사이에는 壯年이 있다. 老人層이 守舊·保守的이라면 청년들은 新進·革新勢力이다. 그러나 이 무리의 가운데에 있는 壯年層은 舊習과 新風을 잘 아우르도록 힘써야 한다. 늙은 할아버지와 어린 손자만 있고 젊은 아버지가 없는 家庭事情을 생각해 보았는지, 어찌하여 우리 사회에는 兩端을 무리없이 和解로 조절하는 中立 단체나 조직이 없는것일까?

石火光中寄此身인데 蝸牛角上爭何事인고…
石火의 빛 가운데에 이몸을 의지하였는데 달팽이의 뿔만한 좁은 곳에서 무슨 일로 다투는가!

中年의 內外가 반가히 맞아주고 조용하게 음악이 흐르는 맥주집 Bubble Castle거품城에서 未完의 初老들이 이제 우리도 "古稀를 넘겼으니 오직 이것만은 人生 旅程의 절반을 넘겼구나" 하면서 다섯 번째의 묵직한 거품잔을 들어 또 절반을 입에 붓는다.

2004. 8.
安岩. 12호

瑞倉 山友會 回顧

세월이 流水와 같다는 말은 먼 옛날 농업경제 사회에서 쓰던 말이 되었고, 현대와 같이 정보산업情報産業化 社會에는 세월이 광속光速과 같다고 하는 것이 옳을 듯하다. 전에는 몇 해만에 약간의 모델 變形이 있더니 이제는 해마다, 그리고 다달이, 그 原形이 축약縮約되고 기능이 많아지는 속도가 빨라 사회구조도 그에 맞춰 나날이 변하니 잠시라도 해이解弛해지면 자신도 모르게 자연 도태淘汰되는 세상이 되었기 때문이다.

산을 좋아하는 사람들이 모여 禮山의 由緖 깊은 修德寺 뒤 伽倻山에서 창립 등반을 갖은 것이 얼마전 같은데 벌써 21주년을 맞이하였으니 참으로 빠른 세월을 다시 한번 실감케 한다. 10년이면 江山도 변한다는데 그 10년이 두 번을 훌쩍 넘어섰다. 주도면밀周到綿密한 계획과 운행, 회원들의 相助로서 가족적인 山行이 오늘의 有數한 직장 산악동호회로 건실하게 발전된 것이다.

그 시절에는, 각 지역에서 雨後竹筍처럼 대학이 설립되고, 기존 대학은 정원을 늘리고, 서울에 있는 대학들은 인구과밀人口過密 억제抑制정책 등 여러가지 이유로 정원을 동결凍結시키니 서울의 여러 대학들은 그 活路를 찾아 지방에 分校를 개설하게 되었는데 그중에서 우리 대학은 제일 마지막으로 분교를 설치한 곳이 鳥致院이다.

조치원은 행정구역으로 燕岐郡에 속해있는 인구 3만명을 오르내리는 자그마한 邑이다. 역사적으로 볼 때 驛, 院의 설치는 新羅시대부터 시작되었는데 驛, 院은 官吏의 왕래와 宿泊, 公文書의 傳達, 물품의 수송을 위한 기관이자 酒幕村으로 발달하여 온 街村이다. 이러한 조치원은 현재도 경부선과 호남선이 통과하는 교통의 요지이며, 전국적으로 驛, 院字가 끝에 붙은 곳은 위와같이 사람들의 이동·숙박과 함께 物量의 集散地였다.

한편 鳥致院을 풀이하면 새가 머무는 곳이다. 새가 머무는 곳은 神聖한 곳이다. 三國시대 이전 馬韓을 중심으로 한 三韓에서는 매년 正月과 시월^{10월}에 각 邑別로 天君이라는 祭主가 선정되어 特定 장소에서 농산물의 풍요^{豊饒}와, 질병^{疾病}, 재앙^{災殃}이 없기를 祈願하는 장소를 소도蘇塗라고 한다. 蘇塗에는 솟대를 세워 촌락의 守護와 경계선을 표시 하였는데, 솟대 위에는 반드시 나무를 깎아 만든 새가 올라 앉아 있다.

또 새^{鳥類}는 하늘^{天界}을 자유로이 飛翔하므로 祭儀用의 鳥形木製品이 서울 夢村土城, 扶餘 宮南池, 光州 新昌洞 低濕地 遺蹟$^{紀元 前後}$에서 發見되었고, 삼국시대 古墳에서 새 모양 토기$^{鴨形 土器}$가 많이 출토되고 있는 것은 죽은 사람의 靈魂을 하늘나라^{天界}로 운반하는 수단으로 새를 흙으로 빚어 만들어 부장^{副葬}껴 묻거리하였다.

그런데 鳥致院 分校$^{當時 公式 名稱}$가 개교하여 敎授로 발령을 받고 任地로 와보니 허허벌판같은 곳에 校舍 신축이 한참이라 요즈음 대형 건축 공사장의 느낌이다. 구두 바닥에 달라붙은 진흙이 무거워 다닐 수 없을 정도이고, 공사장의 인부와 차량들은 쉴새 없이 움직이고, 여기저기서 作業 騷音이 심하고, 宿泊할 곳은 구할 수 없어 淸州에다 居處를 정하여 通勤을 하려니 이 역시 不便한 점이 한 둘이 아니었다. 뿐만 아니라, 全學生의 敎養必須 과목인 國史槪說을 혼자서 담당하니 같은 내용을 몇 번씩 되풀이하여 첫 시간은 괜찮은데 다음 시간부터는 완전히 고장난 녹음기같은 신세가 되었고, 읍내로 나가면 거리에서 꾸벅, 식당에서도 꾸벅, 列車 안에서도 인사하니 졸지猝地에 유명人士가 되어 도무지 처신處身하기가 어려웠고, 6척도 안되는 작은 몸이 항상 露出되어 땅만 쳐다보며 왕래 하려니 울려고 내가 왔던가 하는 유행가가 절로 나온다.

忠淸道는 三國時代 百濟땅이었다. 公州 扶餘는 백제의 수도였으므로 이 일대에는 백제 宮闕, 住居址, 城郭, 古墳, 寺刹 등의 遺蹟이 집중된 곳이기도 하다. 忠淸道는 忠州와 淸州가 합친 이름으로 충청북도는 예로부터 淸風明月이라 하고, 충청남도는 萬世保寧이라 하니 참으로 아름다운 隱語이다. 따라서 山高 水麗하기로 유명한 고장 이기도 하다. 그러므로 충청도에는 이름난 산이 많아 시간 나는대로 산을 찾기로 하였다. 이 지역을 중심으로 주변의 600m이상의 산들을 살펴 보면 충남에는 가야산, 광덕산, 무성산, 조루산, 대둔산, 서태산, 진락산, 천태산 등이 있고 충북에는 국망봉, 금수산, 가섭산, 월악산, 박달산, 좌구산, 백하산 외 경상북도와의 接境에는 형제봉[1177m], 소백산[1440m], 연화봉[1394m], 두솔산[1314m], 주흘산[1105m], 조령산[642m], 천황봉[1058m], 황학산[1111m], 민주지산[1242m]으로 이어지고, 좀더 全羅道 지방으로 눈을 돌리면 大屯山, 智異山 등의 名山과도 연결된다.

이렇게 조치원에 있다는 것은 위와같은 高山과 名刹, 古都와 遺蹟

을 두루 살필 수 있는 絶好의 기회를 맞은 것이다. 그래서 틈 나는 대로 사진기와 간단한 배낭을 둘러메고 누구에게도 간섭받지 않고 혼자서 周遊하면서 많은 見聞과 문화 · 역사자료를 蓄積하게 되었다.

그런데 이 또한 오래 지속되지 못하였다. 80년대에 연일 계속되는 學生들의 對政府 示威, 교내 행정에 대한 불만 등의 집단적 聲討는 학교의 정상적인 수업 일정에 큰 蹉跌을 가져오게 되었다. 엎친데 덮친 격으로 80년대 후반에는 初代 敎學處長이라는 重且大한 補職을 맡게 되어 매일매일을 他意에 의한 생활의 연속으로 변하였다. 학생 간부를 만나야 하고, 경찰서와 협의해야 하고, 拘置所로 구속 학생 면회를 가야하는 一擧手一投足이 苦役의 연속線上에서 짜여진 脚本대로 움직이게 되었으니 크고 작은 꿈은 사라지고 말았다. 더 이상 이러한 생활을 계속하다가는 職務 遂行은 고사하고, 자신의 정신 分裂까지 이르킬 듯하다. 90년에 접어드니 예상치도 못했던 서울 본교 博物館長에 任命되었다. 20여 년간을 奉職하였던 곳이라 어려운 일은 없었으나, 강의는 瑞倉에서, 補職은 安岩캠퍼스에서, 그야말로 東奔西走가 아니라 南奔北走이다. 팔자에 閑寂한 시간과는 상당한 거리가 있나 보다 하기야 停年退任을 하고 현재의 研究院에 再 就業한지 5년이 넘도록 지금도 京畿道, 忠淸道, 慶尙道 전국 遠近의 遺蹟 發掘調査 現場을 週中에 몇 차례를 쫓아다니고 있으니…

돌이켜 보면 '서창산우회'라는 직장 산악동호인 단체를 만들기만 하였다. 다시 말해서 씨를 뿌리는 파종播種만 하였고, 물 주고 비료 주는 培養에는 힘을 기울이지 못하였는데도 이렇게 훌륭한 조직으로 발전하였으니 참으로 송구悚懼스러울 따름이다. 그동안 역대 회장님들을 비롯하여 간사들의 노력과 봉사, 회원간의 相扶相助로 日就月將하여 해외 등반을 비롯한 200여 회의 등산기록을 세웠으니 진심으로 축하할 일이다.

서창산우회의 무궁한 발전을 기원하며 글을 마친다.

2005. 5.

瑞倉山友會 創立 初代會長

500回 登山 所感 —

安岩山友會가 創立된 것이 1967년 6월이니 금년으로 1년 모자라는 만 40년이 되어, 사람으로 치면 불혹不惑에 이르는 壯年에 해당된다. 우리 속담에 10년이면 江山도 변한다고 하였는데 그 10년이 네 번이나 흘렀으니 참으로 세상과 自然이 몰라보게 변하고 바뀌었다.

창립 당시에는 美軍 部隊에서 흘러나온 軍靴를 신고 앞을 가로 막는 雜木을 헤쳐가며 좁은 비탈길을 기어오르려면 앞·뒤 사람의 도움을 받아야 하였고, 人跡이 드믄 숲속에서 휘발유 버너, 반합飯盒등의 軍用 취사도구炊事道具로 삼삼오오 둘러앉아 굽고, 끓이고, 서투른 요리 솜씨로 점심을 해결하고, 계곡을 따라 하산하면서 맑은 물이 줄기차게 흘러내리는 골짜기에서 목물을 하고 땀에 젖은 속옷을 갈아입고 쉬다가 한참 내려와서 동네 어귀에 들어서야 막걸리집이 몇 집 눈에 띄었다.

그러나 요즈음 전국의 산은 등산객들로 붐비어 시장통같고, 좁은 산길은 신작로新作路처럼 넓어졌고, 계곡의 물은 바짝말라 바닥 모래를 간신히 적실 지경이고, 산자락을 벗어나기 무섭게 각종 음식점들이 도열하여 여러가지 냄새를 풍기며 통행하는 사람들을 유혹하고 있다.

등산 인구의 증가로 登山服을 비롯한 각종 裝備는 괄목刮目하게 발전하였지만 遠近의 높고 낮은 산들은 지각知覺없는 사람들로 인하여 중병重病에 시달리고 있다. 인구의 이동과 공산품의 流通으로 산허리를 돌며 오르내리는 자동차의 行列은 대기를 오염汚染시키고, 여기저기 깎아놓은 高速道路, 慰樂施設의 工事는 자연을 파괴하여 무서운 인재人災를 낳고, 무식한 등산객의 도처到處 쓰레기 투기投棄는 악취惡臭를 풍기고, 산중턱까지 정지整地하여 창건한 사찰寺刹에서는 高聲의 녹음錄音된 독경讀經소리가 十里밖에서도 들리니, 불자佛者나 포교布教에는 좋겠지만, 다른 宗教人들의 심정은 아랑곳하지 않고, 조류鳥類 야생동물野生動物들은 소음騷音으로 생존生存에 위협을 느낄 것이다.

산은 화산火山 작용이나 습곡褶曲, 地殼에 수평 또는 옆으로 힘이 작용하여 생긴 주름진 상태, 단층斷層, 地表의 上向屈曲으로 형성에 의해 솟은 것으로, 대개의 산은 모두 일정한 범위 내에 모여있어서 그 전체를 산지山地라고 한다. 이러한 산지는 맥으로 이어진 것을 산맥山脈, 한 덩어리처럼 보이는 것을 산괴山塊, 불규칙적으로 모여있는 것을 산휘山彙, 산맥이나 산괴가 모여있는 것을 산계山系라고 한다. 그리고 산지는 저산성低山性 산지; 구릉, 해발 고도가 1,000m 이하, 中山性산지1,000~3000m, 高山性산지3,000m 이상로 나뉘는데 우리나라는 國土의 70% 이상을 산이 차지하고 있고, 그중에서도 500m 이상의 산이 4,400여 개소에 자리잡고 있고 春夏秋冬의 사계절이 뚜렷하여 등산·등반을 즐기기에는 天惠의 條件이라고 할 수 있다.

산은 평지와는 기온이나 환경이 달라 動·植物 狀이 큰 差異로 판이判異하고, 또 평지에서 視覺的으로 올려다 보이는 천첩옥산千疊玉山과 금수청산錦繡靑山은 古代의 동·서양의 각 부족이나 민족간에 평지의 보통 생활 공간과는 다른 성聖스러운 세계로 認識하였다. 우리나라에서도 산은 고대인들에게 信仰의 대상이 될뿐만 아니라, 국사國事에서 빼어놓을 수 없는 大事였다. 단군신화檀君神話로부터 삼산제三山祭, 삼소제三蘇祭, 팔관회八關會를 비롯하여 오악숭산五嶽崇山 思想 등 민간 신앙으로 이어졌고, 산신山神을 모심으로써 액厄을 물리치고 복을 부른다는 믿음과, 한 해 농사의 豊·凶은 물론, 마을의 吉하고 不吉한 일까지 모두 山神이 주도한다고 믿고 있었다.

산에 오르는 것을 보통 등산登山이라고 하는데 등반登攀이라고 하는 사람들도 많다. 등반이라고 하면 오를 登 字와 휘어잡을 攀반 字를 쓰니 높은 山이나 험한 山에 사지四肢를 이용하여 기어오르는 것을 의미하므로, 뒷동산같은 언덕이나 고개 몇 개를 넘고서도 등반이라고 하면, 고산준령高山峻嶺을 오르내리는 전문 산악인들에게 미안한 생각을 가져야 한다. 그리고 산행도 해발 500m 고지는 되어야 등산이라고 하지, 동네 뒷산에 다녀오는 것도 등산이라고 하니 참으로 낯뜨거운 일이다. 동네 할머니가 가벼운 차림으로 강아지를 끌고 산보하는데, 두툼한 등산화를 신고 묵직한 배낭을 짊어지고 무리를 지어다니니 강아지도 웃을 일이다.

1967년 6월 창립, 등산으로 普賢峰에 오른 것이 제 1회 산행이다. 그후 1972년 6월, 5년만에 100회를, 15년 후인 1987년 10월에 200회, 그후 7년만인 1992년 6월에 300회, 또 몇 년후에 400회, 그리고 지난 2005년 12월에 南漢山城이 위치한 금암산에서 500회를 기록하였으니 안암산우회의 산행 기록으로는 953회째이다. 그런데 600회를 지난 회원이 4인, 700회를 넘긴 회원이 2인이나 된다.

산행 기록 500회, 이것은 100회를 한 회원들에게는 놀라운 숫자이고, 700회를 넘은 회원들은 이제 겨우라고 말할 수 있다. 그리고 창립 이후 전체 회원 중 8번째로 달성 하였으니 상위권에는 들 수 있으나, 39년만에 500회는 1년에 평균 열 대여섯 번 참석한 것이므로 출석 성적으로 말하면 중간치를 조금 넘은 매우 低調한 기록이라 할 수 있는데도, 회에서 기념으로 금메달까지 받는 영광을 얻었으니 조금은 부끄럽기도 하다. 그러나 생각하기에 따라 해석을 달리할 수도 있다. 100이라는 숫자는 1에 비하면 대단하고 1,000에 비하면 아무것도 아니다. 古今 東西의 人間들이 100세까지 수명壽命을 연장하려고 無限한 노력을 해보지만 空想에 그치니, 100은 最高의 數, 도달하기 어려운 숫자이기에 山行 500회는 대단한 기록이라고 自慰도 하여 본다.

내가 산에 다니기 시작한 것은 대학에 들어가서부터다. 처참하였던 6.25를 지나 休戰을 맞이하였으나, 국민소득은 50~60불에서 맴돌아 말할 수 없이 궁핍窮乏하였고, 정치 질서는 소란하여 앞을 豫測할 수 없이 혼란混亂의 社會가 계속되던 때로서 세상이 온통 시끄러웠다. 전쟁이 끝나고 收復 후 전셋집으로 정한 곳이 住宅地로서 적당한 城北區의 정능동 이나 수유리 일대에서 이집 저집으로 옮겨다닐 때부터다.

당시의 娛樂施設이라고는 오로지 다방과 당구장뿐이었다. 좁은 다방은 담배 연기로 숨을 못쉴 정도이고 당구는 좀 건들거리는 젊은이들의 출입이 잦은 곳이었다. 음악다방같은 곳이 몇 군데 있어 가끔 들리기는 하나 학생 신분으로는 자주 들리기는 어려웠다. 그래서 차비도 들이지 않고 집에서 슬슬 걸어 올라가면 바로 산이다. 손에 집히는 책 한 권만 들고가면 천지가 내 세상이다. 눈을 감고 옛날을 回想도 하고, 주어진 현실을 어떻게 극복하나 想念에 잠기기도 하고, 未來에 대한 어설

픈 設計도 하여 보고…

　　대학 졸업후 박물관에 근무한지 몇 해 뒤에 당시 교무과에 근무하던 동학 安基成 형과 행정문제연구소의 元容德 간사를 자주 접하게 되고, 얼마 후에는 農大 金成福 조교와도 자주 만나면서^{당시 농대는 현 사범대학 자리} 元 간사의 제안으로 산우회 창립을 서두르게 되었다. 이후 交通의 不便, 裝備의 열악^{劣惡}에도 불구하고 元 간사의 치밀^{緻密}한 계획 하에 젊음과 意慾만으로 雪嶽山, 五臺山, 小白山, 太白山, 智異山, 俗離山, 鷄龍山, 伽倻山, 月出山, 漢拏山을 비롯한 전국의 有名山, 그리고 臺灣의 玉山, 日本의 후지산^{富士山}, 북·남 알프스 등의 고산준령^{高山峻嶺}을 여름 겨울을 가리지 않고 특별 산행으로 登攀하였다. 그럼에도 한 번도 산행 기록으로는 계산하지 않았다. 그런가 하면 조치원 캠퍼스로 내려가 瑞倉 山友會를 창립하였는데 월1회의 山行은 지금도 계속되고 있다. 초창기 몇 년은 열심히 나갔지만 젊은회원들의 速步에는 딸아갈 수 없어서 참가 횟수는 점점 줄어들었다. 이후로 중고등학교 동기 20여 명이 모여 桂山山友會를 조직하였는데 이들은 매주 거르지 않고 계절의 변화에 관계없이 한 코스만을 고집하며 지금도 한 두사람만이 나와도 산행은 계속 이어지고 있는데, 향수^{鄕愁}에 젖은 追憶談은 듣기 좋으나 몇 회원의 분수를 모르는 천박^{淺薄}하고 天方地軸같은 言行과, 下山 후에 술이 좀 과해 최근에는 이 산행 또한 피하게 되었다. 여하간 특별한 행사가 없는 한 일요일은 山行하는 날로 온 가솔^{家率}들이 알고 있다. 이쯤 해둬도 나의 산행 횟수는 1,000회를 훨신 넘었을 것이다.

　　山行 횟수가 많다고 산에 대한 지식이 많은 것은 아닐테고, 적다고

산에 대한 識見이 모자라는 것도 아닐 것이다. 따라서 횟수를 불문하고 진정으로 산을 알고 아끼는 사람들의 모임이 되었으면 좋겠다. 홍진紅塵으로 더럽혀진 俗世를 일시 벗어나려고, 소음공해騷音公害에서 잠시나마 시달리지 않으려고, 힘들여 산에 올랐는데, 正確하지도 않은 政街이야기, 一波萬波의 特定 科學者에 대한 攻防을 침을 튀겨가며 熱辯을 토하는 사람들을 보면 참으로 寒心하다. 市中 雜輩들 처럼 떠드는 호기豪氣도 좋겠지만 듣기 싫어하는 사람들도 많다는 것을 왜 모를까? 確實하지도 않은 類比通信을 力說하는 사람들에게 산의 意味와, 산에 대한 최소의 禮節을 지켜주기를 당부한다.

산은 太古로부터 그 자리를 지키며 동서남북에서 찾아오는 모든 사람들을 항상 말없이 맞이하고 있다. 이러한 深山幽谷을 逍遙하면 雜念이 사라져 사소些少한 번민煩悶같은 것은 모두 잊게 한다. 뿐만 아니라 산은 民族의 信仰과 宗教를 낳는다. 이같이 근엄謹嚴한 산에서 듣기싫은 市井輩들의 소리를 듣지 않고 한적閑寂한 자연속에서 명상暝想할 수 있는 시간을 갖게 되기를 간절히 바란다.

옛날에 작은 귀뚜라미의 우는 소리도 시끄럽다고 한 예도 있다.

지금 중국 땅인 옛 당唐나라의 유일한 女皇帝로서 獨裁權力을 휘둘렀던 측천무후則天武后, ?~705가 성불기도成佛祈禱를 올리는데 귀뚜라미들이 요란스럽게 울어서 성불을 妨害하는 大逆行爲라 하여 天下의 귀뚜라미의 포살령捕殺令을 내렸다고 전한다.

2006. 2.

安岩. 13호

玉山登攀 顚末錄 —

　　1967년 6월 高麗大學校 교직원으로 구성된 安岩山友會가 北漢山 普賢峰에서 창립 등산을 한 이래 1983년 12월의 終登까지 424회의 국내의 遠近 大小山의 산행을 당일 또는 몇 일로 춘하추동의 계절에 따라 계획 등반하여 왔다.

　　節氣, 高度 위험에 따른 고된 훈련과 忍耐·協同의 相助로서 單位 山岳同好단체로서는 국내·외의 최다 등반 기록을 保持하게 되었고 앞으로도 계속 산행하여 운행 기록을 여타 산악회의 追從을 不許할 것으로 믿는다.

　　창립 15주년을 맞으면서부터 청년이 된 안암산우회도 해외 高山 등반을 계획하자는 논의가 심심치 않게 거론되었다. 또 이 꿈은 젊은 회원중에서 은밀隱密하게 추진되어 각국의 山勢, 條件 등을 조사하면서 日本과 臺灣으로 일단 衆論을 모았으나 체력, 기술, 財力, 현지와의 연락사정 등 여러가지 문제를 고려하여 첫 번째 해외 등반은 臺灣의 玉山으로 결정을 보게 된 것이 83년 초가을이었다.

　　마침 본교의 철학과 재학시 학생산악부 부장을 역임하였고 알프스산 등 해외 高山 등반 경험이 많은 高在旭 교우가 臺灣대학에서 東洋哲學을 연구하기 위하여 滯臺하면서 玉山을 수차 등반한 사실을 알고 高교우에게 대만의 비자 문제와 中華民國山岳會와의 연락 등을 부탁하게 되고 이곳에서는 朴炯圭 간사가 동분서주 하면서 옥산 등반 계획을 추진하였다.

여러가지 크고 작은 일들이 자기 뜻대로 되지 않듯이 이 계획도 등반시기 대원구성 등등이 그리 쉽지 않아 여러차례 포기할 위기에 놓이게 되었다. 그러나 산행에서 얻은 끈질긴 근성으로 계속 밀고 나가 1월 25일에야 겨우 수속 절차가 끝을 보게 되어 아래와 같이 玉山登攀隊를 구성하게 되었다. ^{직위 경칭은 略}

團長 朴希聖				
隊長 崔在錫	記錄 南廷薫		隊員 金永喆	
運行 尹世英	涉外 金應植		沈在雄	
總務 朴炯圭	醫療 金明信		金漢洙	
裝備 金雄一	隊員 成昌煥		鄭愛子	

1월 26일(목) 맑음

11시 總務處長에게 회장, 간사, 전대원이 등반 출국신고를 마치고 다음날 金浦 國際空港에서 9시에 만나기로 하고 해산한 후 실무진들과 未洽한 일들을 처리하였다.

1월 27일(金) 맑음

학교의 배려로 마이크로 버스를 얻게 되었다. 대부분의 대원과 牲途를 빌기 위한 회원들이 학교에 모여 이 차로 공항까지 편히 갈 수 있었다. 林技士와 歡送차 나와준 여러 회원들에게 감사드린다.

전날 출발한 金永喆 대원과 오후에 출발 예정인 金漢洙 대원을 빼고는 모두 공항에 모였다. 泰國航空會社 소속인 TG 623편의 탑승 수속을 마치고 대기실에서 쉬기도 하고, 면세점을 둘러보기도 하다가 機內로 들어갔다. 10시 50분에 이륙한 비행기는 騷音과 함께 그 큰 胴體를 구름 위로 올려놓고 목적지를 향해 날고 있다. 동남아 각지를 수차 여행해 보았지만, 키가 작고 까마잡잡하고 삐쩍마른 태국 女乘務員, 機內에서 飮酒 高聲으로 시비하는 泰國 청년들로 인해 태국항공의 인상은 좋지 않았다. 그리고 坐席도 많아 이런 상태라면 운영하기 어려울 것같은 느낌이 들었다.

機內에서 某대학 史學과의 朴선생을 만났다. 불란서에서 6개월간 연구하고 돌아올 예정이란다. 남은 연구차 출국을 하는데 한가하게 등산을 하려고 떠나는 자신과 비교하여 보았다.

3시간의 비행끝에 肉重한 기체가 台北비행장에 내려앉았다. 손목시계가 1시 50분을 가리켰으나 臺灣과 한국의 시차가 한 시간이므로 입국수속처의 시계는 12시 50분이다. 앞으로는 현지 시각대로 생활해야 된다. 입국수속을 간단히 마치고 공항밖으로 나오니 高在旭 교우 외 몇 사람이 마중나와 주었다. 덥기도 하고 신선한 공기도 마실겸 밖으로 나왔다. 10년 전에 왔을 때와 주변 환경이 많이 달라진 것같았다. 알고보니 전 松山공항은 국내선으로 사용하고, 이곳에 桃園中正國際航空站을 신축하였다고 한다. 전의송산비행장과 시내는 바로 연결된 듯하였으나 中正國際飛行站과 시내는 40Km나 떨어져 있다. 高 교우가 빌려온 9인승의 봉고형 차로 정해진 호텔까지 한 시간이 조금 더 걸렸다. 택시로는 700元 우리나라 돈과는 20대 1이니 한화로는 14,000원이다. 김포국제공항에서 시내까지 5,000원 이내로 서울 어느 곳에든지 갈 수 있음을 생각할 때 공항과 시내가 너무 멀어 여러가지로 불편하리라 생각된다. 하기야 일본의 成田국제공항처럼 서울 天安만큼의 거리가 떨어져 있는 공항도 있지만, 3시에 名城大飯店Modern Hotel에 도착하여 방을 배정받아 여장을 풀고 호텔 내·외를 둘러보았다. 지하 3층, 지상 12층의 현대식 설비를 갖춘 호텔로 臺北後站臺北驛 後門이 바로 찻길 건너에 있어 시내 교통도 퍽 편리한 곳에 위치하고 있다.

저녁이 되어 몇 대의 택시에 分乘하여 북경식 요리를 맛있게 들고 숙소로 돌아온 뒤 龍山寺와 유명한 夜市場을 돌아보는 등 산책을 하게 하고 高 교우, 朴 간사와 나는 中華民國山岳會를 방문하였다. 벽에 붙은 각종 사진 중 玉山의 額子가 눈에 띄인다. 구름에 가리고 눈에 덮인 시커먼 玉山의 사진을 바라보니 조금은 威壓感, 恐怖感이 든다. 青年山岳會員과 회의를 끝마친 중화민국 산악회 常務理事겸 副總幹事 林樹封씨와 中華民國山岳協會 嚮導組長 蔡斌田씨가 맞아주었다. 우리대원 13명이 방문한다는 연락을 받았는지 20여 명이 앉을 의자와 탁자에는 茶器와 과자, 담배가 접시에 간결하게 준비되어 있었다. 이쪽의 3인만이 방문을 하자 기분이 별로 좋지 않은 듯한 표정이다. 탁자를 사이에 두고 전기 산악회의 양인과 高 교우를 중앙으로 우리 셋이 상면하고 앉았다. 高 교우와 산악회의 두 간사는 열심히 논의하고 있었다. 나도 여러해 전에 中國語를 일 년간 공부하였으나 무슨 이야기를 주고받는지 알수 없지만 가끔 이해할 수 있는 단어가 귀에 들어온다. 후에 高 교우에게서 들은 이야기지만, 登山人의 안전 등을 수 개월 전부터 상호 문서를 교환하여 確然하게 행동하지 않고 시간적으로도 급하게, 그리고 未備된 서류 제출 등등 難題가 많았다는 것이다. 국제적인 문제이기 때문에 앞으로는 이러한 문제가 없어야 겠다.

한동안 양측에서 相談하는데 外來客이 한 사람 들어온다. 두 중국인은 반가히 맞으며 유창한 日本말로 이야기를 주고 받는다. 모르는 체 듣고 있으려니 기가 막힌다. 완전한 준비없이, 구비서류도 갖추지 못하고 入山申告를 내니 한심하고 귀찮다는 이야기이다. 못들은 척 하려해도 저절로 양 입술이 옆으로 늘어난다. 이 표정을 본 두 중국산악회 간사들은 놀라면서 일본어를 할줄 아느냐고 묻는다. 정색을 하고 수 년전 일본의 K대학에서 연구생활을 하였다고 하니 일본인, 중국인들이 모두 어색해 하면서 이제까지 자기들의 주고 받은 말들을 용서하라 한다. 이쪽의 잘못도 많으니 오히려 관대하게 처리해 달라고 부탁하자 모두 씁쓸히 웃었다. 서로 인사를 나누라 하여 우리 소개를 마치니 상대방은 日本 本州혼슈 중부의 栃木縣 山岳會長으로서 수 일전 玉山 등반을 마치고 대원들은 모두 귀국하고 대장인 자기만 잔무처리 겸 관광차 남아있다는 이야기이다.

다시 高 교우와 무언가 열심히 이야기를 주고 받는다. 舊正이라 안내원을 한 사람도 구할 수 없다는 이야기와 끝내 못 구한다면 향도조장嚮導組長인 蔡씨가 직접 안내하여 준다는 것이다. 臺灣 산악회의 규정으로는 高山 등반에는 반드시 산악회의 嚮導Guider가 따라야 한다는 것이다. 대화는 일단 그치고 입산신고서를 작성하기 시작하였다. 등반대원의 인적사항과 사진 2매를 첨부하여 서류를 꾸몄다. 단장박희성 교수의 사진이 4매가 필요하였으나 갑자기 구할 수가 없었다. 그러던 중 朴 간사의 주머니에서 내 사진 2매가 더 나왔다. 이 2매의 사진으로 졸지에 玉山登攀隊 隊長이라는 어마어마한 감투와 중책을 떠맡게 되었다. 대화는 계속되다가 드디어 29일일에 출발하라는 玉山登攀許可를 받아냈다. 숙소로 돌아오니 걱정을 하고 있던 대원들은 기뻐하나 앞으로의 모든 日程 計劃을 全面 修正할 것을 생각하니 걱정이 태산같다. 따라서 28일토은 故宮博物院과 臺灣大學을 둘러보기로 하였다.

밤늦게 본교 정치학과 70학번인 大韓民國駐華大使館 兪載賢 領事가 찾아와서 반갑게 인사를 나누었다.

1월28일(토) 맑음

호텔에서 햄, 에그, 커피로 간단히 아침을 마치고 일행은 대만대학 캠퍼스를 살펴보았다. 수 년전 보던 그대로이나 새 건물이 더 늘은 것 같다. 계획에 없던 대학문화 원장을 방문하게 되었다. 옥스퍼드대학 출신이라는 이 젊고 俊秀한 원장과 한동안 양교의 이야기를 주고 받았다. 500cc만한 찻잔에 향기 좋은 중국 차가 한 사람씩 돌려진다. 찻잔이 커서 어떻게 다 마실까 걱정도 하였으나 조금씩 마시니 바닥이 났다. 고맙다는 인사를 하고 다시 캠퍼스를 둘러보았다. 옛 서울대 文理大舊京城帝國大學와 日本 東京帝國大學의 건물과 거의 비슷하다. 다만 삼국의 기후, 풍토의 차이로 樹種이나 건물 배치가 좀 다를 뿐이라는 느낌이 든 것은 예나 다름이 없다.

중국식 뷔페로 점심을 결정했다. 해산물을 주 재료로 한 이 뷔페집은 값이 싸고 맛이 좋아서인지 홀의 모든 테이블에는 손님으로 滿席이었다. 海物을 싫어하는 나로서는 생선 아닌 것으로만 골라 한끼를 때웠다. 숙소로 돌아와 잠시 쉬다가 故宮博物院으로 갔다. 토요일 오후라 별일이 없다고 兪領事가 대사관 차로 老교수팀을 직접 모셨다. 兪영사의 母校愛에 감사드린다.

博物院 앞에 와보니 전보다 정면의 整地가 많이 되고 건물도 본관을 중심으로 양측에 몇 동 신축중인 것이 다르다. 전시품은 몇 번이나 보았고 도록을 통하여 자주 익혔으나 다시 한 번 섬세纖細하고 華麗한 유물을 대할 기회가 있어 감회感懷도 깊고 또 관심있는 것을 메모도 하였다.

첫 째로 先史시대 吉凶의 占卜으로 사용되었던 크고 작은 각종의 甲骨片들이다.

둘 째로 商代에서 春秋戰國시대를 통하여 제작된 鬲격, 다리굽은 솥, 甗언, 시루, 鼎정, 쇠솥 등은 중국 고대 예술의 精華요, 세계 문화 사상 또는 인류의 중요한 문화유산으로 총 4,402점을 보유하고 있으나 현재 진열되어 있는 것은 극히 일부에 지나지 않는단다.

셋 째로 宋, 元, 明, 淸代를 통하여 宮中 또는 高官들이 사용하던 중국의 예술품 중 極致라고 할 수 있는 각종 도자기류들도 모두 23,780점에 달하고 있으나 그 몇 분의 일만을 전시하고 있다. 굵고 가는 靑華 文樣을 여백을 남기지 않고 器面 전체를 施文하여 우리나라 도자기의 간략한 문양과는 크게 대조가 된다.

넷 째 玉類는 총 3,894점을 수장하고 있으나 극히 적은 양만을 전시하고 있는데 그중에서도 漢代 작품인 舊玉荷葉水盛Archaic jade water container in lotus leaf motif, 宋代 작품인 舊玉蟠龍광Archaic jade kuang in coild serpent motif, 明代 白玉鰲魚花揷Jade flower-holder in horned fish motif, 淸代의 翠玉白宋Cabbage in fei-tsui jade는 볼 때마다 그 자료비취玉의 이용, 즉 백색옥 부분은 배추 줄기로 조각하고 녹색 부위는 菜葉배추잎으로 조각하였는데 푸른 잎사귀에 붙여 조각한 여치食苗蟲, Grasshoppr는 실물과 혹 사酷似하여 그 發想과 조각의 技巧에 감탄을 연발케 한다.

다섯 째로 漆器類는 대부분 明·淸대의 것이지만 총 400여 점을 수장하고 있다고 한다. 그중에서도 屛風, 欌櫃, 壺, 甁, 匣, 盒, 盤, 盌 등은 수십점만을 전시하고 있으나 이 가운데서도 明대 작품인 宣德彫漆雙鳳牧丹八瓣盌과 淸대의 彫漆海棠花式甁은 世人들의 눈을 놀라게 하고 있다.

여섯 째로 조각품을 살펴보면 彫竹, 彫牙, 彫木 등으로 明대 작품인 朱三松彫竹荷葉式水丞Bamboo water cobtainer in lotus leaf deror, 淸대의 彫竹古木仙槎Bamoo boat 특히 淸대의 彫象牙多層球Carved ivory ornamental balls는 한 개의 象牙塊를 안으로 들어갈수록 작은 彫刻球로 하여 모두 21개의 球에 조각을 하였음은 물론 그 21개의 細彫球가 自轉할 수 있게 만들었으니 細彫기술과 몇 代에 걸쳐서 만들었다는 持久力은 상상만 하여도 놀랍다.

그리고 淸代의 작품으로 높이 67cm인 彫象牙九層塔은 每층마다 彌勒佛 一座를 조각하고 각층의 六面屋蓋石의 끝에 風鈴까지 조각하여 매어 달아 흔들리게 만들었으니 이러한 작품은 세계에서 類例를 찾아볼 수 없는 細技工法인데, 이 작품은 淸나라 사람들이 만들었다기 보다는 神들의 작품이라고 보여질 정도로 감탄을 금할 수 없다.

以外에도 宋, 元, 明, 淸대의 名畵만도 12,295점을 수장하고 있는데 그중에서 몇 점만을 전시하고 있으므로 그들 畵軸들을 자세하게 감상하려 해도 몇 년이 걸릴 것이다.

나는 다행이도 수 년전에 이 故宮博物院에서 2주간을 공부할 수 있는 기회가 있어서 자유롭게 시간에 拘碍받지 않고 전시품을 관람할 수 있었고 또 지하실 收藏庫의 일부와 교체 전시품의 포장, 引出 등에 대해서도 간단한 교육을 받은적이 있었다. 그런데 이번에는 시간에 쫓기면서 일행들을 안내하려니 아쉽지만 발길을 재촉할 수밖에 없으므로 몹시 서운하였다. 또 이 박물원에서 중국의 古代 文化藝術을 연구하기 위해 世界 各國에서 온 硏究者들이 도서실에서 어려운 漢籍을 열심히 뒤지며 왼손으로 漢文을 쓰는^{그리는} 모습이 매우 인상깊다.

일행은 박물원 앞에서 기념촬영을 마치고 몇 대의 택시에 分乘하여 우리 동포가 경영하는 한식당인 珍古介로 왔다. 젊은 일행 4인이 잠시 후 顔色이 변하여 들어왔다. 그들이 탔던 택시가 앞서 가던 대형차와 추돌하여 차체 前面이 대파되는 교통사고를 당한 것이다. 앞좌석에 앉아있던 李在光씨^{정치학 박사과정, 金成福 교수의 妻男}가 무릎 밑을 약간 다치고 뒷좌석에 앉았던 일행은 무사했는데 이들 피해자 일행은 사고 즉시 내려 다른차를 바꿔타고 이곳으로 왔단다.

後聞이지만 큰 피해가 없으면 사고 현장에서 빨리 피하는 것이 상책이라고 한다. 李在光씨의 외형적 가벼운 상처가 걱정되나 대단치 않다고 한다. 천만다행이다. 대만의 교통질서는 수 년전이나 지금이나 여전한 듯하다. 오토바이를 비롯 각종 차량들의 무질서한 운전, 아무 곳에서나 주·정차할 수 있고, 아무곳 에서나 U Tem할 수 있다. 수단·방법을 가리지 않고 먼저 비집고 진행하는 것이 상식처럼 되었다고 한다.

다시 저녁 이야기다. 메뉴는 비빔밥부터 각종의 韓式음식, 이름이 가지런히 적혀있다. 일행 중 대다수가 된장찌개백반으로 청하였다. 잠시 후에 나온 된장찌개는 외양은 그런대로 괜찮았으나 손가락만한 멸치가 몇 마리씩 들어있어 된장찌개라기보다는 멸치찌개라고 하는 편이 낫겠다. 일부는 숙소로 가고 일부는 僑民이 경영하는 새마을 상회에 가서 기념 선물을 사기도 하였다.

1월 29일(日) 흐림

아침을 가볍게 마치고 등반준비를 갖추고 호텔을 나섰다. 중간 중간 요소에 산장이 있어서 寢具도 갖추어져 있다는 嚮導組長의 말에 따라 침낭寢囊과 그 부속품을 빼고 배낭을 꾸리니 부피도 작고 가벼워졌다. 도보로 臺北驛 후문으로 들어가 정문으로 통과하여 驛 좌측의 시외버스 정류장으로 갔다. 舊正 歸省客 인파로 터미널 구내는 붐볐으나 질서는 있어 보였다.

원래 중국은 수 천년 이래 일차산업이 농업으로서 백성들은 연중행사를 음력으로 생활하므로 음력 정월에 대한 뿌리깊은 情感은 대단하다. 9시에 향도 조장 蔡씨와 만나 대원들과 인사를 나누었다. 9시 30분 臺北발 嘉義Chiayi경유 阿里山Alishan행 버스에 乘車하였다. 이 버스는 獨逸산 벤츠였다. 특별운행으로 우리 일행 13명과 다른 승객 2~3명 뿐이었다. 버스가 출발하기전 향도조장은 일본어로우리 일행이 연세가 많아 日語를 다 할줄 알고, 실제로 모두 잘함 자기는 57세로서 玉山을 70여 회 등반하였으며 한국의 雪嶽山, 日本의 富士山 등 많은 산행을 하였다는 자기 소개를 하고 나보고 젊은 대원들에게도 통역을 하라 한다.

편도 2차선의 고속도로는 우리나라 고속도로처럼 군데군데 땜질한 흔적이 한군데도 없어 매우 깨끗하다. 도로 연변에 있는 농가도 시내의 民家처럼 시커멓고 우중충하다. 더운지방이라 햇볕을 가리거나 외부의 더운 공기의 차단遮斷 등의 목적으로 창문이 별로 없는 건물이기 때문이다. 또 창문에는 盜難 防止策인지는 몰라도 창살이 요란스럽게 붙어있다. 버스 안은 에어컨이 아주 잘 가동되어 시원하고 쾌적하다. 벤츠라는 이름에 걸맞게 꼬불꼬불한 경삿길을 힘들이지 않고 잘도 달

린다. 2시에 嘉義에 도착하였다. 온도계는 섭씨 24도를 가리킨다. 대만
의 9대 도시 중 하나라고 한다. 휴게소에서 잠시 쉬었다. 밖에서 10분
정도 서성거리는데 더울정도이다.

　　제비들이 떼를 지어 날고 있다. 과일 음료를 준비하고 2시 10분 嘉
義를 출발하였다. 구정인데도 고속도로의 교통량은 그리 많지 않았다.
차내의 중국 음악은 異國的인 분위기를 만든다. 발그스름한 빛깔의 향
기로운 시골술은 끈끈하고 달콤한 맛이 난다. 운행하는 차내에서 臺灣
氣車^{버스}客運公司嘉義站^驛 供應部特製餐^{售價} 50元의 도시락은 간결^{簡潔}
하면서도 맛이 있었다.

　　車窓 밖에는 傳統的인 농가와 사탕수수의 숲, 논 밭이 시야에 들었
다 살아진다. 모를 심는 농부도 보인다. 고속도로를 벗어난 차는 2시 40
분경부터 森林이 울창한 산허리를 돌아 올라가기 시작한다. 잘 포장된
왕복 2차선의 고갯길을 굽이굽이 힘들여 올라간다. 우리나라의 雪嶽山
행의 寒溪嶺이나 忠州행의 박달재는 비교도 안된다. 쉴새없이 좌로 우
로 산허리를 돌아 올라가는 운전기사의 솜씨에 승객의 몸은 좌우로 요
동한다. 비행기 내에서처럼 귀까지 멍멍하다. 자동차의 통행량은 많지
않으나 경사진 고갯길이라 위태위태하다. 3시 30분 慈惠堂 휴식소에서
10분간 휴식, 土産의 酒類, 食品, 기념품 등을 팔고 있다. 阿里山까지는
25km라고 적혀있다. 4시 10분 阿里山 森林區 遊樂區에 도착하니 전원
하차하여 쉬고 있으라는 향도조장의 말이다.

　　9시 30분부터 계속 차에 시달렸으니 모두 지친기색이다. 嘉義를
지나 계속 산허리를 돌아 오르기만 하였으니 이 일대의 高度도 대단 하
리라. 대원들 중에는 속이 미식미식하다느니 비실비실하면서 주저앉는

다. 4시 40분 遊樂區 입구의 사무실에서 향도조장의 전화 연락에 의해 30인승의 소형 구식버스가 왔다. 차체와 운전기사의 복장이 진흙투성인 것을 보아 도로공사장 인부들의 車임을 알 수 있다. 새로 만든 포장도로를 잠깐 가다가 비포장 도로로 바뀌니 차는 덜컹거린다. 현재도 공사중인 왕복 2차선인 이 도로는 금년말까지 完工 예정이란다.

오후 5시에 永興商店에 도착하였다. 이곳에는 도로공사 現場事務所, 警察官派出所의 작은 건물과 假建物 數棟이 있다. 이 영흥상점도 가건물로서 현장인부 상대로 약간의 酒類와 간단한 식품을 팔고있는 곳으로 등반객이 묵고 가는 山莊이기도 하다. 좁고 어두운 방이 서너개 있으나 寢具는 50인분 이상을 保有하고 있단다. 등반인들에게는 이정도의 숙소이면 고급 호텔과 다름없다. 이곳은 標高 2,500m인데 날씨가 좋으면 이곳에서 玉山이 보인다고 한다. 저녁이라 그런지 기온이 14℃인데도 선선하다. 젊은 女主人이 지어주는 저녁 요리는 서울의 고급 중국요리집보다 깨끗하고 맛도 있었다. 비록 식당은 지붕만 가린 차고였지만 밤하늘에 별이 총총한 것으로 보아 내일도 맑은 날씨가 예상된다고 한다. 玉山 아래에 있는 排雲山莊에서 해발 6,000m 이상의 외국 고산등반 경력이 있는 등산가 4인이 와서 3인이 高山病에 걸려 玉山 등반에 실패하였다는 향도조장의 이야기를 들으니 슬그머니 겁이 나기도 한다.

저녁을 마치고 상점 내에서 젊은 대원 몇 사람과 竹葉酒를 마시고 있는데 도로공사 인부 몇 명이 하루일을 마치고 들어온다. 그중 2인은 한국전쟁시 中共軍으로 종군하였다가 美軍에게 포로가 되어 한국의 여러 수용소를 전전한 후 反共捕虜로 석방되어 대만으로 왔단다. 그의 한국어 실력은 '안녕', '밥좀줘' 두 마디 뿐이다. 포로 생활 중 얼마나 배를 굶주렸나를 알만하다. 하기야 우리나라 사람들도 많은 고생을 하였고, 나도 휴전 전후에 군대생활을 하였다. 한때는 나 또는 우리와 敵軍의 관계에서 서로 殺傷하려고 눈에 불을 밝혔던 터인데, 그들에게 竹葉酒 한 병을 선사하니 몇 번 사양하다가 받는다. 잠시 눈을 감으니 山생각은 어디로 가고 戰時生活의 雜念들이 머리를 스친다.

1월 30일(월) 맑음

아침 4시 30분에 일어나니 高山地帶라 서늘하다. '꼬끼요' 수탉 울음소리, '멍멍' 개짓는 소리, '꿀꿀' 돼지 울음소리, '꽥꽥' 오리 소리, 한국의 농가 풍경과 다를바 없다. 공사장 사무실 뒤에서 玉山쪽을 바라보니 구름에 가려 보이지 않는다.

宿所에서 흰죽 한 그릇으로 아침을 마치고 6시 40분 전날의 구식 소형버스로 산허리를 좌우로 돌아 올라가기 시작한다. 차창에서 수평으로 보면 高山峻嶺이 끝없이 이어지고 차창 아래를 내려다 보면 천길만길 낭떠러지다. 차창 위를 보면 하늘을 찌를 듯한 절벽이라 바위가 떨어질까, 길이 무너질까, 버스가 무사할까 안심이 안된다. 도로공사용 자재운반 차만이 통행하는 미완성의 고갯길을 달리다가 7시 30분에 玉山登山路 입구에 다달았다. 永興商店에서 이곳까지 12km, 標高는 2,700m, 전원이 버스에서 내려 주위를 돌아본다. 사방은 첩첩疊疊山中이다. 좌측 계곡 밑에 東浦溫泉이 보이는데 이곳에서 20km라 한다. 등반안내판에 排雲山莊까지 9km, 배운산장에서 玉山 정상까지는 2,5km이니 11,5km만 걸어 올라가면 된다.

몇 해전 일본에서 공부할 때 틈을 내어 靑山學院大學의 關敎授와

慶應義塾大學 학생인 히로세군과 2,700m 전후의 男体山 등을 登攀한 일은 있으나 4,000m의 高山에 挑戰할 생각을 하니 약간은 긴장이 된다.

8시 향도조장과 高 교우의 간단하면서도 엄숙한 주의사항을 듣고 등반길에 들어섰다. 코끝에서 폐부肺腑까지 맑고 서늘한 공기를 들여마시면서 걷는다. 한참 걷다가 뒤를 보니 朴希聖, 成昌煥 두 교수를 태운 버스가 다시 영홍상점으로 돌아가는 모습이 저멀리 아물아물 보인다.

등산로에 접어든지 얼마 되지 않아 右側의 발밑으로는 수 천길 벼랑이요, 좌측의 높은 斷崖面이 겁을 먹게 한다. 게다가 까마귀떼 마저 공중에서 까악까악 울어대니 기분이 좋지 않다. 전후좌우가 첩첩산중이다. 玉山을 중심으로 주위에 3,000m 이상의 高山이 200여 山이 있단다. 발밑 멀리 계곡에 營林署分所의 하얀 지붕이 조그맣게 보인다. 등산로 폭은 1m 미만이나 평탄하게 계속된다. 그러나 낭떠러지에 鐵路枕木같은 것을 건너갈 때는 몹시 조심이 된다. 길이, 폭 간격은 鐵路枕木과 같으나 두께는 7~8cm 정도로 가끔 썩어 위험한 곳도 몇 군데 있었다. 깊은 강물위에 놓은 鐵橋의 침목을 밟고 가는 것을 연상하면 될 것이다.

8시 40분 夢路斷崖에서 쉬었다. 이곳은 등산로 입구에서 1.5km, 표고 3,000m이다. 2차대전 후 美國인 등산가 몬로씨가 이곳에서 조난을 당혜 夢路라고 이름을 붙였다고 한다. 이곳을 중심으로 寒帶林과 熱帶林으로 갈라진다는 표시가 있다. 要路마다 각 산악단체의 이름을 넣은 빨강, 노랑의 리본들이 많이 걸려있다. 스톰파카가 더워 등에서 땀이 난다. 간밤에 끓여 물통에 넣은 자스민 차는 미지근하게 되었으나 그 맛이 일품이다.

각종 고산식물과 여러가지 희귀한 漢藥材가 이곳에서 많이 생산된단다. 곰, 사슴 등 산짐승들도 많이 서식한단다. 향도조장은 나이든 대원에게는 일본어, 젊은 대원에게는 중국어로 휴식 때마다 연설이다. 그중 80%는 여자에 관한 이야기이다. 심호흡을 하고 또 해도 숨이 차다. 高山이라 酸素가 적어 그렇다고 한다. 모든 대원의 표정이 힘들어 보인다. 그러나 향도조장의 여자에 대한 이야기가 피로를 잊게 한다. 이것도 노련한 경험에 의한 작전인가 보다. 舊正이라 젊은 안내원을 구하지 못하여 향도조장과 동행한 것이 우리에게는 큰 다행이라고 생각된다. 1,500m를 걷고 또 휴식이다. 고산의 적응도 때문에 천천히 걷고 자주 쉬어야 하기 때문이란다.

10시 40분 排雲山莊까지는 3km가 남았다. 작은 假避難所가 있었는데 不潔하기 짝이 없다. 근처에서 영흥상점에서 준비한 도시락으로 점심을 먹었다. 점심때는 아직 되지 않았으나 아침일찍 흰죽 한 그릇만 먹고 타고, 걷기만하였기 때문이다. 대원 중에는 벌써 음식을 못먹고 누운이도 있다. 날씨는 淸明하고 볕은 한여름인데 氣溫은 초가을같이 서늘하다. 약한 바람이 불기 시작한다. 한 시간 정도 쉬었다. 머리가 조금씩 무거워지는 듯하다. 산소가 점점 희박해지나 보다. 주위는 原始林이 울창하고 枯死木이 앙상하게 서있기도 하고 옆으로 쓰러져 있기도 하다.

옥산등반은 9, 10, 11월이 가장 좋단다. 덥지도 춥지도 않고, 태풍도 없는 계절이기 때문이란다. 이제까지 한국에서도 산악단체가 玉山을 등반하였다고 한다. 그러나 1984년에는 우리 安岩山友會가 처음 등반이라는 향도조장의 말을 들으니 고된 몸이 풀리는 듯하다.

12시에 출발하여 수 백m의 斷崖의 狹路를 또 걸어 올라가기 시작한다. 수직의 절벽에 오솔길을 만들어 神仙이 童子와 더불어 유유히 걸어가는 東洋畵가 실감난다. 대원 중 몇 사람은 몸이 정상이 아닌듯 괴로워 하기도 한다. 12시 40분에 大削壁에 도착하였다. 높이 40~50m, 폭이 40m의 한 개의 巖塊가 70° 경사로 버티고 있다. 그 밑은 일렬종대로 간신히 걸어다닐만큼 길이 나고 역시 천길만길 낭떠러지다. 排雲산장까지는 2km남았다. 10분을 쉬고 또 오르기 시작한다. 大削壁을 지나 몇 개의 산허리를 돌아 올라가니 검은 玉山이 白雪에 덮혀있는 모습이 눈에 들어온다.

1시 25분 또 휴식이다. 산소의 희박함이 몸으로 느껴진다. 숨을 깊이 들여마시고 마셔도 숨이 차다. 담배연기도 잘 빨리지 않는다. 점심 후 쉴 것이 아니라 빨리 올라갔으면 했던 것이 잘못된 생각임을 겨우 알았다. 高山이라 천천히 적응하면서 쉬엄쉬엄 올라가야 한다는 것을 배웠다. 1시 40분 또 출발하여 산모퉁이를 몇 개 도니 산장이 저멀리 쳐다보인다. 속으로 살았구나 하고 안도의 숨을 내쉬었다. 그러나 산장까지의 길은 경사도가 심하여 허덕허덕 올라갔다. 향도조장의 호루라기 소리에 산장 관리인이 응수하고 산장의 개도 덩달아 짖어댄다. 그도 그럴것이 몇 십일만에 관리인이나 개가 낯선 사람 구경을 하니 당연하리라. 2시 20분 드디어 산장에 도착하였다. 排雲山莊이라고 큰 간판이 걸려있다. 기온은 -3℃이니 공기가 싸늘하다.

관리인과 인사를 나눈 후에 페넌트를 교환하고 산장 출입문에 들어서니 삼면 벽에 각국의 각종 페넌트가 빼곡히 붙어있다. 한국의 여러 산악회의 등반기념 페넌트도 몇 개 붙어있다. 안암산우회 옥산등반대의 페넌트도 관리인의 호의로 정면 중앙에 걸렸다.

산장안으로 들어가 난로에 장작불을 지폈다. 시멘트로 지은 단층의 산장에는 큰 방과 작은 방 몇 개, 그리고 炊事場, 화장실 등이 깨끗하였다. 바닥은 시멘트인데 양측으로 2층의 段을 만들어 마루를 깔아 아래·위에서 자게 되었는데 우리대원 일행은 모두 아래칸에 자리를 잡았다. 푸르고 두꺼운 침구^{마치 6.25 전쟁시 우리나라 군대이불 같음}가 아래·윗칸에 가지런히 정돈되어 있었다. 젊은 대원들은 저녁 준비를 하였다.

작년 1월에는 積雪量이 많아 등반이 불가하였단다. 금년 1월 초에도 눈이 1m 이상 쌓여 하루에 300m밖에 걷지 못하였단다. 그러나 요며칠 사이에는 눈이나 비가 오지 않아 정상에 오르기는 좋을 것이라며 적설기 등반용구는 불필요하니 산장에 두고 가라는 관리인의 말을 들으니 조금은 안심이 되었다. 향도조장과 산장관리인은 오랜 경험으로 天氣에도 밝은 듯 내일은 비나 눈이 올 듯하단다.

4시에 저녁을 먹고 쉬었다. 사방은 칠흑같이 어두운 밤같다. 한 젊은이가 배낭을 메고 찾아 들어왔다. 3인이 東浦 온천에서 출발하였는데 2명은 중간에서 쉬고 있단다.

5시 취침이다. 자리에 드니 뒷머리는 무겁고 숨은 가쁘고 잠이 들지 않는다. 煖爐가에 다시 나와 앉았다. 이런저런 걱정을 하여 본다. 이곳까지는 전대원이 무사하였으나 오늘밤을 잘 넘길 수 있을런지, 또는 내일 정상까지 모두 올라갈 수 있을 것인지, 또 두 중국청년이 그 험하고 어두운 길을 찾아올 수 있을런지, 한동안 눈을 감고 걱정을 하고 있는데 두 청년이 찾아드니 한가지 걱정은 해결 되었다. 알아보니 臺灣海軍士官學校 생도들로서 휴가를 얻어 옥산에 도전 하였단다. 그 氣槪

높이 살만하다.

여러 대원들도 같은 증상인지 하나 둘 난로가로 모여들기 시작한다. 이곳 관리인도 한국전에 참전했던 反共捕虜라고 한다. 從軍談을 열변한다. 대만에는 中共軍으로 한국전에 참전후 반공포로로 自由中國인 대만으로 온 사람이 18,000명에 달하며 대만정부에서는 그들의 능력에 따라 직업을 알선하였다고 한다. 9시 30분 내일을 생각하며 잠자리에 들어 억지로 잠을 청해본다.

1월30일(화) 구름

새벽 3시에 기상, 커피를 한잔 한후 4시에 정상으로 향해 오르기 시작 하였다. 기온은 약간 차가웠다. 사방은 칠흑인데 절벽에 만든 등반로를 조심조심, 허덕허덕 잠깐 가다 쉬고 조금 걷다 쉬었는데 그 잠깐 조금이 왜 그리 멀고 긴지 또한 플래시 준비가 되지 않은 대원이 있어 조명구를 갖춘 대원을 중간 중간에 끼우기는 하였으나 좁고 미끄러운 산길은 위험하기 짝이 없다. 휴식할 때마다 무사하기를 빌어본다. 산장에서 정상까지 2.5km라고 하나 그 길이 무척 가파르므로 매우 느린 속도로 진행된다. 산장 밑 250m지점까지 왔다. 이곳에서부터는 45° 경사다. 안전을 위해 道峰山 砲臺稜線에 설치된 것같은 쇠줄^{wire rope}이 가설되어 있다. 태풍같은 폭풍이 몰아친다. 진눈깨비가 안면을 사정없이 때린다. 스톰파카를 때리는 눈비는 곧 얼어붙어 대원들의 붉고 푸른옷이 온통 하얀 어름옷으로 변했다. 가파르고 얼어붙은 절벽길에 눈비의 강풍으로 쇠줄이 없으면 날아가던지 굴러 떨어질 것같다. 이보다 더한 악조건도 있을까.

조심 또 조심하여 드디어 3,997m 옥산 정상에 올랐다. 6시 10분 이다. 날은 밝았으나 눈비로 雲海 중에 떠있는 듯하다. 산장을 출발하여 2.5km를 올라오는데 2시간 10분이 걸렸으니 그 길의 험난도를 짐작하리라.

산정 옆에 4평 크기의 假設避難所가 있는데 몹시 지저분하다. 대원 중 몇 사람은 그곳으로 들어가 축 늘어지고 의식을 잃은 듯하더니 물과 非常藥을 먹고 곧 회복 되었다.

정상에는 本土를 그리워하던 于右任씨의 實物大 銅 胸像이 서있다. 흉상 높이 50cm, 臺座高 200cm, 下臺石高 50cm로서 이 銅像의 頭上이 꼭 4,000m이다. 下臺石까지는 올라설 수 있었으니 나의 키 169cm를 더하면 내 머리도 표고標高 4,000m 線上에 있게 되었다.

安岩山友會旗 學校象徵旗를 앞에 들고 記念撮影을 한 후 安岩山友歌를 목청 높이 3절까지 합창하였다. 한동안 시간이 흐른듯 대원들은 각자 잠시 나름대로의 명상에 잠긴듯하다. 나도 한쪽에 앉아 눈을 감고 생각을 하여본다. 신체조건, 인내심, 기술, 기후 등이 이보다 더 높은 산에도 도전할 수 있을 것인가를…

6시 30분 하산이다. 6시 10분에 왔으므로 20분을 머무른셈이다. 여러 조건이 더 이상 머물게 하지 않는다. 서운한 감이 있으나 下山하지 않을 수 없다. 7시 40분 배운산장에 도착하였다. 오를 때는 2시간 10분 걸린 것이 하산 시간은 1시간 10분이다. 산장의 온도는 -2°를 가리킨다. 배운산장에서 얼어붙은 옷을 갈아입고 흰죽으로 아침을 먹은 후 짐을 꾸렸다.

8시 45분 관리인에게 작별인사를 하고 하산을 시작하였다. 이곳 산장의 관리는 2인이 15일간 교대근무인데 이 관리인도 31일월말이니 하산한단다. 妻子와 阿里山區에서 생활한단다. 가족을 생각하는지 즐거워하는 빛이 보인다. 9시 20분까지 계속 걷다가 5분을 쉬고 25분에 다시 하산을 시작, 절벽에 가설된 鐵橋枕木같은 발판이 비에 젖어 몹시 미끄럽다. 조심조심 걷는다. 10시에 전날 점심을 먹고 쉬던 곳까지 와서 20여 분을 쉬었다. 비는 계속 조용히 내리고 있으므로 산장에서부터 전대원이 판초로 몸을 가리고 하산하였다. 10시 25분에 출발하여 11시 30분 亭子같이 만든 휴식소에서 한동안 쉬었다. 향도조장의 여자에 관한 이야기도 계속된다.

12시 25분 등산로 입구의 避難小屋에 도착하여 비를 피하면서 전일 약속한 버스를 기다리고 있다. 대원 모두 동북아시아 최고봉이라는 4,000m의 옥산에 올랐다는 感懷로 安堵의 한숨을 쉰다. 만약 우리 대원들이 등산하기 수 일전부터 비나 눈이 내렸으면 정상은 커녕 등산로 입구에서 등반을 포기할 수밖에 없었을 생각을 하니 기상조건을 좋게 하여주신 山神께 감사드리고 또 감사드린다.

계속 내리는 비를 피하여 지저분하기는 하나 가건물인 避難小屋에서 커피를 끓여 마시니 온몸의 피로가 풀리는 것같다. 여러가지 어려운 조건을 무릅쓰고 무사히 등반 下山하게 됨을 다시 한번 감사드린다. 高교우, 蔡 향도조장, 전대원 그리고 李在光, 李明漢 두 연구원께도.

1시 30분 약속했던 전일의 공사장 버스가 왔다. 모두 승차한 후 비오는 산길을 굽이굽이 위태롭게 달린다. 한참 내려오니 비는 그치고 날씨는 맑게 개였다. 1시간 반쯤 달려온 차는 路上에서 설 수밖에 없었다. 아직 공사중의 이 도로의 좌측 산의 바윗더미가 무너져 내려 길을 막고 있기 때문이다. 만약 우리가 탄 차가 진행 중 이런 일이 있었으면 꼼짝

없이 바윗더미에 깔려 납작하게 되었을 생각을 하니 기가 막히고 四肢가 떨린다. 간혹 산에서 잔돌이 굴러 떨어지는 것을 피하여 무너져 내린 바윗덩어리 사이로 살금살금 빠져나오니 또 한번 아휴 소리가 여기저기서 난다. 다시 공사장에서 준비한 트럭형 버스를 타고 영흥상점에 도착하니 朴希聖, 成昌煥 두 교수가 모두 죽지 않고 돌아왔구나… 하시면서 반가히 맞아 준다.

피로한 몸이지만 저녁까지 무료하게 시간을 보낼 것이 아니라 名勝地로 알려진 아리산 관광을 하기로 하고 다시 공사장버스를 타고 阿里山區로 떠났다. 神木 三代木 博物館^{이일대에서 서식하는 곤충·동물들의 표본}^{실 같은}을 둘러보고 영흥상점으로 돌아와 기름투성이의 중국요리를 먹은 후 쉬었다가 간단히 몸을 씻고^{간이 목욕실} 삼삼오오 자유로운 시간을 보냈다.

2월 1일(수) 맑음

새벽인데 기관포같은 폭죽소리가 요란하여 익숙치 못한 대원들을 놀라게 한다. 6시 기상 흰죽 한 그릇으로 아침을 대신하고 7시 10분 트럭같은 버스를 타고 영흥상점을 떠났다. 7시 35분 아리산 汽車站^{버스 정}^{류장}에 도착하여 한 시간의 자유시간을 가진 후 8시 45분 台北행 첫 버스로 아리산구를 떠났다. 전일 臺北에서 아리산구까지 타고온 그 버스의 그 기사였다. 승객도 우리일행 외에 몇 사람밖에 없어 마치 전세를 낸 기분이다. 굽이굽이 경사진 포장길을 위험하게 달리니 몸이 좌우로 흔들린다. 곡예 운전이라고 표현하는 것이 좋을 듯하다. 9시 40분 토산품을 팔고 있는 天地莊 휴식소에서 잠시 쉬었다. 10시 천지장을 출발

10시 40분에 嘉義에 왔다. 구정 귀성객으로 몹시 붐빈다. 도시락, 과일, 음료를 준비하고 다시 출발이다. 편도 2차선의 고속도로에는 각종 차량들이 꼬리를 물고 질주한다. 12시 50분 竹南^{Chunan}에서 잠깐 쉬고 2시에 臺北^{Taipei}시내로 들어오니 향도대장이 내린다. 간단한 인사로 작별하니 무언가 좀 서운하다. 2시 30분 名城大飯店에 도착, 몽고식 뷔페로 저녁을 할 예정이었으나 구정 전일이라 시가는 모두 撤市되어 한국인 식당인 진고개로 갔다. 역시 폐문, 李在光씨의 안내로 교민이 경영하는 해장국집을 찾았다. "아빠, 손님 오셨어요."하고 안에 있는 남편 부르는 소리가 대만에 온지 몇 일 안되지만 이상하게 들린다. 작은 규모의 식당으로 따로식의 해장국인데 맛도 그런대로 괜찮은 편이다. 깍두기 맛도 좋다. 그런데 같은류의 음식보다는 값이 좀 비싼 듯하다. 중국에서는 돼지, 오리, 닭의 피는 먹어도 소의 피는 먹지 않는단다. 따라서 해장국의 선지의 원료인 소의 피를 구하기가 매우 힘들단다. 그리고 위생당국에 적발되면 큰일 난단다. 그러니 비쌀 수밖에…

　호텔로 일단 돌아온 후에 젊은 대원 몇 명과 맥주집을 찾았다. 넓은 홀에는 젊은 손님들이 몇 군데 테이블을 차지하고 마이크를 잡고 노래하고 있었다. 음치보다 좀 나은 솜씨다. 우리 젊은이들도 노래 모음집을 청하니 중국, 일본, 서양 노래와 한국 노래도 목차에 끼어 있었다. "사랑해 당신을", "이별" 등을 합창하였다. 알아듣지도 못할 터인데 주위 남녀들이 박수를 쳐준다. 우리도 그들 노래에 박수를 보냈지만, 10시에 폐문을 한다기에 맥주 몇 병과 노래 몇 곡을 부르고 나왔다. 구정 전날이라 택시 요금도 2배를 내란다. 어떤 택시는 3배를 요구한다. 어두컴컴한 사방에서 폭죽소리가 요란하다. 除夜에 惡鬼를 쫓는다는 뜻이란다.

2월 2일(목)

舊正이다. 관공서를 비롯하여 전 시가가 撤市이다. 1월 27일 대만에 도착, 즉시 서울행 비행기의 좌석을 예약하려니 모두 만석이란다. 2월 4일 자리밖에 없다 하므로 하는 수없이 그 일정에 맞추어서 우리 계획을 바꿀 수밖에 없었다. 그러므로 2~3일은 대만 관광을 하기로 하고 花蓮Hualien 일대를 둘러보기로 하였으나 국내선 비행기나 버스표는 모두 매진되어 高 교우가 팔방으로 수소문하여 6인승과 9인승 승합차를 구하게 되었다. 참으로 다행 스럽다.

2월 2일(木) 흐림

보슬비가 내린다. 가벼운 차림으로 8시 30분 호텔앞에서 두 대의 차에 분승하고 花蓮으로 달린다. 경사진 산길인데 포장은 잘 되었다. 宜蘭Ilan에 오니 이슬비는 멎고 快晴한 날씨다. 잠시 쉬었다가 출발하는데 이번에는 내리막길이다. 꼬불꼬불 돌아가는데 車速은 무척 빠르다. 멀리 우측으로 농어촌과 시원하게 펼쳐진 바다가 보인다. 논물도 대고 모심기도 하고 있다. 12시에 蘇澳Suao 항구에 도착, 싱싱한 생선요리로 점심을 들었다.

전에 화련을 한 번 와보았지만 좁은 절벽길을 위태롭게 달릴 생각을 하니 절경 구경보다는 겁이 먼저 난다. 제발 무사히 통과하게 하소서 하고 속으로 빌어 본다. 일방통행인 이 천길만길 절벽을 깎아 만든 좁은 차도를 각종 차량들이 곡예하듯 잘도 달린다. 이 길은 蘇花公路라 하여 소오와 화련을 잇는 자동차 도로로 동양 최장의 臨海 절벽도로이며 세계적으로 유명한 곳이다.

또 淸水斷崖를 지나는데 이 길을 소화공로의 제일 절경이라 하여 海面으로부터 800m 단애를 직각으로 잘라 만들었고 수 십 군데의 터널을 통과하는 절경인 壯觀의 도로이다. 이러한 험준한 곳에 차도를 개통한 중국인의 執念, 忍耐, 苦役은 참으로 놀랍다. 險難한 공사중 많은 인명사고도 있었다고 한다.

4시 40분 화련에 도착하여 여관을 찾으니 불결하고, 호텔을 찾으니 터무니없이 비싸기만 하다. 젊은이들이 동분서주 겨우 평상시의 2배를 주기로 하고 國際大飯店Hotel Comfort으로 정했다. 두 방만 쓰기로 하고 침대와 그밖의 기물을 빼고 매트리스만 방바닥에 네 개를 이어붙여 깔아놓았다. 두 방이 모두 건물 중심부에 있으므로 창문이 하나도 없다. 출입문을 닫으면 캄캄할 뿐만 아니라 환기도 되지 않아 몹시 답답하다. 10층짜리 호텔인데, 아마도 창고로 사용하던 방을 장사에 이골이난 중국인들이라 내어준 듯하다.

6시 30분 햄버거집을 찾아 햄버거로 저녁을 대신하였다. 과히 넓은 공간은 아니나 매우 깨끗하였다. 우리나라의 롯데리아같은 분위기다. 차를 타고 7시 20분부터 시작한다는 山地族의 阿美族 민속무용을 보러갔다. 기념품 판매점이 길 양편에 자리잡고 그 끝에 가설 공연장이 있다. 울긋불긋 원주민의 의상을 입은 20여 명의 단원이 農家樂阿美姑娘舞, 竹節舞, 小鼓舞, 賞月舞 등등의 고유 민속춤이 한 시간 가량 진행되었다. 틈틈이 서양 음악에 일본 노래도 부른다. 중국어, 영어, 일어로 공연의 내용 소개도 한다. 특히 일본인 관광객의 비위를 맞추려고 애를 쓰는 모습이 눈에 띈다. 호텔로 돌아온 후 젊은이들이 너무 애를 써 술 한잔 하려고 밖으로 나왔다. 작은 식당에서 죽엽주 5병을 치웠다.

2월 3일(금) 흐림

7시에 기상, 햄버거와 커피로 아침을 하고 왔던 길로 다시 太魯閣^{Taroko}에 도착, 山地族의 노파 처녀들과 기념촬영^{사진 한 번 같이 찍자고 하더니} 20원(한화 400원)씩을 달란다, 太魯閣은 花蓮 서북 26km 지점에 위치하였는데 豪壯雄威의 연 40km의 대리석 峽谷, 斷崖, 절벽으로 대자연의 奇景이 많은 관광객을 유혹할만한 곳이다. 長春祠, 寧安橋, 溪畔, 燕子口, 靳珩橋, 福磯斷崖, 流芳橋, 迎賓峽, 九曲洞, 慈母橋 등의 절경 명소를 지나 天祥^{Tienshiang}에 오니 11시다.

이곳은 표고 1,318m인 고지대로서 이슬비가 내리고 있어 寒氣를 느낄 정도로 오싹하다. 紅橋, 높이가 5m를 넘는 포인세치아 그리고 이름 모를 수목들의 울긋불긋한 꽃이 만개하고 있다. 관광객들도 많이 몰려 크고 작은 100여 대의 차가 주차 · 출입하고 있다. 이곳에서 간단히 점심을 준비하고 天祥을 떠나 大禹嶺^{Tayuling}을 지나서 東西 橫貫公路^{East-westcross island highway}를 통하여 谷關^{Kukuan}을 지나 豊原^{Fengyuan}에서 고속도로로 臺北으로 갈 예정이다. 천상을 떠나 산길을 한 시간쯤 달리다가 각종의 차는 멎고 말았다. 계곡 단애에 만든 좁은 차도는 가는 차, 오는 차가 서로 길을 비키려면 아슬아슬 하기만 하다. 소형차는 그런 대로 서로 통과가 되나 맞은 편에서 오는 대형차와 마주치면 몇 시간이고 서있어야 한다. 표고 2,000m 지점까지 거북이 걸음으로 왔으나 꼬리를 물고 서있는 왕복의 각종의 자동차 행열은 요지부동^{搖之不動}이다. 가끔 교통순경도 분주히 내왕하나 속수무책^{束手無策}이다. 오가는 운전자들이 서로 신호하여 가끔 한두 대씩 움직인다. 비는 부슬부슬 오고 날은 저물어 사방은 캄캄하다. 산중 차도에서 5시간 이상을 지체하였다. 이러한 상태에서도 간신히 표고 2,456m의 대우령에 도착하니 많은 차들이 대기·휴식하고 있다. 즉석 도시락을 주문하고 梨山^{lishan}까지 달렸다. 하도 오래 지체하여 위험한 길임은 모두 잊은듯 달리고 달려도 말들이 없다. 이산^{wnasq}에서 준비한 도시락을 차내에서 먹고 차는 또 달린다.

谷關까지 오니 밤 10시 40분이다. 잠시 쉬었다가 東西橫貫公路인 첩첩산중의 꼬불꼬불 내리막길을 두 대의 차는 무섭게 달린다. 오른쪽은 絕壁이며 왼쪽은 하늘을 찌를 듯한 높은 산들이다. 여러 곳의 水力發電用 댐의 물결이 주위의 外燈에 비쳐 별처럼 반짝이고 있다. 젊은 운전사는 졸리운지 연신 담배를 붙여 문다. 혹시 졸까봐 옆좌석에 앉은 나는 조마조마하다. 어둠 속 산길을 겁없이 달린 두 대의 차는 드디어 고속도로에 진입하였다. 시속 100km 이상으로 달린다. 도중 휴게소에서 잠시 쉬고 호텔에 도착하니 새벽 2시 10분이다. 위험한 등반, 아슬아슬했던 관광의 끝을 맺었다.

2월 4일(토) 비

새벽에 도착하여 자는둥 마는둥 하다가 7시에 일어나니 부슬비가 내린다. 자유시간을 가진 후 12시 50분 귀국준비를 하고 臺北站^역 좌측에 있는 공항행 버스를 탔다. 한 시간이 걸린 1시 50분 中正國際航空站에 도착하여 출국 수속을 마치고 2층 식당에서 점심을 간단히 하였다.

4시 20분 泰國항공 소속 TG622기의 무거운 胴體가 서울을 향해 이륙하였다. 꾸벅꾸벅 졸다보니 우리나라 시간으로 7시 25분, 金浦공항에 착륙이다. 입국수속을 마치고 밖으로 나와 安岩山友會 玉山登攀隊의 해단식은 수일 후로 역속하고 해산·귀가하였다.

초청장부터 대만에 도착하여 산행, 관광, 귀국시까지 귀한 시간을 割愛하여 物心양면으로 친절히 도와주신 高在旭 교우, 李在光, 李明漢 두 硏究員의 厚意에 진심으로 감사들이며 세 분의 깊은 연구와 무궁한 발전을 비는 바이다.

玉山登攀記를 써 달라는 산우회 간사들의 청을 받고 여행 중 보고, 듣고, 느낀 것을 적어보았다.

대만을 다시한번 생각해 본다. 대만은 자유중국이다. 보통 대만을 작은 섬나라로 생각하는 것이 상식이다. 그러나 東經 119°~124°, 北緯 22°~26°에 위치하여 북은 流球열도와 인접하고, 남은 파지해협을, 동은 태평양에 임하는, 서는 대만해협을 건너 中共대륙을 바라보고 있는 동남북아의 우리나라와 같은 最一線 反共 국가이다.

면적은 35,989km²로서 인구는 약 1,800만이고 그 밀도는 476인이고, 현재 인구 증가율은 1.95%라고 한다. 국민소득은 사회적인 안정으로 상공업이 발달하여 30년 이래 매년 증가하여 1인 소득이 1984년에는 US달러로 2,702불인데 향후 10년 후에는 5,000불을 계산하고 있으니 대단한 나라이다. 기후 조건이 좋아 三毛作이 가능하여 농산물은 과잉생산을 못하도록 각종 농산품의 생산을 억제하고 있으니 쌀한톨이라도 더 증산하려고 온갖 궁리를 다하고 있는 우리나라 형편과는 정반대이다. 상공업도 한국과 자유중국 양국이 서로 경쟁국으로 양국의 大小輕重의 생산품이 교역되고 있다. 우리의 포니가 대만의 시가를 누비고, 대만의 唐營 객차가 우리의 大宇 製의 客車와 우등열차에 연결되어 우리 철로를 달리고 있다. 일본 보다는 낮은 생산기술, 대만 보다는 높은 생산 원가라고 하니 문제가 보통 심각한 것이 아니다.

동양 고대의 문화·예술의 寶庫로서, 세계시장을 향해 선두다툼을 하는 상대국으로서의 자유중국을 생각하니 우리의 외형적인 성장, 소비성의 조장과 그들의 내실적인 발전, 외부적인 무변화와는 너무 대조적이라는 느낌이 든다.

메모한 것을 대강 적어보았을 뿐이다. 때문에 美辭麗句의 문장도 아니요, 수필가의 기행문도 아니며, 판에 박은듯한 딱딱한 등산보고서도 아니다. 개인적으로 보고, 느낀 것을 정리한 것에 지나지 않음을 밝혀 둔다.

1984. 2.

安岩. 4號

名山巡禮 —
- 日本 北알프스 紀行 -

　　순례巡禮는 성지聖地 영장靈場을 방문하는 것으로 여러 교파敎派의 종교인들이 개인적으로 혹은 단체가 되어 목적지를 순방巡訪하거나, 자기나라의 민족문화民族文化를 알기 위하여 전국의 명소名所를 찾는 國土 순례도 있다.

　　일찍이 六堂 崔南善은 그의 저서 尋春巡禮 序에서 "朝鮮의 국토는 山河 그대로 조선의 역사이며, 철학이며, 詩며, 精神입니다. 文字 아닌 채 가장 명료明瞭하고, 정확하고 또 재미있는 기록입니다. 조선인 마음의 그림자와 생활의 자취는 고스란히, 똑똑히 이 국토 위에 박혀서 어떠한 風雨라도 마멸磨滅시키지 못하는 것이 있음을 나는 믿고 있습니다" 라고 하였다.

　　高山 준봉峻峰의 인간 미답지未踏地를 정복征服하는 전문적인 산악인을 제외하고 보통사람들의 등산 이유로는 정신이나 육체적 건강을 위하여 또는 학문적으로 채집이나 조사, 답사, 관측 등을 위하여 아니면 소일消日하기 위하여 라고들 이야기 하나 나는 이러한 이유 이외에 그 고장의 자연지리와 人文地理를 함께 이해할 수 있는 기회를 만들려는 속셈도 있고 위의 六堂 선생의 글을 생각함도 있으므로 이 글의 제목도

명산순례로 택하였다. 그러나 이 글은 등산가로서의 전문적인 山行기록인 운행, 장비, 식량, 의료, 기상, 경비 등을 소상히 밝힌 보고서나 안내서가 아니며 文章家로서의 미사여구美辭麗句의 나열로 독자들에게 크고 작은 감명을 줄 수 있는 글도 아닌 단지 凡人의 등반登攀 일지日誌에 지나지 않음을 밝혀둔다.

安岩山友會는 창립 20주년을 맞아 海外 등반을 계획하여 동북아 최고봉인 대만의 玉山을 84년과 86년 두 차례에 걸쳐 다녀왔다. 그 뒤로 여러나라의 高山을 계획하였으나 시간, 경비, 체력 등 여러가지 자체 조건을 감안하여 日本의 북알프스로 결정하게 되어 여러 관계기관에 연락하였으나 如意치 않던 차에 九州의 福岡후꾸오까대학과의 친선교환 계획에 따라 고려대학교 학생산악부, 여학생 등산부와 공동등반 合意가 이루어졌는데 이 계획은 전적으로 사범대학의 安基成 교수의 헌신적인 노력과 아울러 福岡대학의 관계자, 그리고 우리 등반대를 위하여 여러가지로 配慮하여 준 天野壽信아마노, 건설 컨설턴트대표, 복잡한 수속 절차를 맡아준 朴亨圭 선생, 信有여행사 대표 南相泰 校友의 큰 도움을 받아 감사의 마음을 다소나마 여기에 드리고 싶다.

隊員 名單은

團長	師範大 敎授 安基成	裝備	總務課 申暢東
顧問	人文大 敎授 尹世英	醫療	相助會 李恩珠
隊長	安岩實業 代表 元容德		哲學課 尹鍾根
副隊長	弘報課 課長 崔昊龍	食糧	總務課 韓任順
運行	師大敎學科 主任 羅豊作		方賢珠
食糧	語學敎育硏究室 職員 南廷薰		白娜實

總務   經理課 尹鉉重

記錄   圖書館 金鍾聲

　일본에서의 高山 준령^{峻嶺}으로는 혼슈^{本州} 중부에 위치한 나가노겐 長野縣과 岐阜현의 경계를 이루고 있는 북알프스의 白馬山^{2933m}, 槍岳 3180m, 奧穗高岳^{3190m}의 연봉^{連峰}과 남알프스의 農鳥岳^{3026m}, 間岳 3189m, 北岳^{3192m}의 연봉^{連峰}들이다. 이들 巨峰들은 모두 3,000m를 넘는 일본 最高의 산들이다.

　오래전 日本帝國은 대만^{臺灣}을 침략한 후 동북아세아 최고봉인 대만의 玉山^{3997m}을 알게 되자, 자기나라의 영산^{靈山}이라고 하는 후지산^{富士山}보다 221m나 더 높은 산임을 확인하고 니이다까야마^{新高山}라고 이름을 붙일만큼 일본 내 高山들이 동양에서도 최고봉인줄만 알고 있었다. 따라서 북알프스의 여러 산들은 주위의 山勢가 험준하여 요즈음도 자주 조난^{遭難}사고가 일어난다고 한다. 최근의 傳言에 의하면 우리 등반대에 많은 신경을 써준 福岡대학 산악부의 다나까^{田中充}도 우리가 다녀온 후에 이곳에서 조난을 당하였다고 하니 산에 다니는 한 사람으로서 패기있던 그 젊은 산악인의 명복^{冥福}을 빌며 그의 가족에게 늦게나마 이 글을 통해서 위로의 말을 전하고 싶다.

24일(日)

　8시 30분 상조회 사무실에서 모여 총무과의 배려로 학교버스를 이용하여 김포공항으로 이동하였다. 평소에는 붐비던 김포가도도 일요일 아침이라 자동차의 왕래와 인적이 드물어 한산한 느낌이다. 1시간만에 공항에 도착하니 맑은 하늘과 깨끗한 공기가 시원하다. 출국 수속을 하는 중 최재석 회장, 박형규 선생, 남상태 교우, 다음날 출발 예정인 학생 산악부 부장, 여학생 등반대장이 인사차 나와있었다.

탑승搭乘 수속을 마친 후 KE 736기에 올랐으나 승객이 반도 안된다. 굉음轟音과 함께 거대한 동체胴體가 지상에서 멀어진다. 잠깐사이에 김해 국제공항에 도착하였는데 비어있던 자리는 이곳에서 탑승한 내·외국인들로 만석이 되었다.

1시 30분 이륙한 비행기는 잠시 후에 후꾸오까福岡공항에 도착하였는데 현지 시간으로 1시이다. 우리나라에서의 썸머타임 실시로 자기 키의 반보다 더 큰 배낭을 짊어지고 福岡국제공항을 나오니 하네다羽田, 나리타成田 국제공항에 비해 규모나 시설이 떨어지고 협소하다.

후꾸오까는 일본에서 공부할 때 여러 번 들린 곳이다. 주위의 사가佐賀, 나가사끼長崎, 오오이다大分, 구마모도熊本현의 여러 유적지를 답사하기도 하고 명소, 자료실, 박물관을 들리기 위해 도쿄東京에서 신깐센新幹線을 타면 종점이 되는 곳으로 별로 낯선 곳은 아니다. 그리고 이곳의 이다쯔께板付유적은 유리나라의 선사시대로부터 많은 문물이 접합되던 곳이다. 낮은 저습지를 이용하여 주변의 충적평야에서 경작耕作을 한 야요이彌生시대 전기로부터 중기에 걸친 西日本의 村落유적으로 유명한 곳이다.

2시에 후꾸오까 대학의 교직원과 학생산악부원 몇이서 대학버스25인승로 우리 일행을 영접迎接차 나와주었다.

대학 세미나 하우스Fukuoka Unibersity Seminar House에 도착하니 바닥은 모두 카펫으로 깔아서 청결하고 고급 분위기의 인상을 받았다. 이세미나 하우스는 기숙사와는 성격이 달라 대학원생, 교수, 외래 연구원에게 일정기간 사용료를 받고 제공하는 숙소로서 학교와는 따로 한적한 숲속에 있는데 독서실, 대소 세미나실, 식당을 갖추고 있는 대학의 부설 독립건물이다. 방을 배정받아 보니 책상전기 스탠드가 딸린, 침대, 옷장, 조리대, 가스레인지가 설치되었고 간단한 주방집기도 갖추어져 있다. 냉·온수를 쓸 수 있는 욕실, 화장실이 있어 장기간 이용해도 불편이 없을 듯하다. 10여 년전에 동경에서의 생활이 생각이 난다. 이용안내서를 보니 하루에 2,700엔으로 매우 低廉한 價格이다.

6시 세미나 하우스 식당에서 우리 일행의 환영회가 있었다. 대학 관계자, 산악부학생, 天野壽信씨 외에 한국문학을 전공하는 교수, 그리고 한국에 다녀온 적이 있는 교수 몇 분도 초대한 배려配慮가 고마웠다. 양교 대표의 인사말에 이어 개개인의 소개가 끝나고 선물 교환 후 보기 드문 성찬을 대접받았다. 젊은사람들은 일어, 영어, 필답筆答을 통해 서로의 의사 소통이 진행되었다. 여흥餘興으로 노래자랑이 시작되자 주최 측에서 자국 노래를 몇 사람이 부른 후 놀랍게도 "돌아와요 부산항에", "노란셔츠 입은 사나이"를 제대로 불러주어 나도 일본 노래로 응수하니 모두 입을 다물지 못한다. 그리고 신창동 대원의 노래솜씨에 많은 박수를 보냈다. 에델바이스를 합창한 후 기념촬영을 끝으로 이날 공식 일정을 모두 끝마치었다.

8시 대원들이 시내 구경을 나가자고 하기에 밖으로 나오니 비가 부슬부슬 내린다. 현관에 모여 걱정만 하고 있어 안내실에 사정을 이야기하니 우산 5개를 빌려준다. 이러한 친절이 일본인의 본성이다. 작은 주점, 커피집, 파친코가 많은 것은 전이나 다름없다. 한바퀴 돌아서 숙소

로 돌아와 安, 元, 崔, 南 대원과 앞으로의 스케줄에 대해 의논하면서 슬
금슬금 마신 양주가 발동이 걸렸다. 서창캠퍼스에 다니면서 아침을 거
른 것이 여러해라 여행중인 오늘도 굶고, 점심에 기내에서 준 샌드위치
에도 생선을 갈아넣어 먹지 못하고 저녁은 이리저리 다니면서 맥주 몇
잔을 나누니 취기가 돌 수밖에 없었다. 잠은 오지 않아 몇 잔의 녹차만
마시면서 일과를 정리하였다.

25일(月)

　7시 식당에서 아침을 하고 휴게실에서 TV를 보는데 일본 해군 잠
수함이 낚시꾼들을 태운 배를 들이받아 침몰하여 많은 사망자와 실종
자가 발생하였다는 보도다. 현대식 전자 장비를 갖춘 잠수함이 작은 어
선을 받을 정도면 무엇이 잘못 되었을까? 대형사고에 예감이 不吉하다.
대학에서 보내준 버스로 학교에 도착하니 학처장이 아직 출근하지 않
았다 하여 전산소를 들렀는데 이곳 최고의 설비라 매우 부러웠다.

　12시 45분 택시 몇 대에 분승하여 하까다博多 역에 도착하여 3시 35
분 신간센新幹線 히까리光 12호 東京행을 기다리는데 天野사장 구주대학
생 한국통인 니시다니西谷 교수가 알고 찾아왔다. 방학인데도 좌석은
1/3정도밖에 차지 않았다. 히로시마廣島, 오까야마岡山를 거치면서 天野
사장이 준비한 도시락을 열으니 이곳에서도 최고급으로 주문한 듯 내
용이 충실하다. 기차는 또 달리는데 출입문 위에 붙은 현재의 속도판에
는 시속 220km를 오르내리는 전자시속계가 점멸點滅한다. 신오사까新大
阪, 교또京都를 거쳐 7시 36분에 나고야名古屋에 도착하였다. 우리보다 하
루 늦게 출발하는 남녀학생 산악부와 만나기 위해 대합실에서 기다리

는데 무료하게 앉아있을 수 없어 몇 사람을 유혹하였다. 역의 옆으로 좁게 난 골목을 따라가니 자그마한 주점들이 눈에 띈다. 간판은 쯔루야 鶴八이다. 홀과 칸막이 방에는 남녀 주객들이 꽉 차있었다. 간장종지만 한 작은 그릇에 담은 안주는 바닥만 가렸을 뿐이다. 잠깐 사이에 몇 병을 비우고 한국에서 온 등산객인데 기념으로 도꾸리德利, 정종을 담아 마시는 작은 술병를 가져가도 되겠느냐 하니 주인은 새 것으로 인원수대로 가져왔다. 감사하다는 인사와 함께 올림픽 구경을 오면 호의에 보답하겠다 하고 기념사진까지 찍었다.

10시 30분 우리대학의 남녀학생 산악부원들이 건장한 모습으로 나타났다. 서로의 산행스케줄이 달라 잠시 인사만 나눈 후 헤어지니 낯선 곳에서 저녁 한 그릇 나누지 못한 서운한 마음을 달래며 그들의 안전 등반을 빌었다.

26일(火)

0시 45분에 마쯔모도松本로 출발하였다. 삑삑하는 시골기차는 심야라 그런지 승객이 별로 없어 한 좌석에 한 사람씩 누어 잠시 눈을 붙였다. 松本는 가미고지上高地로 가는 등산객이 꼭 들르는 경유지여서 역의 구내에는 많은 젊은 등산객이 여기저기 모여있었다.

새벽 4시에 松本에 도착하여 3대의 택시에 나누어 타고 上高地로 향하였다. 대당 13,000엔이다. 전차나 버스가 있으나 시간도 맞지 않고 값도 별차이가 없어서이다. 2차선의 아스팔트 길을 구비구비 달리는 길 옆으로 20여 년전에 건설하였다는 다목적 댐 3개소와 19개의 길고 짧은 터널을 지나는데 거리는 49km라고 한다. 아침 5시 30분에 上高地에 도착하니 한적한 곳으로 우체국, 안내소, 취사장, 야영장이 설치되어 있었다. 안내소에 불필요한 짐을 맡기니^{한뭉치에 300엔} 짐은 조금 줄었다. 라면으로 요기만 하고 7시 20분에 출발하였는데 조용한 시골길을 걷는 기분이다. 조금 걸으니 폭은 넓으나 얕은 강 위에 가설된 갓바바시^{河童橋}라는 다리 앞에서 기념촬영을 하였다.

등산로는 차츰 좁아져 용달차 한대가 겨우 지나갈만한 길은 평탄한데, 왼쪽으로는 깨끗한 냇물이 흐르고 오른쪽은 숲이 우거졌다. 가끔씩 만나는 소^沼에는 아침햇살을 받으며 몇 쌍의 원앙새가 한가로이 유영^{遊泳}하고 있다. 9시 30분에 도꾸자와^{德澤}에서 잠시 쉬고 다시 1시간 정도 가다 냇가에서 간식도 할겸 쉬었다. 냇물은 몹시 차가웠는데 음료수로 이용하지 말라는 팻말이 여러군데 서있다.

11시에 요꼬오^{橫尾}에 도착하니 떠나온 가미고지까지 11km, 앞으로 갈 德澤까지는 6km이고 이곳의 해발은 1640m라는 안내판이 서있다. 산장 앞에서 점심을 지어 먹었다. 이곳까지는 일반관광객들도 많이 와 있었다. 한여름의 낮인데도 고산지대라 시원한 바람이 분다. 먼산에는 희끗희끗한 곳이 많아 바위가 깨어진 곳인줄 알았더니 萬年雪이 덮혀 있는 곳이다. 무식한 등산객임을 自責해 본다. 산길 옆으로 급히 흐르는 맑은 냇물은 손을 담글 수 없을 만큼 차다. 산허리를 도는 좁은 길은 경사도가 심하더니 힘이 들기 시작한다. 흙길, 돌길을 힘겹게 한발한발 옮겨놓고 지난 봄까지 내려 쌓인 눈은 한사람 정도 다닐만큼의 좁은 길만 터놓았는데 허리까지 차는 눈길을 밟아가며 가다자와^{涸澤}산장에 도착하니 6시 10분이다. 아침 7시 20분부터 걸었으니 11시간을 걷고 쉬고 한 셈이다. 산장에 入山申告를 끝내고 땀에 흠뻑 젖은 내의를 갈아입으니 살만하다. 야영장은 온통 돌밭이다. 그것도 산에서 깨어진 삐죽하고 편평한 割石들이다. 흙이라고는 한줌도 없고 나무 한 그루 서있지 않다. 적당히 편평하게 만들고 천막 3동을 설치하였다. 텐트설치료는 1인 당 300엔을 받는다. 멀리 서있는 앞산에는 흰 눈이 두텁게 덮혀있다. 몇 사람이 스키를 타는데 개미만큼 작게 보인다. 주위에 200여 동의 각색의 텐트에서는 저녁을 짓기도 하고 잡담도 하는데 매우 조용하여 문화인 답다. 그러면서도 이방인인 우리들의 행동을 조심스럽게 살핀다. 저녁을 끝내니 날이 저물면서 기온도 급히 내려간다. 작은 텐트에 넷이서 등산화만 벗고 침낭寢囊속으로 들어갔다. 협소하여 돌아누울 수도 없는데다 오싹오싹 한기마저 느껴진다.

27일(水)

새벽 4시 30분 일어나 보니 언제 떠났는지 주위의 천막들이 대부분 철수되었는데도 전혀 소음騷音을 듣지 못하였고, 쓰레기 한점 발견할 수 없었다. 등산객 이전에 평소에 다른 사람을 배려하는 일본인 특유의 단체행동 습속의 산물이라 할 수 있을 것이다. 간단히 아침을 끝내고 6시에 출발한다는 것이 좀 늦었다. 고도는 2,650m이며 기온은 10℃이라 서늘하다. 이곳 野營場에는 큼직한 돌로 울타리를 쌓은 횟데山幕가 있고 산중턱에는 山莊이 지어져 있다. 1박 2식에 5,500엔이다. 야영장 끝에 설치된 간이 화장실은 오물이 하나도 없어 매우 깨끗하다. 만년설 녹은 물이 화장실로 통과·식힌 자연수세식이다. 때문에 흐르는 냇물은 음료로 사용하지 말라는 푯말이 붙었음을 이해하였다. 멀리 산장 옆의 봉우리 주위에 우리보다 먼저 출발한 등산객이 조그맣게 나타났다 사라진다. 그 가파른 길을 통과할 생각을 하니 걱정도 된다. 무거운 배낭을 지고 좁은 경삿길을 오르려니 땀이 계속 흐른다. 뿐만 아니라 폭이 70~80cm밖에 안되는 능선의 좁은 등산로 남쪽은 천길만길 낭떠러지다. 아차 실수라도 하면 가루도 못 찾을 것이다. 그런가하면 북쪽에는 태초부터의 만년설이 쌓여있다. 실족하여 떨어져 눈속에 묻히면 아예 찾을 생각을 못 할 것이다. 한여름인데도 눈과 어름을 밟고 지나간다. 기를 쓰고 옮겨놓는 다리는 결국 오꾸호다까다께奧穗高岳, 3000m에 도착하였는데 8시 30분이다. 기온은 14℃이나 땀에 젖은 몸은 고산의 바람으로 서늘하게 느껴진다. 산장 주위는 온통 두꺼운 눈이 다져져 있다.

기념품 몇 가지를 사고 食水를 채운 후 이곳에서 1000m거리에 위치한 정상으로 향하였는데 이곳에는 절벽이 많아 쇠사다리 쇠줄wire rope이 군데군데 놓여있었다. 밑을 내려다보니 현기증이 날 지경이다. 이슬비가 내려 나무 한 그루, 풀 한포기 없는 크고 작은 돌길은 미끄러워 위험도를 더 한층 높힌다. 10시에 정상에 도달하였는데 짙은 게스안개로 몇 m 앞밖에 보이지 않는다. 망망대해茫茫大海에 일엽편주一葉片舟라더니 첩첩산중疊疊山中에 무고고아無告孤兒같은 기분이 든다. 기념촬영을 끝내고 다시 출발이다. 묵직한 배낭을 멘 일본학생들이 한줄로 가파른 산길을 오르고 있다. 서로 스치면서 오하요고자이마스, 곤니찌와의 인사를 잊지 않는다. 이러한 매너는 우리 학생들도 배우기를 바란다.

비는 주룩주룩 내려 시야를 가리고, 땀은 줄줄 흐르고, 돌길은 미끄럽고, 짐은 무겁고, 다리는 후들거리고, 시장끼는 돌고, 능선길 좌우는 천길만길 낭떠러지이고, 왜 이런 짓을 사서할까 생각해 본다. 10시 10분 아쉬우나 정상을 출발하여 돌길과 쇠사다리를 걸쳐놓은 좁은 길 여러군데를 거쳐 12시에 쵸오네弔尾根에 도착하였는데 여러갈래의 길이 나있다. 짙은 안개로 방향감각이 어렵다. 지도와 컴퍼스로 궁리를 하는데 마침 젊은 부부등산객의 도움을 받아 제길로 들어섰다. 한참을 내려오니 돌길은 끝나고 흙길이 연결된다. 오래간만에 흙을 밟아본다. 다께자와岳澤의 목조건물인 산장2032m에 도착하니 3시다. 굵은 빗줄기는 계속 내리고 있다. 산장 한 모퉁이에서 라면으로 점심을 때웠다. 4시에 산장을 출발하였는데 여기서부터는 길은 좋으나 걷기가 싫다. 무거운 다리를 끌고 가미고지上高地를 향하는데 주변의 경치는 선경仙境을 연상聯想시킨다. 조용하고 넓은 숲, 이름 모를 산새 울음소리, 얕은 습지대濕地帶에 가설한 침목枕木같은 부교浮橋가 이어지는 인적人跡이 드믄 곳이다. 초옥草屋이나 한 채 짓고 살고 싶은 생각이 절로 난다.

6시 20분에 가미고지에서 맡긴 짐을 찾고 택시로 마쯔모도에 이르니 10시 10분이다. 주변에서 호텔을 찾으니 모두 예약이란다. 할 수 없이 일부는 대합실에서 쉬고 元, 崔 양씨와 함께 사우나를 찾아 목욕하고 1인당 사우나 1800+취침료 700=2500엔 찬 맥주 몇 캔을 비우니 날아갈듯한 기분이다. 새벽 5시에 깨워줄 것을 부탁하고 꿀맛같은 단잠을 청하였다.

28일(木)

6시에 마쯔모도역을 출발한 도쿄행 아쯔끼 2호는 특급 자유석 열차인데 우리나라 무궁화호같다. 이른시간이라 승객은 우리일행 외에 몇 사람 뿐이다. 비오는 차창 밖을 내다보니 우리농촌과 흡사하나 훨씬 윤기가 흐른다. 후지산富士山을 오르기 위해 7시 50분 오오쯔끼大月에 도착하여 가와구찌고河口湖행 기차를 갈아타고 9시 30분에 도착, 택시로 후지산 등반로 입구인 고고메^{五合目}에 다달으니 10시 20분이다. 잠시 쉬었다가 11시를 좀 넘어 후지산 정상으로 출발 七合目, 八合目을 지나 九合目을 거쳐 元, 崔 대원과 함께 도중 하산하였다. 정상까지 다녀온 대원들은 밤 8시경에 돌아왔는데 모두 삶아놓은 미역줄기같다. 그들의 근성, 건강 모두를 예찬할만 하다. 五合目에서 택시로 河口湖 온천장여관에 도착하니 9시이다. 무사고 등반의 간소한 自祝宴을 가진후 모처럼 방에서 자본다. 당초의 계획에 약간의 무리가 있었음을 시인한다. 후지산과 북알프스의 등반을 따로 하던가 아니면 북알프스에서 며칠 또는 후지산에서 1박 정도의 일정이 무난하리라 보며 기회를 만들어 다시한 번 다녀올 생각을 하였다. 귀국하여 바로 格巖 朴希聖 선생님의 悲報를 받았다. 우리 산우회의 정신적인 지주같은 선생님의 영면^{永眠}을 비는 바이다. 25일 일본에서 아침 까마귀의 울음소리가 생각난다.

佛敎에서 말하기를 萬物은 일어났다 머물고 무너졌다 없어진다^{成往壞空}고 하는데 어찌하여 世俗人들은 자연의 섭리^{攝理}를 모르고 權勢와 財物에 탐욕^{貪慾}이 심할까. 기원전 헤라크레이토스$^{Herakleitos\ 544\sim483}$$_{BC}$도 萬物流轉의 법칙과 변멸^{變滅}의 이치를 말했고, 페르시아의 제미루 王도 당대 高名한 학자들에게 명하여 가장 정확한 人類史를 편찬케 하였는데 50여 년 걸려서 만든 책의 결론은 "인간은 나서 고생하다 죽는다"라 하였다고 전한다. 이와같이 이 세상의 생물은 변하여 없어지는 것이다. 이러한 이치는 물질과 육체뿐만 아니라 정신도 마찬가지이다. 우리의 현재의 감정도 오래 지속되지 않는다. 그것은 하늘이 꺼지고 세상이 무너질듯한 슬픔이 있어도 세월의 지남에 따라 눈물은 마르고 슬

픔도 잊혀지니 精神이나 感情도 實體가 없기 때문이리라. 따라서 정신도 낳았다 머무르고 변했다 없어지는 生住變滅 과정을 밟을 수밖에 없다.

科學하는 現代人들같이 自然을 積極的으로 克服하고 살기보다는 原始人들처럼 자연에 순응順應하며 살고싶은 심정이라 앞으로도 틈나는 대로 잠시만이라도 자연의 품에 안겨 純粹한 自然人에 接近하고 싶다. 그렇게 살다보면 儒敎的 관념觀念의 통과의례通過儀禮인 冠, 婚, 喪, 祭가 아닌 우리 인간들의 통과 순서로서 生, 老, 病, 死로 귀원歸元, Returning to dust하여 어느 산자락 한 곳에 부드러운 흙이 되겠지…

1987.

安岩. 제 6호

등반(登攀)과 여정(旅情)

　여행이란 사업事業이나 유람遊覽을 목적으로 다른 고장이나 外國에 나가 다니는 것으로, 公的으로 시간을 맞추어 여러사람이 함께 행동하는 경우와, 개인적으로 아무곳이나 自意的으로 지역을 택하여 시간 나는대로 떠날때가 있다. 단체여행은 반드시 스케줄이라는 시간과 행동에 제약制約이 있으나 자기만의 혼자 여행은 구름이 가고 물이 흐르듯行雲流水 자유로워 구속拘束이 없다.

　여행에는 未知의 세계로의 初行도 있고 여러차례 다녀보아 낯익은 고장도 있을 것이다. 여하간 여행은 잠시나마 틀에 박힌 생활에서 벗어나는 것은 틀림없다. 더우기 낯선지방 특히 風土, 言語, 習俗이 다른 외국여행의 경우에는 여러가지 지식과 경험, 의미와 보람을 얻게 된다. 그러나 새로운 지식과 체험을 얻는다는 이유로 여러나라를 盲目的으로 돌아다니는 것만으로는 좋은 여행이 될 수 없다. 일반적으로 많은 시간과 경비를 들인 여행에 의하여 감지感知하는 것이 돈들이지 않고 터득하는 즉 讀書에 의한 여행에서 배우는 것보다 못한 사람이 많기 때문이다. 그리고 책으로 보는 여행은 저자著者에 의하여 그 내용과 정신이 유도誘導되지만 체험體驗으로 하는 여행은 자기가 아는만큼 보고, 느끼고, 사고思考하기 때문이다.

자기와 다른 사람을 위해 여행하는 사람은 사회에 유익有益한 사람이 되고 단순한 호기심好奇心의 충동衝動이나 목적없는 여행은 과소비의 방랑자放浪者에 불과하다. 인간생활은 왔다갔다 하는 나그네의 길이라고도 한다. 인간에게 정처定處없이 떠도는 것처럼 고통스러운 것은 없을 것이다. 그래서 여행이 즐거우려면 돌아갈 보금자리가 있어야 한다. 그리고 여행의 진미眞味는 무엇보다도 인생의 무거운 의무義務와 책임責任에서 잠시 해방되는 자유의 기쁨에 있다. 그러므로 여행은 즐겁고, 고독孤獨하여 인간을 겸허謙虛하게 하고 사물에 대한 관용寬容을 가르치므로 생활이 인생의 산문散文이라면 여행은 인생의 시詩라고 하였다. 따라서 자식이 귀貴할수록 여행을 시키라 하고 여행의 횟수回數가 인생의 도량度量을 축적蓄積시킨다 하였다.

　　10여 년 전에 갑자기 계획에 없던 싱가포르를 방문할 기회가 되었다. 일본 게이오慶應대학에서 박사학위 수여식이 있으니 참석하라는 통지를 늦게 받았다. 당시만 하여도 일본대사관에서의 비자발급이 여러 날 걸리었으므로 당장 출국하려면 통과비자일본외 다른 나라를 경유한다는 조건부 입국밖에 발급이 불가능하다 한다. 할 수 없이 싱가포르에서 크게 사업을 하는 매제妹弟에게 연락을 하여 팔자에 없는 싱가포르를 방문하였다. 父親에 이어 長子도 일본의 대학에서 학위를 받게 되니 개인은 물론 집안의 영광이었으므로 싱가포르에서의 대접은 융숭隆崇하였다. 그리고 妹弟의 호의好意로 싱가포르을 비롯하여 말레이반도 남부를 차지하고 수도 콸라룸푸르kualalumpur가 있는 서말레이시아, 인도네시아를 여행하게 되었다. 특히 인도네시아는 世界最古의 피테칸트롤프스에

렉투스^{자바猿人}의 발견된 유적이 있어 오래전부터 한번 찾아가 보려고 한 곳이었는데 이번 여행으로 뜻하지 않았던 世界最大 佛敎遺蹟인 보로부두루의 佛塔과 佛像 등 여러 유적^{遺蹟}과 시신을 옷만 입힌채 아무 시설이 없이 대나무를 쪼개서 엉성하게 엮어 천막처럼 세워 주검을 안치한 풍장^{風葬}을 볼 수 있었다. 그리고 세계적인 裸體海邊으로 유명한 발리섬 여행도 겸하고 그 외로 이지역의 고유 民俗文化를 접할 수 있는 절호의 기회가 되었다.

現代式 高層建物이 熱帶性植物과 어우러진 매우 아름다운 나라였다. 북으로는 泰國과 남부는 죠홀^{johor}해협을 사에에 두고 싱가포르와 접경하고 있으나 여러면에서 또 다른 정취^{情趣}를 느꼈다. 저온다습^{低溫多濕}의 열대성기후의 常夏의 나라로 오후에는 30~40분씩 스콜이 내렸다. 그리고 아침·저녁으로는 서늘한 기분이었다.

말레이시아 祖上은 新石器時代 中國으로부터 남하하였는데 7세기 경에는 수마트라의 스리비자아^{Srivijaya}의 지배를 받았고, 14세기에는 자바의 마자바이뜨^{Majapahit} 屬國이 되고, 15세기에는 回敎國으로 改宗한 마라까^{malaka} 王國으로 되었다. 16세기에는 포르투갈, 17세기에는 네덜란드, 19세기 이후는 英國의 保護領이 되어 100년을 週期로 統治國이 달라지는 苦難을 격었으나 1957년 말라야聯邦으로 독립하고 1963년에 북부 보르네오의 사바^{Sabha}, 사라왁^{Sarawak}, 싱가포르를 統合하였으나 1965년 싱가포르가 독립하여 都市國家로 成長·발전하게 되었다. 따라서 현재의 말레이시아로 서말레이시아에 11개주, 동말레이시아에 사바, 사라왁 2개주로 구성된 立憲君主國으로 각 주에는 독자적 自治權이 있으나 페낭^{penang}, 말라까, 사바, 사라왁을 제외한 여러 주의 세습^{世襲}, 수장$^{首長, sultan}$에 의하여 임기 5년의 國王이 選出되고 있으며 回敎^{이슬람교}가 國敎이지만 信仰의 자유가 있다. 人種 分布로는 말레이시아가 56%, 中國계 33%, 印度계가 10% 기타로 이루어진 複合民族 국가로서 앞에 들은 慣習, 宗敎, 文化가 다른 여러나라의 屬國이 었으므로 각 민족문화가 吸收·同化된 독특한 문화를 지닌 나라로서 商權은 역시 대부분을 중국계 사람들이 장악하고 天然고무, 石油, 原木, 朱錫$^{세계제 1의}$ ^{매장량} 등의 풍부한 地下資源을 바탕으로 開發途上의 나라로 浮上하여 우리나라 경제발전을 모델로 하여 東邦政策$^{Look East}$을 써서 新興 工業國으로 약진^{躍進}하고 있다.

그런데 이번에 세계에서 3번째로 큰 보르네오섬의 북부를 차지하고 있는 동말레이시아의 사바주의 키나발루시에 머물게 되었다. 그것은 전문적인 山岳장비 없이도 오를 수 있는 동남아시아에서 가장 높은 4,101m의 키나발루산을 오르기 위해서이다.

키나발루시는 인구 약 50만 정도의 현대식 도시로서 중국계가 역시 상권을 비롯한 제반 主導權을 잡고 있으므로 곳곳에 漢字, 간판이 많이 보인다. 그러나 각종 선거에서는 得票하지 못한다고 하니 돈의 위력도 政治的 參與는 어렵고, 각 民族간의 보이지 않는 갈등도 심한 듯하다.

이곳 사바주에도 상징적인 총독이 있다고 하나 실권은 전혀없고 일일이 서말레이시아의 간섭을 받아야 하는 것까지는 좋으나 이지역의 개발 의욕도 저지시키고 크고 작은 산업도 육성하지 않아 현재의 정책으로는 발전 가능성이 희박하다는 비관론이다. 이것은 싱가포르가 독립을 선언하였고, 또 요즈음 세계적인 추세로 미루어 볼 때 지리적으로 말레이시아와 멀리 떨어져 있고 無限한 자연자원을 확보한 사바나 사라와도 독립할 우려가 있어 보이므로 매우 억제가 심하다고 한다.

키나발루산은 現地 住民들 특히 가다잔Kadazans족은 죽은자死者의 聖地의 의미인 아키나발루라고 부르며 숭앙崇仰하는 산이라는 뜻도 있다. 코타키나발루의 kota는 시, 항구를 일컫고, kina는 과거 일본인들이 중국을 지나支那라고 부른 것이 현지 발음으로 키나로 되었다 하며, 발루의 Balu는 과부寡婦라는 뜻이라 한다. 옛날에 중국의 한 젊은이가 이곳에 와서 미모美貌의 女人과 사랑의 인연因緣을 맺고 同居하다가 본국에 잠시 다녀온다 하고 떠난 것이 감감無消息이라 기다리다 지친 여인은 이제나 저제나 하고 이 산꼭대기에 올라와 郎君의 歸還을 애타게 고대 하다가 그곳에서 생을 마쳤다는 전설의 산이다.

11시 출국수속을 마치고 면세점에서 여행중에 소비할 기호품을 사서 넣으니 제법 묵직하다. 대기실에서 잠시 쉬었다가 말레이시아 항공 MH 063기에 오르니 외국인은 별로 눈에 띄이지 않고 승객 대부분이 우리나라사람들이다. 사업차 출국하는 사람도 있겠으나 거의가 여가餘暇를 즐기러 나가는 듯하며 이나라 거품경제 실상의 한 면을 느끼게 한다.

12시 20분 굉음轟音과 함께 이륙한 기내에는 가무잡잡하면서도 균형미均衡美를 갖추고 친절하게 접대하는 말레이시아항공의 여승무원의 전통미를 가미한 초록색의 유니폼에 눈길이 간다. 운항시간이 길어서인지 덧창을 모두 닫고 비디오를 상영한다. 이어폰으로 소리를 듣는데 컴컴한 기내는 동요없이 정지된 안방과 같은 느낌이 든다. 어린 자식에게 야구를 가르치는 과정에서 고생스러운 일과 여러가지 해프닝을 곁들인 것으로 결국 그 아이가 속한 팀이 우승하는 내용이다.

入國카드를 적으려니 또 旅券번호가 기억나지 않는다. 기재후 무료하여 한장, 두장 넘겨본다. 92년 만기가 되어 95년까지 연장한 여권에는 각국의 入國査證을 비롯하여 上陸입국, 出國출항의 붉고, 푸른 스탬프가 거의 매장마다 찍혀 있다. 이중에는 국제회의, 학술발표 , 학생인솔 등의 公的여행도 있었으나 순전히 여행, 등반 등의 취미나 나들이도 여러차례가 된다. 공식적인 비용을 지급받아 출국하기도 하였으나 개인비용도 적지 않게 소비하였다. 아마 모두 합치면 제법 많은 비용이 지출된 듯하여 잠시나나 自責도 하여 본다. 뒷좌석이 많이 비어있어 나름대로 편히 가기 위해 자리를 옮겼다. 잠시 후 많은 吸煙客이 몰려들어 연기를 빨고, 뿜어 댄다. 機內 서비스도 좋은 편이어서 乘務員의 발거름이 바쁘다.

5시에 코타키나발루의 꾸찌공항에 도착하였는데 우리나라와는 1시간의 時差가 있으므로 현지 시간으로는 4시다. 까다롭지 않은 입국수속을 마치고 廳舍를 빠져나오니 후텁지근한 날씨에 비마져 주룩주룩 내리고 있다. 空港의 규모도 매우 작고 출영객도 없으며 주차장에도 차들은 거의 없다. 운행중인 차안에서 안내원이 自己소개를 한다. 韓國沙巴世界旅行公司Korea world tours and travel의 安씨 라고한다. 현지인과의 混血에 의해 출생한 느낌을 받을 정도로 남방계 사람과 흡사恰似하다. 후에 안 사실이지만 우리나라에서 고등학교까지 졸업하였다고 함 대기한 25인승의 버스 2대에 분승하고 호텔로 향한다. 열대성 식물과 開化된 작은 가옥들이 차창을 스친다. 깨끗하고 아름다운 도시라고 생각하는 순간 판자로 엉성하게 지은 水上家屋들이 집단으로 住居를 이루고 있어 불결하고 非衛生的이라는 생각이 들어 市民의 生活與件과 民度의 水準을 짐작케 한다.

전에 여행한 서말레이시아는 固有한 傳統의 지붕을 올린 土俗의 高床家屋들과 현대식 고층건물이 調和를 이루고 있어 무척 아름다운 도시로 보았는데 이곳 동말레이시아는 그곳과는 전혀 다르다. 開發이 되지 않아 몹시 落後된 모습이다.

5시가 좀 못되어 호텔 샹그리라^{Hotel Shangri-La 香旅里拉大酒店}에 도착하였다. 11층의 白色건물로서 2층에 Grand Palase^{帝苑大酒樓}라는 큰 간판이 붙어있다. 이곳에서는 이름난 호텔인데도 소파 두어개가 놓여져 있는 좁은 로비 옆에는 그다지 넓지 않은 주점 하나가 있으나 손님은 없다. 방을 배정받으니 최대룡 총무과장과 룸메이트가 되었는데 전에도 국내·외여행시 같은 방을 함께 사용한 적이 여러차례인데 그는 생활을 편안하게 유도한다. 더블베드가 놓인 널찍한 방은 열대기후에 맞게 천장이 매우 높았다. 응접세트와 양복장, 냉장고, TV는 갖추어져 있으나 치약, 칫솔, 면도기가 없다.^{물론 개인적으로 준비는 하였으나} 욕조도 깨끗한 편인데 비닐커튼 대신에 대형 투명아크릴 문짝을 달아 여닫게 한 것은 다른 호텔에서는 볼 수 없었던 시설이다.

호텔 2층의 중국식당에서 저녁을 하였는데 국내에서의 중국요리 보다 훨씬 못하고 맛도 다르다. 이 지역에서 4모작도 가능한 찰기없는 흐트러지는 쌀밥은 식성에 맞지 않는다. 세계적으로 쌀은 細長形의

Indica와 短粒形의 Japonica로 나뉘어지는데 동남아 지역에서의 쌀이 바로 安南米, 越南米로 불리어지는 Indica종이다. 이중에서 중국 河北의 단립형의 쌀이 우리나라 신석기시대 중반에 들어 왔고 6.25를 전후하여 安南米가 수입되기도 하였다.

바람도 쐴 겸 거리로 나왔다. 大路에는 차들이 줄을 이었다. 대부분이 日本산 차들이다. 英國이나 日本이 지나간 곳에는 차들이 모두 左側通行이다. 이곳도 마찬가지이다. 뒷길에는 기둥만 서있고 벽과 문짝이 없는 중국계 음식점에 손님들이 듬성듬성 앉아 먹고, 마시고 있다. 기웃거려 보았으나 食慾이 전혀 동하지 않는다. 호텔로 돌아와 내일 등반을 위한 복장과 배낭을 정리한 후 젊은 간사^{젊지도 않음}들과 무사고 등반을 기원한다는 뜻으로 술자리를 벌인 것까지는 좋았으나 몇 사람을 제하고는 도가 지나치게 마신듯하다. 늘 후회하면서도…

원래의 계획은 등산로 입구인 Taman Kinabalu의 산장에서 묵기로 되었으나 알아보니 1년 전에 예약이 모두 끝났다고 하여 부득이 호텔을 잡았으니 비용도 더 들었다.

7월 3일(土)

5시 30분에 일어나서 6시에 뷔페식 아침을 간단히 마치고 7시 30분 호텔을 나섰다. 1, 2조와 3, 4조로 나뉘어 2대의 버스로 도심을 빠져 산간의 2차선 아스팔트길을 계속 올라간다. 차창으로는 재래식 민가가 두서너집씩 띄엄띄엄 서있다. 또 닭, 오리, 개, 염소 등도 보이나 닭은 다리가 길고 굵으며 몸이 작은 마치 泰國의 싸움닭 같은 종자들이다.

가끔 검은 물소도 눈에 띈다. 간이 휴게소에서 잠시 쉬었다. 열대성 과실과 竹細工品 몇 가지를 지붕만 가린 작은 露店에서 팔고 있다. 손가락 크기의 매우 작은 바나나가 눈에 띈다. 재래종이라 하는데 맛이 좋다.

대만에 여러차례 여행하였는데 대만의 바나나는 무척 굵고 크다. 그것은 원래 작은 바나나를 돼지고기 요리를 즐기는 중국인들이 돼지 사료飼料로 쓰기 위하여 지금과 같은 큰 것으로 수차에 걸쳐서 개량한 것이라고 한다. 우리나라에서는 얼마 전까지만 하여도 경제적 여유가 있는 階層에서만 즐겨먹던 바나나가 대만에서는 돼지사료로 쓰이며 좀 蕉라고 부르기도 한다. 하기야 대만에서는 바나나 몇 뭉치와 우리나라 사과 한 개와 값이 맞먹고 있는데 우리나라에서도 사과 풍년이 들어 값이 맞지 않는다 하여 사과 栽培 農家에서 수확收穫된 사과를 걷어 돼지 사료로 쓴 적도 있으니 대만사람이 들었다면 무척 아까워하였을 것이다. 兩國의 과일들이 정당하게 貿易, 去來된다면 국제간의 收支도 맞출 수 있고 그들 농민의 얼굴에 깊게 파인 주름살도 펴지겠지 하는 생각을 하여본다.

9시 Taman Kinabalu에 도착하니 簡易宿所 賣店이 있고 각처에서 온 관광객, 등산객이 제법 북적거린다. 매점에 들러 Iban Customs and tradition Pottery 등 책 몇 권을 샀는데 46판 100페이지에 Rm 15$이니 매우 비싼 편이다.

9시 30분 入山申告를 마치고 案內人을 配定받았는데 등산객 6명에 1명이다. 이들은 案內와 保護를 겸하며 쓰레기 收去도 한다. 입산료는 1인당 Rm 10$이고 가이더 비용은 1인당 60$이며 정상에 오른 사람에게 주는 登山證明書 1장에 1$이라 한다. 다시 버스를 타고 森林속의 외길

포장도로를 꼬불꼬불 올라가다 차를 멈추었다. 下車하여 도시락 配給을 받고 걸어가는데 빗방울이 약간씩 뿌린다. 작은 발전소를 지나 pondok timpohon Selamat Mendaki에 이르렀는데 여기서부터는 등산로로 되어있고 山莊까지 7개소의 쉼터가 있다 한다. 폭이 1m 남짓한 길은 자연히 한줄로 갈 수밖에 없다.

11시 20분 제1휴식처인 1981m의 pondok쉼터 Kandisd에 도착하였다. 10cm 내·외의 角木을 옆으로 뉘어 人爲的인 계단을 만든 곳과 큰 나무 뿌리가 옆으로 뻗어 자연 계단을 만들었다. 그런가 하면 큰 돌을 깎기도 하고 자연석을 맞추어 놓은 계단도 있는데 그 높이가 일정치 않다. 땀은 비오듯 흐르는데 잠시 쉬고 다시 출발한다. 숲이 우거져 하늘은 보이지 않아 햇볕도 없어서 대낮인데도 어두컴컴한 상태이다.

11시 50분 제2휴게소인 Pondok Ubah에 왔다. 2,059m이다. 제1휴게소에서 78m 높이를 오르는데 40분이 걸린 셈이다. 이름모를 산새소리, 풀벌레소리가 요란하다. 바람은 한점도 없고 습기는 매우 많다.

12시 35분 제3휴게소인 Lowii에 도착하여 안내문을 보니 2,200m이다. 휴게소 마다 수도꼭지가 하나씩 세워져 있는데 물은 차고 맛도 좋다. 배급받은 도시락김밥으로 점심을 드는데 회원중에 김치를 내놓으니 꿀맛 같았다. 쉴 사이 없이 또 오르기 시작하였다.

1시 45분 제4휴게소인 해발 2,518m의 Mempening에 다달았다. 한참 쉬었으면 좋겠는데 약10분만 쉬고 또 출발이다. 모든 휴게소는 4각 지붕의 원두막같으나 기둥과 기둥사이에 횡목橫木을 가구架構하여 걸터앉게 되었다.

2시 40분 제5휴게소인 Layang-Layang staff QTRS이 이르니 해발

2,621m이다. 앞으로 이런 휴게소 2개소를 더 통과할 생각을 하니 앞이 캄캄하다. 젖먹던 힘까지 내어 2,942m의 제6휴게소인 Villosa에 도착하였다. 이곳부터는 高山지대라 큰나무들은 없고 사람키 크기의 옆으로 퍼진 나무들뿐이다. 枯死木도 삐죽삐죽 서있다. 나올 땀도 없는지 흐르지 않는다.

드디어 3,052m의 마지막 휴게소인 Paka에 도착하니 모두 벙어리가 된 듯 숨소리만 헐떡이고 있다. 앞으로 300m 높이를 더 올라가야 산장이 있단다. 제4휴게소에서부터 뿌리기 시작한 빗줄기는 계속 내리고 있다. 산길은 다행이 整備가 잘 되어 우산을 쓰고 올라갔다. 그러나 땀과 빗방울로 안팎의 옷은 모두 젖은 상태이다.

5시 30분 오늘의 기착지인 3,300m의 Rabanata산장에 도착하니 비는 억수같이 퍼붓고 있다. 3층의 산장¹층은 고상 뒤 암벽산의 폭포가 장관이다. 사진기를 꺼내어 이 광경을 잡았다. 파노라마 카메라이므로 어둡기는 하나 좋은 그림이 될듯하다. 산장에 들어가 짐을 내려놓고 안팎을 살펴보았다. 철근기둥에 마루바닥의 널찍한 홀이 있는 2층 옆 구석 한 단아래 소파가 몇 개 놓여져 있다. 홀 끝에 관리실과 작은 침실이 있는데 여기에는 2층 침대 3개만이 있어 6명밖에 자지 못하나 나이먹은 죄(?)로 이곳에 배정 받았다. 전기 히터가 있어서 약간의 온기도 있으므로 젖은 옷을 갈아 입었다. 산장의 시설이 이정도면 좋은 편이다.

6시 30분 중국식 저녁인데 수준급 이하이나 소주 한 잔씩을 마시고 있는데 끝에 앉은 한 대원이 슬그머니 바닥에 눕는다. 간사에게 일러 편히 쉬도록 자리를 옮겨 주었다. 아마 高山 증세인가 보다. 그러나 이곳이 3,300m로서 대만의 玉山 밑에 있는 白雲山莊 보다는 낮아서인지 그 산장에서 쉴 때 머리는 무겁고 호흡은 가빠 잠을 이루지 못한 것에 비하면 아무렇지도 않다. 전혀 신체의 이상을 느끼지 못한다. 다만 다리가 좀 무거웠던 것을 뺀다면.

7월4일(日)

새벽 2시에 기상起床하여 설익은 라면으로 아침을 간단히 때우고 헤드램프와 가벼운 냅색만을 메고 3시에 산행을 시작하였다. 길은 좁고 어두운데다 가파른 돌계단에는 빗물이 고여 흐르는데, 한참을 올라가니 굵직한 흰색의 밧줄이 매어 있다. 45° 정도 경사의 좁은 길에, 비에 젖어 물이 흐르는 바위산을 위만 보고 로프에 힘을 실은채 한발한발 옮겨놓는다. 사방은 짙은 어둠으로 깔려있고 일행의 헤드랜턴의 불빛만이 가파르고 좁은 등산로를 따라 굽이굽이 오르고 있다. 험산고준險山高峻의 산줄기를 칠흑같은 야밤에 희미한 불빛들이 줄지어 기어 오르는 광경은 炭鑛의 鑛夫들같다.

이렇게 걷기를 3~40여 분 눈앞에 어제 보았던 끝이 보이지 않는 큰 암벽岩壁이 눈앞에 들어온다. 매어놓은 밧줄 없이는 매우 위함하여 잡고, 기고, 오르기를 한참만에 오르니 흙길과 숲이 다시 이어지다가 無人山莊이 나타났다. 여기가 마지막 휴게소이자 캠프이다. 이제부터는 한발한발 오르고 내딛는 수밖에 없다. 다시 큰 암반이 나타난다. 벌써 高所와 피로의 엄습掩襲에 언뜻 조는 일행의 모습도 보인다. 끝없는 암반을 걷는다. 대여섯 발자국을 옮기면서 턱에 받치는 숨 때문에 쉬어서 다시 올라야하는 이 지루한 싸움은 언제 끝날지를 모르고 오늘이 보름임을 알리듯 절벽 위 하늘에는 달무리가 진 희뿌연 달빛이 흘러가는 듯하다.

"정상에서 日出을 보기는 힘들 것같군" 베테랑 산꾼의 푸념이다. 벌써 능선에 오른 일행의 모습이 잠깐 뜨는 달빛 속에 아슴푸레한 하늘을 배경으로 움직인다. 저기까지만 가도 얼마나 좋을까 정년을 앞둔 전 회장의 하소연이다. 그러나 어찌할 수 있으랴 내딛는 만큼 전진하는 理致임에는…

능선을 오르니 대암반의 넓은 길에 어디로 가야할지를 알리는 한 가닥 외줄만이 외롭게 정상으로 향해 있고 날은 희뿌옇게 밝아 오고 있으나 주위는 짙은 스모그이다. 온도는 자꾸 떨어져 덧옷을 껴 입는다. 불어오는 새벽 산의 찬 공기를 피하느라 패여진 바위 틈에 가이더가 쪼그리고 앉아있는 모습이 보이고 또 걷기를 3시간 30분여 커다란 암벽 사이로 50m 정도 위 사람들의 모습이 한무리 보인다. 누군가가 소리를 친다. "정상이다"라고, 도대체 무엇때문에 산에 오르는 것일까? 산에서는 타인과 싸움을 하지 않는다. 오직 자기와의 힘든 싸움만 있을 뿐…

여하간 정상이다. 더 올라갈 길이 없다. 일행의 증명사진에 동참하였다. 한순간 스모그가 걷힌 사이로 찬연燦然한 아침해와 구름이 언뜻 나타나 셔터를 눌러 대었으나 一瞬 사라지고 다시 안개속, 잠시 틈사이로 보았던 아침해의 그곳은 天國인지 極樂인지의 연회장宴會場의 모습일까? 힘들게 오르며 연옥煉獄의 모습을 보았기 때문일까? 자동카메라는 추위에 잠시만 노출시켜도 이내 作動을 못한다. 닷새 동안 끊었던 담배를 한대 피워본다. 희박한 산소로 라이터도 잘 켜지지 않고 붙은 담뱃불도 이내 꺼지므로 신속하게 빨아야 한다. 기대 하였던 담배 맛이었으나 가쁜숨과 빈속空腹 덕분에 제맛을 모르겠다. 백두산 천지에서도 몇 달동안 끊었던 담배를 한대 피워보았지만 그 때도 역시 제맛을 느끼지 못한 것처럼…

　　일행이 모두 도착하기를 기다려 下山을 시작한 것이 7시경. 2시 40분에 산행을 시작하였으니 4시간 20여분을 消耗하였다. 이미 주위는 훤하게 밝아오고 구름이 걷히자 낯선 예봉銳鋒들이 모습을 나타내고 맑게 보이는 산아래 마을은 멀리 산맥에 둘러쌓였고 그 위로 구름이 스치므로 연신 카메라셔터를 눌러보지만 직접 바라보는 이 정경靜境만 할까!

　　7시를 좀 지나 기진맥진 下山한 대원들과 계란후라이, 햄, 몇 조각으로 이침을 끝내고 서둘러 하산을 하는데 올라갈 때는 쉼터와 쉼터 사이에서도 몇 번씩을 쉬었으나 내려올 때는 쉼터에서만 잠깐씩 쉬었는데 내려오면서 생각하니 이런 곳을 어떻게 올라왔나 싶은 생각이 끊임없이 난다.

　　서양사람들이 삼삼오오 힘겹게 올라오고 있다. 가벼운 인사를 교환하면 으레 아직 멀었느냐 얼마나 힘이 드느냐 등을 묻는다. 모두 반바지 차림의 가벼운 복장이다. 이러한 情報를 미리 알았던들 무릎이 감기는 긴바지를 입고 올라가지 않았을 것이고, 춥고 어두운길, 산길에 플래시로 운행하지 않았을 것을 하고 다시 한번 생각한다.

　　등산로 입구를 통과하여 Power station 못미쳐 있는 立看板을 보니 해마다 이곳에서 열리고 있는 山岳登山大會 우승자 명단과 기록이 있다. 외국인 우승자는 1, 2, 3위가 모두 네팔인인데 2시간 30분 대이고 말레이시아인으로는 2시간 40분이 소요되고, 여자의 기록으로는 3시간 30분이라고 쓰여 있다. 참으로 놀라운 기록이다. 우리는 전날 8시간 그리고 다음날 4시간 모두 12시간이 걸렸고 하산하는데 3시간 정도 모두

15~6시간이 걸렸는데 2시간 반이나 3시간 반여자에 올라갔다 내려온다는 것은 상상할 수 없는 기록이라 할 수 있다. 그리고 우리를 안내한 여행사의 安씨도 25번째의 등산이고 가이더 중 나이 많은 사람은 30여 년간 안내생활을 하였다는데 2,000번 이상을 올라갔다 내려왔단다. 참으로 대단한 사람들이다.

12시 산간에 둘러쌓인 넓고 깨끗한 식당에서 우리나라 신선로 같은 그릇에다 생선·야채류를 넣어 끓이는 모둠전골식의 점심을 마치고 버스편으로 시내로 들어와 바닷가에 자리잡은 Hyatt kinabalu에 도착하니 키나발루 최대의 호화호텔답게 시설도 좋았다. 7시 전세버스로 한국인이 경영하는 음식점 한국관에서 된장 쌈 콩나물과 진로소주로 모처럼 입에 맞는 저녁을 들었다.

7월 5일(月)

계란후라이 한쪽과 커피 한잔으로 아침을 마치고 호텔 뒷문으로 나오니 인조잔디에 둘러쌓인 풀에는 깨끗한 물이 가득 채워져 있다. 그리고 길하나 건너 바로 浦口이다. 크고 작은 배들이 빼곡히 정박碇泊하고 있다. Taman tunku Abdul Rahman Palau Sapi섬으로 가기 위하여 큰 타월 한 장씩을 배급받고 모터보트에 올랐다. 20명 정도 타는 모터보트의 속력은 매우 빨랐으며 뱃머리는 올랐다 떨어짐을 반복하여 앞에 탄 대원들은 혼줄이 난 모양이다. 15분정도 걸려 無人島인 사삐섬에 도착하였다. 무인도라고는 하나 관리인의 집이 있고 관리인은 쉴새 없이 해변을 갈퀴로 긁어 오물汚物을 제거, 리어카에 싣고 있다. 오물이란 썩은 나무 떠내려 온 것 뿐 열대수가 드문드문 서 있어 햇볕을 가리고 군데군데에 간이 탁자, 요리할 수 있는 화덕, 쓰레기통 등이 있으나 전체 면적은 좁은 편이고 白沙場도 매우 작다. 水深은 완만하고 물속에는 어항 속에서만 볼 수 있던 천연색의 납작한 열대어들이 사람들의 주위를 맴돌고 있다. 어리석은 백성들이 비닐주머니로 잡으려 하나 햇볕에 등만 탈뿐 잡힐 리가 없다.

점심을 작은 게, 새우구이, 돼지불고기에 풋고추, 상추쌈을 곁들였는데 하필이면 이시간에 비가 내리고 있어스콜 지붕만 덮은 작은 정자같은 곳에 빽빽히 선채로 음식물을 입에 쑤셔 넣는가 하면 한쪽에서는 수영복 차림으로 비오는 것은 아랑곳 하지 않고 둘러앉아 소주잔을 열심히 주고 받는다. 얼마 후에 개였으나 지루하고 피곤하다.

3시 30분이 지나서 같은 보트를 타고 호텔로 돌아오는데 물살을 가르는 2대의 모터소리는 몹시 요란스럽다.

저녁시간까지 많은 여유시간이 있어서 自然資源大學의 김교수의 부인관광학 전공을 따라 시내에서 좀 떨어진 空港 가까이에 있는 Tanjung Aru Beach호텔이 좋다하여 택시로 떠났다. 이곳은 호화 리조트로 마린 스포츠를 즐길 수 있고 夕陽의 경관景觀이 매우 좋다고 평판이 나 있는 것처럼 아름답고 조용하다. 3층의 나지막한 客室들은 모두 바다를 향하고 정원에는 어린이, 어른의 풀이 각각 있고 비치 파라솔과 등의자가 적당한 간격을 두고 놓여 있는데 몇 명의 서양사람들이 담소談笑도 하고 책을 보거나 日光浴을 즐기고 있다. 바닷가에 자리잡은 목조의 넓은 홀은 기둥만 서 있어서 사면이 모두 트여 경관도 좋을 뿐만 아니라 매우 시원하다. 맥주 몇 병을 마시며 종업원들에게 간단한 한국말도 가르쳤다. 돌아오는 길에 시장도 들러 보았는데 생선가게, 채소상, 잡화

상은 저녁 준비를 하려는 주부들로 붐볐다. 사람들의 사는 모습은 있고 없는 차이일 뿐 먹고, 입고, 자는 생활은 동서양이 같은 원리라는 생각이 든다.

7시에 시내에서 좀 떨어진 곳에 한국인이 경영하는 한식 뷔페집으로 향하였다. 된장국, 물김치를 비롯 갖가지 한국식 요리가 준비 되었다. 우리 일행 외에도 내·외국인들이 자리를 메웠다. 호텔로 돌아와 주위를 배회徘徊하였다.

7월 6일(火)

아침 일찍 시내에서 제법 떨어진 곳의 州廳舍를 보러갔다. 널찍한

터에 원형같은 사면이 유리로 된 현대식 건물 한동만이 우뚝 서 있다. 처음에는 Financial Hall로 건립되었으나 州의 청사로 쓰게 되었단다. 시내를 통해 비행장으로 향하였다.

1993.

安岩. 제 8호

1991, 인도네시아, 風葬

천우신조(天佑神助)

漢拏山에서 白頭山까지 전국의 靈山과 名山을 모두 登攀·巡禮하였고, 日本의 最高 連峰縱走 코스인 南알프스의 北岳[3,192m], 中白峰[3,055m], 間岳[3,189m], 農鳥岳[3,026m], 西農鳥岳[3,050m]의 5岳을 3일에 걸쳐 完走하였다. 그리고 1988년에 北알프스의 奧穗高岳[3,190m], 槍岳[3,180m]과 1989년에 富士山[3,776m]에 足跡을 남겼으니 일본의 最高 名山과 峰·岳을 모두 踏破하였다. 뿐만 아니라 1984년에는 自由中國 臺灣의 玉山[3,997m], 1993년에는 西말레이시아의 코타키나발루[4,101m]에 올랐으니 이제 5,000m이상의 高山에 오르는 것이 작은 꿈이다.

7월 5일

正午경 맑고 무더운 成田나리타 空港에서 예약된 소형 버스로 東京 八王子 大月 甲府를 지나더니 山間 林道같은 좁은 언덕길로 들어서면서 굽이굽이 돌고돌아 첫 숙박지인 共安村營 남알프스 온천 롯지Lodge에 도착한 것이 약 4시간 후이다. 두어채의 숙박업소와 기념품 판매를 겸한 식당해발 1,500m이 있는 深山의 閑寂한 휴양소 같다.

방을 배정받고 주변을 산책한 뒤 展望風呂덴보오 후로, 일본 특유의 안·밖이 보이도록 대형 유리벽으로 된 목욕탕에서 온천욕을 하고 저녁으로 스끼야끼 정식을 마치니 末木健스에기, 山梨縣立考古博物館 學藝課長선생과 中山淸隆

나까야마, 대학강사선생이 약속대로 찾아와 각종 연료 공급을 받고휘발성油類나 게스 종류는 비행기에 싣지 못하므로 현지 조달 산행 계획을 재점검하였다.

7월 6일

넓찍한 다다미방에서 위의 두 일본인 가이더와 우리일행 몇이 인사를 교환하고 간단하게 한 잔을 나눈 후 하룻밤을 잘 지내고 새벽 4시에 일어나 짐을 정리한 후 4시 40분 共安 롯지에서 9인승 승합차 3대로 적막한 深山 계곡의 좁고 경사진 林道를 아슬아슬하게 통과하여 등산로 입구에 도착한 것이 약 한 시간 뒤였다. 이곳부터 등산이 시작되는데 계곡의 맑은 물은 水量도 풍부할 뿐만 아니라 경사가 심해서 그 흐르는 소리가 일행의 말이 들리지 않을 정도로 요란하다.

9시반 경에 廣河原산장에 도착하여 컵라면으로 아침을 때우고 10시 좀 지나서 20분을 걷고 5분을 쉬기로 하고 한발한발 산을 오르는데 군데군데 잔설이 두텁게 남아있는 것이 보인다. 비바람이 몰아치고 高山이라 산소가 적은 탓인지 숨이 가쁘기 시작한다. 100보 정도 발을 옮기고 앉거나 서서 심호흡을 10여 차례 하기를 수백 번을 거듭하여 3시경 드디어 肩小屋^{3,000m}에 도착하니 해발 1,500m를 더 올라온 것이다. 점심을 지어먹고 바로 强風과 함께 굵은 빗방울이 온몸을 후려치는 惡條件을 무릅쓰고 오르다 보니 北岳^{3,192m}에 다달았는데 頂上임을 알리는 표지판 하나가 외롭게 서있을 뿐이다. 오르고 내리기를 반복하여 4시경 2층으로 된 넓찍한 北岳산장^{2,900m}에 도착하여 저녁을 지어먹은 후햇반을 끓는물에 10분쯤 담가서 元단장이 준비해온 곰쓸개술, 코브라간술을 보약삼아 두어잔씩 마시었다. 평생 처음 마셨는데 냄새는 역하고 맛은 쓰다. 6시가 되었다. 주위에는 여러곳에서 먼저 온 일본인 등산객들이 옹기종기 모여앉아 조용히 잡담을 하거나 자리에 누운사람도 많다. 8시에 전체 消燈을 하니 빨리 자야 한단다. 患者가 아닌 몸이 성한 사람들 보고 8시전에 자라니 어쩔 수 없이 두툼한 요에 담요 서너장의 寢具속으로 들어갔다. 고단했던 탓인지 바로 잠이 들었나 보다.

7월 7일

4시에 起床하였는데 맑은 하늘은 눈이 부실 지경이다. 벌써 떠난 사람, 주섬주섬 짐을 꾸리는 팀도 있다. 멀리 후지산富士山이 허리에 구름을 두르고 위용偉容을 나타낸다. 라디오에서는 규슈九州지방에 태풍이 상륙하여 피해가 막심하다고 전한다. 주인에게 수용인원이 얼마나 되느냐고 물으니 150명 정도인데 아직 본격적인 산행철이 아니라 어제는 69명의 산꾼들이 묵었고, 수 년전에는 최고 500여 명을 수용한적도 있다하니 틈새 하나 없이 포개서 잔듯하다.

컵라면으로 아침을 하고 4시 40분에 출발하였는데 淸明했던 날씨는 갑자기 비바람으로 변하였다. 흙이라고는 한줌도 없는 부서진 바위틈에서 朱木 비슷한 나무들이 자라는데 서있다기 보다는 바닥에 깔려 있다고 하는 표현이 맞을 듯하다. 한걸음 한걸음 옮길 때마다 숨은 몹시 가빠지고 모처럼 짊어진 무거운 배낭의 무게로 장단지는 잡아당기는 듯한다. 쥐라도 나면 큰일이라 생각하고 조심조심 걸었다. 이곳에만 자라고 있다는 세계에서 一屬一種이라는 기다다께소우가 여기저기 활짝 피어있다.

9시에 農鳥 산장에 다달으니 일찍 도착한 대원들은 점심을 겸한 요

기를 한듯하다. 별 생각이 없어 따끈한 설탕물 한 컵을 만들어 마시면
서 생각하였다. 어느새 이몸이 고물차같이 되어 고갯길에서는 빌빌거
리며 다른 차의 추월을 당해야하나 하고, 잠시 쉰 뒤 전과 다름없는 기
상조건 아래 오르내리기를 반복하여 西農岳에 이르렀다.

주위에 하꾸산이찌게의 大群落이 퍼지고 이와우메고게모모 등의
야생화가 나름대로의 姿態를 뽐내고 있다. 頂上에는 3m 정도의 삼각형
鐵塔이 서있는데 중간에 작은 종이 하나 매달려 있다. 안내판에 희미하
게 남아있는 글을 읽어보니 昭和 43년¹⁹⁶³ 일본 銀嶺山岳會 회원 하나
가 이곳에서 조난을 당하여 부모와 소속 산악회원들이 그 영혼을 위로
하기 위해 세웠다고 쓰여졌다. 동료 산악회원들과 그의 부모의 마음이
얼마나 哀痛하였으랴. 登山人의 한 사람으로 몇 번 打鐘하고 故人의 명
복冥福을 빌었다.

잠시 쉬면서 안내서를 보니 이곳부터는 오르는 길은 거의 없고 계
속 내리막 길인데 그것도 급경사라고 되었다. 하산길은 자신이 있어 걸
음을 재촉하는데 이것도 잠깐뿐이 었다. 崔 과장 무릎이 고장난 것이
다. 吳 과장이 그의 짐까지 짊어지고 가니 얼마나 힘겨울까 마는 一言
半句 내색이 없다. 手足을 모두 동원하여 하산하던 崔 과장이 다른 한
쪽 무릎마저 정상이 아니란다. 큰일났다 싶어 끝까지 同行하기로 하였
다. 이런저런 농담을 하면서 엉금엉금 기다시피 내려온 것이 산중턱까
지 왔다. 이곳부터는 나무들이 곧게 자라고 있는 것으로 보아 정상에서
많이 내려온 것이다. 아래로 내려갈수록 電信柱의 몇 배 길이로 뻗은
나무들이 쭉쭉 하늘을 향해 뻗어있다. 이름모를 산새들 소리가 귀를 즐
겁게 한다.

5시 30분경 大門澤小屋에 도착하니 李 교수와 柳 간사가 기다리고 있었다. 그들의 설명을 들으니 계획대로 이곳에서 숙박하는 것보다 온천이 있는 아랫마을 奈良田 여관촌까지 3시간 정도 더 내려가 좀더 좋은 시설에서 푹 쉬자는 계산이다. 커피 한 잔을 사 마셨다. 아침 4시부터 저녁 이시간까지 컵라면 1개, 초콜릿 3개, 치즈 1장 그리고 약간의 소금이 오늘 먹은 것의 전부이다. 그래서 이곳에서 자고 다음날 일찍 일행과 만나려고 구상을 하고 있는데, 李 교수가 우리 등반을 위해 처음부터 도와 주고 2일간 안내하여 준 末木^{스에기} 과장과 단장^{필자}으로서 離別酒라도 한 잔 나누는 것이 예의일듯하다는 이야기에 옳은 생각이라 하고, 중년의 女주인에게 이것저것 물었다.

奈良田까지 얼마나 걸리느냐 물었더니 여러분 정도라면 2시간 반이면 족하고, 조금만 내려가면 계곡 옆으로 길도 잘 나있다 한다. 몇 시면 어두워 지느냐고 물으니 8시 30분이 지나야 어두워지기 시작 한단다. 이 말만 믿고 李 교수와 둘이서 빨리 내려가기로 했다. 남은 대원 3인최^{과장} 일행은 아무래도 많은 시간이 걸릴듯하니 전등^{플래시}을 달라기에 2개를 다 건네주었다.

大門澤小屋에서 10분을 쉬고 둘이서 뛰어 내려가기 시작했다. 1시간을 좁은 비탈길을 뛰다시피 빠른 걸음으로 내려오는데 날이 어둡기 시작하더니 금방 전후·좌우가 전혀 안보이는 칠흑같은 밤으로 변하였다. 잠시 앉아 쉬었다. 쉬고만 있을 수가 없어서 李 교수가 앞장서서 두 사람은 장님처럼 스틱으로 탁탁, 톡톡 땅바닥을 쳐보며 천천히 아주 조심해서 한발한발 옮겨 놓았다. 엉금엉금 기어가기도 하였다. 좁은 비탈길의 좌우 한 쪽은 계속 낭떠러지이고 다른 한 쪽은 경사진 산자락이다.

李 교수는 그래도 자기 눈이 좀더 밝으니 앞에 서서 두 사람의 몸을 보조자일로 연결하여 뒤만 밟으면 좀더 빨리 下山할 수 있다고 한다. 한 사람이 失足이라도 하면 둘다 不歸의 객이 될 것같아 다시 앉아 쉬면서 하산 방법을 연구하여 보았다. 솜방망이를 만들기로 하고 더듬더듬 갈대를 꺾어 묶어서 라이터로 불을 붙이니 비에 젖은 갈대 잎에 불이 붙을리가 없다. 그리고 라이터 기름이 다될까봐 걱정된다. 또다시 궁리를 한 것이 짐속에 있는 여유 양말을 방망이 끝에 묶어 태우기로 하였다. 간신히 불을 붙여 들고 둘이서 조심조심 내려오는데 한참 타던 양말짝은 희미해지면서 곧 다 타버렸다. 또 주저앉아 양말방망이를 만들어 불을 붙여 내려오기를 몇 번, 이제는 속옷들을 꺼내 태울 차례다. 지치기도 하여 쉬면서 차분하게 대처하려고 한다.

반딧불이 여기저기서 날으는 것이 마치 어둠속 맹수들의 눈빛 같다. 大門澤小屋의 女主人의 말을 철석같이 믿은 것이 잘못이고, 高山에서 서너시에는 반드시 下山하여야 된다는 鐵則을 어긴 것, 非常식량과 연료를 모두 小屋에 주고 온 것, 손전등을 다 주고 온 것, 暴雨가 쏟아지면, 猛獸들과 조우遭遇라도 하면^{실제로 이산에는 곰이 많음}, 氣力이 쇠진衰盡해서 起動이 不能하면, 여관에서 초조하게 기다릴 대원들의 생각, 만약의 경우 잘못되어 학교에 누라도 끼치고, 집안 삶의 形態가 바뀌고 등을 聯想하며 無謀한 下山을 후회하고 또 自責하기도 하고, 좀 늦게 출발하려던 대원들이 차라리 출발하지 말고 그곳에서 宿泊하기를 기대하기도 하고, 또는 천천히라도 내려오면 깜깜한 곳에 대책없이 쭈구리고 앉아 있는 우리들과 만날 수도 있겠고,^{플래시가 있으니} 등의 잡다한 생각에 잠겨 있는데 멀리서 가느다란 야호 소리가 들린다. 차차 크게 들리더니 불빛

도 희미하게 반짝인다. 이제 살았구나 몇 번의 交信으로 스에기 구조대
장을 비롯한 4명이 顏前에 나타났다. 그 사이의 상항을 주고받은 후 救
助隊員들은 다시 患者를 同伴한 대원들을 위해 깜깜한 산길을 오르기
시작하고, 林대원의 손전등 하나로 우리 셋은 다시 빠른 걸음으로 산을
내려오는데 전등빛은 점점 희미해 진다. 전지가 다 되어가니 쉬지 말고
빨리 하산하잔다. 한참을 내려오니 불빛이 훤하다. 이제야 다왔구나 하
고 부지런히 발을 옮겨 놓았더니 발전소이다.

발전소를 뒤로하고 발길을 재촉하는데 징검다리를 건너 浮橋를 지
날 때마다 흔들흔들, 출렁출렁하고 나무판대기로 엮은 踏板은 비에 젖
어 미끄러워서 내 平生 이처럼 精神一到한 적이 없었다. 또 부교는 왜
그리 많은지 손전등 하나로 발을 비추니 세 사람은 거의 붙어 다니듯 걸
었다. 내려와서 들은 이야기인데 橋頭에는 한 사람 씩 건너라고 쓰여
있었단다. 세 사람의 무게로 절단이라도 되었다면 10 여m 아래 강물로
떨어져 흘러간 흔적도 찾지 못하였을 것이다.

기진맥진氣盡脈盡하여 전등을 끄고 잠시 앉아 쉬고 있자니 혼비백산
魂飛魄散할 지경이다. 다시 꼬불꼬불 좁은 산길을 조심스럽게 내려오니
등산로 入口에서 元 부단장을 비롯한 대원들이 여관 승합차에서 초조
하게 기다리고 있었다. 10시 30분경에 奈良田 大家 여관에 도착하여 저
녁상을 받았으나 食慾이 전혀 없다. 새벽부터 휘몰아치는 비바람을 맞
으며 거의 공복空腹으로 16시간을 걸어 내려왔으니 쓰러지기 1분전이
다. 맥주 몇 잔으로 心身의 피로를 풀고 목욕 후 잠시 눈을 붙인다는 것
이 이튿날 새벽까지 마취된 듯 잠들었다. 새벽 1시경에 도착한 구조대

원들과 무릎 고장의 후발대원들이 정신없이 잠들어 있는 무책임한 단장의 모습을 보고 얼마나 괘씸하게 여겼을까 생각하니 부끄럽기 짝이 없다.

깜깜하고 비탈진 絶壁의 좁은 산길을 한밤중 손전등 하나 없이 내려온 만용蠻勇은 환갑還甲이 넘었으면서도 아직 知覺이 덜 들어서 일까? 山歷이 30년을 넘었으면서도 山行의 基礎知識마져 무시한 천치天痴여서 일까? 여하간 天佑神助가 아니면 이 글이나마 쓸 수 없었을 것이다.

天地神明과 祖上님의 陰德에 感謝의 再拜를 올릴 뿐이다.

1997.

安岩. 10호

책가방 술 음악이 끝까지 함께 하기를

● 지은이

尹世英 _ 中央文化財研究院 院長

1934년 서울생.
中央中·高校 卒業
高麗大 史學科 卒業, 日本慶應大學院(文博)
高麗大博物館 學藝課長, 講師, 文化公報部 文化財 專門委員
日本 慶應大 訪問研究員, 文化公報部 動産文化財 鑑定委員
高麗大 人文大 敎授, 敎學處長, 韓國考古學會長
高麗大 博物館長, 文化觀光部 文化財委員
國立中央博物館 文化財 評價審議委員會委員
高麗大 人文情報大學院 兼任敎授
忠淸南道, 大田直轄市 文化財委員, 高麗大 埋藏文化財研究所長
忠淸文化財研究院 理事, 院長, 高麗文化財研究院 理事

著書
古代金冠 및 天馬圖(共)
古墳出土副葬品研究
高句麗의 考古文物(共)
司譯院司譯書冊版研究(共)
文獻史料로 본 三國時代 社會生活史
外 論文 多數

三空의 出 卒

초판인쇄일 : 2007년 10월 1일
초판발행일 : 2007년 10월 3일

지 은 이 : 윤세영
사   진 : 문정수
발 행 인 : 김선경
발 행 처 : 도서출판 서경문화사
인   쇄 : 한성인쇄
제   책 : 반도제책사
등 록 번 호 : 제 1 - 1664호
주   소 : 서울 종로구 동숭동 199 - 15(105호)
전   화 : 743 - 8203, 8205
팩   스 : 743 - 8210
메   일 : sk8203@chollian.net

ISBN 978-89-6062-021-6   93900